신자유주의 시대, 평화와 생명 선교

신자유주의 시대, 평화와 생명 선교

신자유주의 시대,
평화와 생명 선교

2009년 1월 2일 초판 1쇄 인쇄
2009년 1월 5일 초판 1쇄 발행

지은이 참된평화를만드는사람들 편저 펴낸이 김영호 펴낸곳 도서출판 동연
편집 조영균 디자인 김광택 관리 이영주
등록 제2-1383호(1992. 6. 12) 주소 서울시 마포구 망원동 472-11
전화 (02)335-2630 전송 (02)335-2640 이메일 ymedia@paran.com
홈페이지 www.y-media.co.kr

ISBN 978-89-85467-74-2 03200

신자유주의 시대,
평화와 생명 선교

참된평화를만드는사람들 편저

동연

신자유주의 시대에
평화와 생명을 말하다!!

　경제적 이익과 효율이 최우선의 가치가 된 신자유주의 시대는 경쟁, 갈등, 대립이라는 용어를 떠올리게 한다. 나라와 나라, 기업과 기업, 개인과 개인이 극한의 대립 속에서 살아남기 위해 처절하게 몸부림하는 무한경쟁의 시대 한가운데서 '평화'와 '생명'을 말하는 것은 대단한 용기이다. '평화'와 '생명'의 외침은 예수께서 인간의 몸으로 성육신incarnation함이 곧 하나님의 정의와 공의를 몸소 보여주시려는 것이라는 신앙고백에서 출발한다. 하나님께서 스스로 인간이 되셔서 이 세상의 가장 낮은 곳에서 살아가는 사회적 약자와 소외된 사람들에게 베푸신 최우선적인 관심과 사랑이 '평화'와 '생명'의 근거라고 할 수 있다. 따라서 하나님 나라의 공의와 뜻보다 이 세상의 가치와 사고방식을 앞세우는 신자유주의 세계관에 맞서서 '평화'와 '생명'의 가치를 외치는 것은 예수 그리스도를 따르는 제자의 사명이라 할 수 있다.

이 책은 신자유주의 시대의 세계관을 거슬러 '평화'와 '생명'의 기독교 정신을 외치는 용기 있는 기독지식인의 글을 모은 것이다. 사단법인《참된평화를만드는사람들》의 전신인 '한민족평화선교연구소'에서 꾸준하게 진행해 왔던 '평화와 생명 선교'에 관한 연구의 결실로 이 책을 출간하게 되었다. 신자유주의, 세계화, 생태위기와 같은 인간 중심의 가치관에 대항해서 '평화의 선교', '생명 선교', '생명학적 평화', '생명과 평화에 근거한 농촌 선교'와 같은 하나님 중심의 세계관을 말하는 기독지식인의 담론이 한국 사회와 한국 교회를 위한 하나의 대안이 되길 희망한다.

2008년 12월

이 은 태 | 사단법인 참된평화를만드는사람들 이사장

차 례

신자유주의의 종언

정의롭고 지속가능한 경제를 위한 한국 교회의 역할

• 장윤재 •

들어가며

조류潮流가 바뀌고 있다. 사상의 조류가 집산주의에 대한 믿음에서 벗어나 개인주의와 사적 시장에 대한 믿음으로 향하고 있다. 시대의 사조가 철의 장막 양쪽에서 이렇게 극적으로 바뀔 것이라고는 정말 꿈도 꾸지 못했다.[1]

약 30년 전 밀튼 프리드만Milton Friedman과 그의 아내 로즈 프리드만Rose Friedman은 신자유주의가 지배하는 세상이 도래한 감회를 이렇게 표현했었다. 하지만 그들은 영원할 줄만 알았던 이 세상이 이렇게 빨리 또한 극적으로 바뀔 것이라고는 '정말 꿈도 꾸지 못했'을 것이다. 사실 신자유주의가 세상을 지배하기 시작했을 때 멕시코 치아파스 주 라깐돈 정글에 사는 딱정벌레 '돈 두리또Don Durito'는 이렇게 신자유주의를 조롱하고 있었다.

[1] —— Milton and Rose Friedman, *Free to Choose: A Personal Statement* (New York: A Harvest Book, 1980), ix.

• 신자유주의 시대, 평화와 생명 선교 •

신자유주의는 경제적 혼돈에 대한 혼돈 이론이고, 사회적 우둔함에 대한 우둔한 설명이며, 파국에 대한 파국적인 정치적 처리다.[2]

희망의 신학자 몰트만J. Moltmann이 "자본주의에 대한 첫 신학적 대안"이라 부른 남미의 해방신학 역시 신자유주의가 신학적으로 무엇을 의미하는지 간파하고 있었다.

우리는 점점 더 자유주의 경제, 혹은 신자유주의 경제 지배를 받는 시대에 살고 있다. 신자유주의 경제란 무제한의 시장이다. 시장은 스스로 규제할 것을 요청받는다. 신자유주의의 상황에서 시장과 이윤은 우상 숭배적 예배의 대상들이다. '시장 우상 숭배'는 맘몬 숭배의 현대적 모습이다.[3]

신자유주의는 이른바 자유 시장은 결코 실패하지 않는다는, 시장에 대한 '종교적 신앙'을 의미했다. 사람이 시장을 위해 지어졌지, 시장이 사람에게 봉사하기 위해 지어지지 않았다는 일종의 종교적 가르침이었다. 조셉M. P. Joseph이 지적했다시피, 오늘날 시장은 '인류 구원의 원칙'이 되었으며, 독자적인 교리와 예식을 가지고 온 세상에 수많은 선교사들을 파송하면서 후발 국가들을 시장이라고 하는 '구원의 영역'으로 개종시키려는

2—— 이 이름은 멕시코 치아파스 주에서 자빠티스타 민족해방군EZLN을 이끌고 있는 마르코스Marcos 부사령관이 자빠티스타 혁명에 관해 이야기를 할 때 즐겨 사용하는 이름이다. 참고로 스페인어로 돈Don은 경칭이므로 돈 두리또Don Durito는 '두리또 님'으로 이해하면 된다.
3—— Gustavo Gutierrez, "Liberation Theology and the Future of the Poor", in *Liberating the Future: God, Mammon and Theology* (Minneapolis: Fortress Press, 1998), pp. 108, 116f.

이 시대의 신흥 종교였던 것이다.[4] 하지만 호세 콤블린^{Jose Comblin}의 말처럼 확실히 신자유주의는 일어날 때보다 더 빠른 속도로 퇴조하고 있다. 그리고 "연막이 바람에 날려가자 이제 최소한 우리의 시야는 보다 분명해졌다."[5]

이 글에서는 지난 신자유주의 40년을 돌아보고, 신자유주의 40년의 종언이라는 오늘의 현실을 분석하면서, 정의롭고 지속가능한 대안적 경제가 무엇인지, 그리고 이를 위해 한국교회가 무엇을 할 수 있는지 모색해보고자 한다.

신자유주의 40년

제2차 세계대전 이후 세계경제는 두 단계의 과정을 밟아 왔다. 첫 단계는 전후부터 1970년대 초반까지, 경제학자들이 소위 '산업 자본주의'의 황금기라 부르는 '브레턴우즈 체제'의 시기다. 두 번째는 고정환율제와 자본의 국제적 이동에 제약을 가하고 있던 이 브레턴우즈 체제가 붕괴한 이후 지금까지, 즉 경제학자들이 '금융 자본주의' 단계라 부르는 시기다. 이 금융 자본주의 단계가 신자유주의와 연계되어 있다.

금융 자본주의 40년간 세계경제에 많은 변화가 일어났다. 그중 가장 크고 위험한 변화는 금융자본의 전면 부상이다. 물론, 다국적 기업들은

4—— M. P. Joseph, "A New Language for Divinity: Critique of the Ideology of Market", in *DAGA Info*, No. 119 (March 29, 2001).

5—— Jose Comblin, *Called for Freedom: Liberation Theology and the Future of Christian Doctrine* (Philadelphia: Westminster Press, 1980), p. 203.

아직도 세계경제의 '근육과 뼈'를 이루는 중추 세력이지만 오늘날은 노조와 정부뿐만 아니라 다국적 기업들까지도 세계경제의 '핏줄과 신경'인 국제 금융자본의 막강한 힘과 지배 아래 놓여 있다. 오늘날 국제 외환시장에서 어떤 가격에 돈이 사고 팔리느냐에 따라 다국적 기업의 정책은 물론 한 나라 전체의 운명이 좌우된다. 외환시장은 하루 거래량이 무려 1조5천억 달러에 달하는, 이 세계에서 가장 큰 시장이다. 이것의 3~4일치 분량이 미국경제의 연간 총생산량과 맞먹는다.

국제 금융시장의 큰 손 조지 소로스^{George Soros}는 금융자본을 '번영의 선구자'라 치켜세웠다. 하지만 필자가 보기에 초국적 금융자본은 부를 창출하는 번영의 선구자가 아니라 부의 집중을 가속화하는 맘몬, 즉 '돈 신'이다. 예수께서는 "너희가 하나님과 재물(맘몬)을 겸하여 섬기지 못 한다"(마 6:24)고 하셨다. 우리 시대 맘몬은 구체적으로 어떤 특징의 소유자인가?

첫째, 사적으로 통제되는 금융자본은 '공공의 책임성'이 없다. 그것의 유일한 관심사는 최단 시일에 최고의 수익을 올리는 것뿐이다. 사적 금융자본은 이익을 낼 수 있는 곳이면 땅 끝까지도 찾아가지만, 자신의 기대가 거품으로 판명되었을 때 그 비용과 손실을 '사회화'한다. 자본 소유주와 투자가가 떠맡아야 할 부담을 납세자에게 떠넘기는 것이다. 이런 도덕적 해이의 폐해는 고스란히 가난한 사람들에게 전가된다. 진정한 자유는 사회적 정의와 공공의 질서에 대한 책임을 전제하는 자유다. 금융자본이 방종에 가까운 자유를 누려온 이 시대에 한국 교회는 '자유'에 관해 다시 성찰하고 사회적 '정의'와 공공의 질서에 대한 '책임'을 이야기해야 한다.

둘째, 사적 금융자본은 투자가 아니라 투기를 본업으로 한다. 막스 베버[Max Weber]는 자본주의에 '정신'이 있음을 강조하면서, 프로테스탄트 노동윤리가 19세기 자본주의의 꽃을 피우게 한 원동력이었다고 주장하였다. 하지만 에드워드 첸슬러[Edward Chancellor]가 지적하듯이 17세기 이후 자본주의를 이끌어 온 첨병은 투기이며, 자본주의 경제 안에서 도박꾼과 투기꾼과 금융인을 구분하는 경계선은 애매하기만 하다.[6] 실제로 오늘날 모든 산업국가에서 투자는 생산 분야에서 금융 분야로 옮겨가고 있다.[7] 나아가 국제 외환시장에서 거래되는 자본 가운데 2.5%만이 실물경제에 쓰이고 있으며, 나머지 97.5%는, '약탈 자본주의'의 첨병으로 알려진 헤지 펀드에 의해 주도되는, 단기성 투기이다. 물론 이런 식의 투기는 새로운 부의 창출에 기여하지 않는다. 누군가는 분명 돈을 벌지만, 일자리가 창출되지도, 공장이 새로 지어지지도, 그리고 작은 부품 하나가 만들어지지도 않는다. 현재 사회적으로 문제가 되고 있는 이른바 '고용 없는 성장'으로 인한 심각한 실업문제도 자본이 자신의 이윤을 극대화하기 위해 고정자본의 비율을 늘리는 경향과 무관하지 않다. 한마디로 초국적 금융자본은 가난한 사람들에게 아무 도움을 주지 않는 것이다. 도리어 투기에서 얻어진 잉여자본은 바하마, 케이만 아일랜드, 리베리아, 그리고 버뮤다와 같은 소위 '조세 천국'으로 흘러 들어가 부정부패와 범죄의 온상이 되고 있다. 맘몬은 땀 흘려 노동하지 않는다. 도박을 할 뿐이다. 맘몬은

6—— Edward Chacellor, *Devil Take the Hindmost: A History of Financial Speculation* (New York: Plum Book, 2000)을 보라.

7—— 이러한 추세는 오늘날 해외 투자가 FDI(Foreign Direct Investment)에서 FPI(Foreign Portfolio Investment)로 옮겨 가고 있는 것에서 잘 드러난다. 전자는 외국인이 타국에 들어가 그 나라 기업의 지분을 사거나, 회사 자체를 사거나, 아니면 아예 새로운 회사를 시작하는 경우다. 후자는 외국인이 타국의 주식시장에서 주식을 사고파는 경우다.

고통받는 사람들의 생명을 살리려 "이제까지(안식일에까지) 일하시는"(요 5:17) 예수의 하나님이 아니다.

셋째, 초국적 금융자본은 우리가 사는 실제세계와의 연관성을 상실했다. 브레턴우즈 시스템이 붕괴된 1970년대 초반 이후 세계경제에서 일어난 변화 중 가장 주목할 만한 현상은 금융경제와 실물경제의 분리 현상이다. 금융경제가 실물경제보다 비대해졌으며, 실제의 생산과 교환 활동에 복무해야 할 자본은 실물경제에서 분리되어 추상화되었다. 돈이 국가나 지역 공동체, 그리고 상품이나 서비스 같은 실제 세계와의 연관성을 상실한 것이다. 금융자본과 실물경제의 사이가 점점 멀어지면서 오늘날 실물경제 밖에는 약 60조 달러 규모에 이르는 '카지노 경제권'이 존재하게 되었다. 초국적 금융자본은 가난한 사람들의 손이 닿지 않는 구름 저 편에 있다. "주리고, 목마르고, 나그네 되고, 헐벗고, 병들고, 옥에 갇히는"(마태 25장), 이 눈물과 땀과 고통의 세상으로부터 맘몬은 '초월'해 있는 것이다. "예나 지금이나" 눌리고 고통당하는 사람들 속에 살아계신 예수와는 달리 말이다.[8]

8—— 이진재의 시 「이 땅의 예수는 어디에」는 이렇게 눌리고 고통당하는 사람들 속에 항상 계시는 예수에 관해 노래한다. "동짓달 추운 겨울밤 / 조선족 이주 노동자가 / 서울 중심가에서 얼어 죽었다 / 불법 체류자 합법화 투쟁하는 / 외국인 노동자들도 / 자살로, 병으로 죽어가고 있다 / 이제 다시 크리스마스 계절이 / 가난한 자에게 복음을 / 눈먼 자에게 보게 함을 / 포로 되고 눌린 자에게 자유를 외치는데 / 금년 성탄절에 예수님 오셔서 / "내가 주릴 때 먹을 것을 / 목마를 때에 마실 것을 주지 않았고 / 나그네 되었을 때에 외면하였으며 / 헐벗었을 때에 옷을 주지 않았고 / 병들고 옥에 갇혔을 때에 돌보지 않았다" 하실 때 / "주여, 그때가 언제였나이까?" 반문할 수 있을까 / "지극히 낮은 자를 대접한 것이 내게 한 것이다" 하시면 / 우리는 무어라 변명할까 / 예나 지금이나 예수 그리스도는 / 눌리고 고통당하는 군중 속에 있다 / 외국인 이주 노동자 농성 현장에 / 노숙자 모여 사는 서울역 지하도 등에." (《한겨레신문》 2003년 12월 26일자에서 인용.)

넷째, 국제 금융시스템은 (가치가 아니라) 부채를 창출함으로써 돈을 창출한다. 현재 급속하게 축적되고 있는 국제 금융자산의 대부분은 부채다. 데이비드 코튼David C. Korten 책 『기업이 세계를 지배할 때When Corporations Rule the World』는 지금 읽어도 세상 돌아가는 것을 밝히 이해하는 데 큰 도움을 준다. 그는 여기서 현대 금융자본주의 하에서 돈의 본질이 무엇인지 (돈은 이제 거의 순수한 추상물이 되고 있으며 화폐의 창조는 가치의 창조에서 분리되고 있음),[9] 그리고 어떻게 현재의 재무체계가 실질 가치를 창조하지 않고도 어떻게 부채의 창출을 통해 부를 창출하는지,[10] 또한 어떻게 자산

9 —— 코튼에 의하면, 돈은 인간의 중요한 욕구를 충족시키기 위해 창조된 인간의 가장 중요한 발명품 가운데 하나이지만 각 단계의 개혁은 화폐를 물건의 실질적인 가치에서 분리하는 각각의 단계를 형성했다. 1944년 브레턴우즈 체제는 그 체제에 참여한 각각의 정부가 미국 달러를 필요로 할 때마다 자국 통화를 일정한 환율로 교환할 것을 보증하는 체제였다. 반대로 미국 정부는 금의 요구가 발생할 때마다 1온스 당 35달러의 비율로 달러를 교환해 줄 것을 보증했다. 이는 미국 포트 녹슨에 저장된 금을 등에 업고, 금 기준치에 대한 세계에 존재하는 모든 환율을 효율적으로 자리 매김하였다. 그로 인해 많은 정부는 금 예치 확인증서로서 미국의 달러를 용인하기에 이르렀고, 자신들의 국제 외화 보유고를 금보다는 달러로 보유할 것을 결정하게 되었다. 이 체제는 미국이 세계 곳곳에서 자국의 거대한 군사적, 상업적 팽창을 재정 지원하기 위해 금으로 환원할 수 있는 양보다 훨씬 많은 달러를 발행하고 있다는 사실이 전반적으로 자명해진 20년도 더 되는 기간 동안 매우 합리적으로 운영되었다. 그러나 그 시기 직후의 현실은, 만약 달러를 보유하고 있는 모든 국가가 동시에 달러를 금으로 되찾을 결정을 내린다면 환원 가능한 공급량은 급속히 바닥날 것이었고, 달러의 완전성을 굳건히 믿고 있던 자들 손에는 아무런 가치도 없는 종잇조각밖에는 남는 것이 없게 된다는 것이었다. 이러한 최종 사태를 저지하기 위하여 1971년 8월 15일, 리처드 닉슨 대통령은 미국이 이제 더 이상 금을 요구하는 국가에 달러를 교환해 주지 않을 것이라는 결정을 전 세계에 선언했다. 따라서 달러는 여러 가지 숫자와 난해한 삽화가 찍힌, 미국 정부가 발행하는 고급 종잇조각 이상의 아무것도 아니게 되었다. 일단 컴퓨터가 널리 사용되자, 그 다음 단계가 비교적 확실히 드러났다. 다음 단계는 종이를 제거하고 컴퓨터에 단순히 수치만을 저장하는 것이다. 동전과 지폐가 지속적으로 유통되고 있지만 갈수록 더 많은 세계 통화 거래가 컴퓨터 간의 직접적인 전자 이체로 이루어지고 있다. 화폐는 이제 거의 순수한 추상물이 되고 있으며 화폐의 창조는 가치의 창조에서 분리되고 있다.

10 —— 코튼에 따르면, 실질 가치를 창조하지 않고 부를 창조하는 방법의 하나는 부채를 창조하는 방법이고, 다른 하나는 자산 가치를 올리는 방법이다. 전통적인 교본을 이용해 먼저

• 신자유주의 시대, 평화와 생명 선교 •

가치의 증식을 통해 부를 창출하는지 소상히 알려준다.[11] 이렇게 "순수

재무체제가 피라미드식으로 부채를 축적함에 따라 어떻게 부를 창출하는지의 예를 들어 보면 다음과 같다. A라는 농부가 1,000달러어치의 밀을 팔고, 그 10%의 적립금을 유지하는 M이라는 은행에 그 돈을 저축했다고 치자. M은행은 B라는 사람에게 900달러를 대출해 주고, B라는 사람은 N은행에 있는 자신의 계좌에 그 돈을 저축한다. 이제 A라는 사람은 M은행에 1,000달러의 현금자산을 소유하고 있고, B라는 사람은 N은행에 900달러의 현금 자산을 소유하고 있다. 10%의 적립금을 유지하면, N은행은 C라는 사람에게 또 다른 810달러를 대출해 줄 수 있고, C는 O은행에 그 돈을 저축하고, O은행은 D에게 729달러를 대출해 줄 수 있다. 그리고 대출과 예금은 이런 식으로 계속된다. 인간이 소비할 실질적인 생산물로 벌어들인 본래의 저축액 1,000달러로 재무체제는 부차적인 새로운 저축에서 최종적으로 9,000달러를 생성해 낼 수 있으며, 이 새로운 저축액은 그에 상응하는 새로운 부채 9,000달러를 생성한 데 따른 것이다. 이렇게 돈은 생산에 필요한 단 하나의 실질 가치도 없이 창조될 수 있다. 이 연쇄적인 거래에 개입된 은행들은 이제 새로운 대출금 9,000달러와 함께 밀 판매로 얻은 1,000달러의 원 저축액에 입각한 대출로 새로운 저축금 1만 달러를 소유하게 된다. 그들은 이제 계속적으로 발생하는 이자의 수령을 예상한다. 그 이자율을 6%라 치자. 이는 재무체제가 최소한 연간 540달러에 달하는 수익을 올릴 것으로 예상할 수 있음을 의미하며, 이 수익은 재무체제가 기본적으로 무로부터 창조해 낸 돈에 따른 수익이다. 따라서 이 방식은 금융업을 너무나도 강력하고, 수익성 높은 사업으로 만드는 요인 중 하나로 작용한다."

11——— 코튼은 또한 부의 창조가 가치의 창조로부터 분리되는 과정을 이렇게 설명한다. "조엘 쿠르츠만의 저서 『돈의 죽음*The Death of Money*』에서 그는 뉴욕 주식 시장의 다우존스 산업주가가 단 하루 만에 22.6%나 하락했던 1987년 10월 19일의 사건에 대하여 다음과 같이 기술했다. 만약 1987년 8월의 시장 수준에서 측정한다면, 투자자들은 2개월 조금 넘는 기간 동안 뉴욕 증권 거래소에서 1조 달러를 초과하는 손실을 낳은 셈이다. … 1조 달러는 2년간 전 세계를 먹여 살릴 수 있을 뿐만 아니라 제3세계의 절대 빈곤층을 중산층으로 끌어올릴 수도 있는 금액이다. 이는 원자력 항공모함 1,000대를 살 수 있는 금액이다. 사실상 이 1조 달러는 사람들이 돈을 먹지 못한다는 단순한 이유로 세계를 단 5초 동안도 먹여 살릴 수 없다. 사람들은 음식을 먹고 사는데, 주식 시장 가치의 붕괴는 단 한 톨의 쌀알만큼도 세계의 실질적인 식량 공급을 증가 혹은 감소시키지 않았던 것이다. 단지 특정 회사의 지분을 구매할 수 있는 가격만이 변동한 것이다. 그럼에도 이 회사들의 생산 가능량 혹은 심지어 이들의 은행 계좌에 입금되어 있는 이용 가능한 현금에서도 아무런 변화도 일지 않았다. 뿐만 아니라 주식 가치가 개인 투자자들에게 잠재적인 구매력을 의미하는데도, 이 가치는 시장에 대한 모든 투자자들의 총구매력에 정확하게 반영되지 않는다. 이유는 단순하다. 증권으로 많은 것을 살 수 없기 때문이다. … 우리가 다루고 있는 것은 시장 투기가 부의 환상을 창조하는 상황이다. 이 환상은 그것을 가진 자들에게 실질적인 힘을 전달하나, 이는 단지 풍선이 부풀어 있는 때에 한해서만 가능하다. … 재무체제에서 결정은 점차 비전秘傳의 수학 공식에 입각하여 컴퓨터로 이루어지고 있다. 이 공식이 갖고 있는 단 하나의 목적은 순수한 추상물인 부를 복제하는 것이다. … 이것이 바로 1990년대 '자유 시장'에 지배되는 세계의 현실이다. 세계적 재무체제는

한 추상물이 되어 버린 부를 복제하면서 시장 투기를 통해 부의 환상을 창조하는" 현대 금융 자본주의 체제 아래서 그리스도인으로 살아간다는 것은 무엇을 의미하는가? 생산에 필요한 단 하나의 실질적 가치도 없이 돈을 창조할 수 있는, 그러니까 돈을 무로부터 창조할 수 있는(creatio ex nihilo) 금융 자본주의 세계 속에서 세상을 창조하신 하나님을 믿는다는 것은 과연 무엇을 의미하게 되었는가? 이런 신학적 물음을 교회는 던져 보기나 했는가? 사실 한국교회는 정의롭고 지속가능한 경제를 위해 무엇을 '할' 것인가를 논하기 전에 먼저 무엇을 '안 할' 것인가부터 이야기 해야 한다. 과연 다음의 글을 읽으며 마음에 찔림이 없는 그리스도인이나 교회는 얼마나 되겠는가.

잘 나간다는 차이나 펀드나 남들 다 한다는 펀드 몇 개에 소액 자산을 쪼개 넣었다. ⋯ 복잡한 파생상품 설명에 질리자, 호기롭게 그냥 질렀다. 잠깐은 재미도 봤다. 수익률 예상 조회를 해보면, 하루만에도 몇 달치 은행 이자만큼이 붙어 있었다. 어디서 그런 돈이 오는지는 궁금하지 않았다. 중국 경제가 자동차를 팔아 돈을 버는지, 가짜 시멘트나 멜라민을 가득 탄 우유로 수익을 내는지는 고려 대상이 아니었다. ⋯ 펀드가 왜 돈을 벌어 주는지에 대해서는 고민하지 않았다. ⋯ 물론 나는 개중에 어설픈 개미 투자자였겠지만, 상당수 보통 사람들도 펀드 수익이 발생하는 근원을 따져 보는 대신 펀드 회사 이름값에 휘둘렸을 것이다. ⋯ 그래서 그

그 주인인 생산 경제의 살에 기생하는 기생적인 약탈자가 되어 가고 있는 것이다." (이상 코튼, 『기업이 세계를 지배할 때』[서울: 세종서적, 1997], pp. 267-279).

　　　　　　　　　　• 신자유주의 시대, 평화와 생명 선교 •

결과는, 미국발 금융 대공황이다. 보통 사람들이 이해하는 상품 생산과 거래를 제쳐 두고 돈만으로 돈을 벌어들인다는 파생상품의 수익 잔치는 거대한 사기극이었음이 들통 났다.[12]

하지만 과연 이 '거대한 사기극'에서 자유로운 그리스도인이나 교회는 얼마나 되는가? 시장이 미쳐 돌아가면서 이른바 '재테크'라는 이름으로 온통 불로소득을 쫓아다닐 때, 세계 외환시장의 변동에 따라 '돈 놓고 돈 먹기' 식으로 한몫 잡겠다고 온 세상이 미쳐서 날뛸 때, 얼마나 많은 교회가 이렇게 '나의 풍족함을 위해 다른 이들에게 고통을 떠넘기는 일'이 다름 아닌 죄라고 설교하고 가르쳤는가? 아니 교회는 오히려 청빈淸貧이 아니라 청부淸富가 '성경적 원리'라고 가르치지는 않았던가?[13] 요즘은 정말로 지식인들이나 예술가뿐만 아니라 성직자들까지도 경쟁시대에 뒤떨어져서는 안 된다는 집단적인 강박관념에 빠져 있다. 예전에 비하면 정말 넘치게 살면서도 현재의 삶의 수준을 유지하기 위해 끝없이 개발하고, 발전하고, 경쟁해야 한다고 노래를 부른다. 그러니까 그리스도교의 복음은 '이 땅에서 성공, 죽어서 천당'이 되고 만다. 여기에 '이 땅 위에 이루어지는 하나님의 나라'는 어디 있는가?

12——— 정세라, "'판도라의 계좌'를 열며", 《한겨레신문》 2008년 9월 24일.
13——— 김이태 목사는 "오른손에는 장수가 있고 그의 왼손에는 부귀가 있나니"(잠언 3:16)를 근거로 부에 대한 '성경적 원리'를 가르친다. 김 목사에 따르면 "성경에는 믿음과 기도에 관한 말씀이 약 500번 나오는데 반해 재물과 소유에 대한 말씀은 2350번 나온다"며 "성경을 자세히 보면 청빈보다 청부를 더 강조하는 것을 알 수 있다"고 주장한다. 김 목사는 "아브라함이 포로가 된 조카 롯을 구하기 위해 400여 명의 사병들을 거느렸던 것을 볼 때 요즘 시대로 말하면 재벌"이라며 "우리가 가진 소원이 하나님의 뜻과 일치할 때 우리 또한 성경에서 약속한 부를 누릴 수 있다"고 주장하였다(《기독교초교파신문》 2008년 3월 16일).

부와 가난, 돈과 부채, 금융과 자본의 문제를 다시금 기독교 신학의 중심적 의제로 복귀시켜야 한다. 그리고 끊임없이 금융 자본주의 아래 살면서도 그리스도인일 수 있는지 부단히 신학적으로 성찰하고 윤리적 대안을 모색해야 한다. 이를 위해서는 경제의 문제를 신앙의 중심적 문제에서 주변적 문제로 밀어낸 교회의 불행한 신학적 유산을 깨끗이 청산해야 한다. 만약 아직도 신학은 '영적인' 문제를 다루는 학문이고 따라서 그것은 '물질적인' 문제를 다루는 경제와는 무관한 것이라고 생각하는 사람이 있다면 성 아우구스티누스가 우리에게 전해 준 '불행한' 신학적 유산을 아무 생각 없이 받아들인 것이 아닌지 깊이 반성해 보아야 한다.[14] 기독교

14——— 이에 관해서는 필자의 졸고, "부와 가난에 대한 신학적 성찰: 성 아우구스티누스가 남긴 불행한 유산", 「한국조직신학논총」 18집(2007. 6)을 참조하라. "너희는 하나님과 재물(맘몬)을 함께 섬길 수 없다"는 말에서 드러난 것처럼 예수는 부에 대해 극도로 민감한 경계심을 드러냈고, 소유한 것을 모두 포기할 것을 가르쳤으며, 부의 분배를 신앙의 핵심적 행위로 요구했다고 할 수 있다. 하지만 부와 가난에 대한 이러한 예수의 '급진적' 가르침은 클레멘트, 헤르마스, 암브로시우스, 크리소스토무스 등과 같은 초대 교부들에 의해 서서히 완화되어 갔고, 결국은 성 아우구스티누스에 이르러 부와 가난의 문제는 "하나님에 의해 만들어진 자연적 질서의 한 부분"으로 탈바꿈한다. (사실 예수의 '급진적' 가르침에서 이탈하기 시작한 증거는 이미 그의 제자들에게서 나타나기 시작한다. 신약성서의 저자들 사이에서도 예수의 가르침에 대한 해석과 적용이 달라지기 시작했다.) 실로 상당수의 교부들은 부가 저주받아야 하거나 가난이 칭송받는 것을 받아들이기가 어려웠다. 그래서 그들은 우의적allegorical 해석이나 다른 방식의 성서 해석을 통해, 혹은 스토아주의 원리의 채용을 통해 예수의 받아들이기 어려운 가르침들을 순화하거나 다르게 설명하기 시작했던 것이다. 이 결과 아우구스티누스 이후 교회는 국가와 지주 및 전주들과 제휴하면서 점점 더 강력하고 능률적인 기관으로 변모해 갔다. 하지만 그와 동시에 교회는 가난한 사람들에게 점점 더 멀고 낯선 존재가 되어 갔다. 부와 가난이 하나님에 의해 만들어진 자연적 질서의 한 부분인 이상, 교회는 가난한 자와 부자 사이에 점점 더 벌어지는 격차에 대해 어떤 근본적이고 지속적인 방법으로도 개입할 수 없었다. 오히려 교회는 경제적 불평등이 너그럽게 용인되도록 도왔다. 부와 가난이 하나님에 의해 만들어진 자연적 질서의 한 부분이라는, 아우구스티누스가 남긴 이 불행한 신학적 유산 때문에 오늘날까지도 교회에서 부의 기원과 사용과 같은 문제는 신학적 중요한 주제로 간주되지 않는다. 교회는 그런 문제들을 간편하게 변두리에 놓음으로써 그 문제들을 피해 갔다. 그리고 신학자들은, 후스토 곤잘레스가 예리하게 지적하는 것처럼, 그 문제를 '윤리'의 문제로 규정

신학은 교회의 특수학문으로 머물러서는 안 된다. 자체적 논리의 완결성과 미학만 추구하는 독백이어서는 안 된다. 신학은 세계와 소통하고 또 변화를 이끌어 나갈 수 있는 공공의 담론이기도 해야 한다. 특히 생태계의 파괴와 생명의 위기로 신음하는 오늘의 세계 안에서 만물의 총체적 회복과 하나님의 우주적 사랑을 증언하기 위해서는 기독교 신학이 과감히 구체적이고 실질적인 경제의 문제 속으로 파고 들어가야 한다. 북미 생태여성신학자 샐리 맥페이그Sallie McFague의 말처럼, 기독교가 "사랑, 사랑" 이야기하지만, "경제학 없는 사랑은 공허한 미사여구에 불과하다."[15]

앞서 국제 금융시스템은 (가치가 아니라) 부채를 창출함으로써 돈을 창출한다고 했다. 가난한 사람들에겐 빚이 '최악의 가난'이다. 하지만 금융자본의 세계화 시대에 빚은 일부의 사람들에게 번영의 밑천이 된다. 제3세계 외채는 이미 2조 달러를 넘어섰으며, 지금도 불어나고 있다. 60억 인류의 5분의 1이 하루 1달러 미만으로 살아가는 이 세상에서, 제3세계 모든 사람은, 갓난아이부터 노인에 이르기까지, 일인당 4백 달러 이상의 빚을 지고 있다. 예수는 "우리가 우리에게 빚진 모든 사람을 탕감하오니 우리 빚도 탕감해" 달라고 기도하라 가르쳤다(눅 11:4a, 마 6:12). 맘몬은 '주님이 가르치신 기도'와 정반대의 길을 가고 있다. 맘몬은 빚을 창출하고 모든 사람들에게 빚의 멍에를 지움으로써 자신을(돈을) 재생산한다.

함으로써 — 즉 '신학'과 별개의 문제인 것처럼 취급함으로써 — 그 문제를 살며시 피해 갔다. 우리는 참으로 히포의 주교 아우구스티누스에게 많은 빚을 지고 있다.

15——— 샐리 맥페이그 지음, 장윤재·장양미 옮김, 『풍성한 생명: 지구의 위기 앞에 다시 생각하는 신학과 경제』(서울: 이화여대출판부, 2008)를 참조하라.

다섯째, 금융자본의 세계화는 정치적 민주주의에도 심각한 위협이 되고 있다. 국제 금융시장은, 매일 엄청난 양의 거래가 이루어짐에도 불구하고, 아주 소수의 '전문인'들에 의해 움직이고 있다. 퀀텀 펀드Quantum Fund, 제이피 모건J.P. Morgan, 골드만삭스Goldman Sachs, 솔로몬 브라더스Salomon Brothers, 그리고 메일린치Merrill Lynch와 같은 주요 브로커들과 30～50개의 거대은행들이 바로 그 '전문인'들이다. 정보통신 기술의 획기적인 발전 덕분에, 현재 전 세계에 걸쳐 약 2만 명을 넘지 않는 금융 '전문인'들이 하루 24시간 컴퓨터 앞에 앉아 빛의 속도로 돈을 사고판다. 이것이 민주주의에 무엇을 의미하는가? 정치적 힘이 대중에게서 전문가에게로, 다수에게서 소수에게로, 그리고 정치적 기관에서 경제적 기관으로 이전되는 것을 뜻한다. 존 캅John B. Cobb, Jr.이 지적했듯이, 정치적 힘이 공동의 선을 추구하고 공공의 의견에 영향을 받는 시스템에서 그와 무관한 시스템으로 옮겨간 것이다.[16] 초국적 금융자본의 세계화 시대에 정치적 권력은 주권자에게서 그리고 가난한 사람들에게서 점점 더 멀어지고 있다. 모세는 하나님이 이스라엘을 애굽 사람의 손에서 구원하는 것을 보고, "여호와는 나의 힘이요 노래시며 나의 구원"(출 15:2) 이라 노래했다. 성서의 하나님은 우리에게 '능력 주시는 하나님God of empowerment'이다. 맘몬은 우리가 어렵게 얻은 작은 힘마저 빼앗아가 버린다. 그는 우리를 '빈궁케 하는 맘몬Mammon of impoverishment'이다.

여섯째, 초국적 금융자본은 제1세계 선진국 사람들도 빈궁하게 만든

16—— John B. Cobb, Jr. "Can a Globalized Society be Sustainable?", in *Dialogue: A Journal of Theology*, Vol. 36, winter 1997, p. 11.

다. 과거 제1세계 자본주의에는 '인간의 얼굴'이 있었다. '포디즘Fordism'
이라 알려진 대량생산과 대량소비의 '규모의 경제'는, 지속적인 생산성
의 증가와 그로 인한 지속적인 임금의 증가 및 낮은 실업률 그리고 낮은
소비자 물가를 가능케 했다. 이것이 소비자들의 소비를 촉진시켜 역으로
기업을 다시 살찌우는 일종의 '화목한 수레바퀴' 체제를 가능케 했다. 그
러나 금융자본의 세계화 과정에서 이 체제는 바람과 함께 사라졌다. '좋
았던 시절'이 가자 선진국의 중산층이 급속히 몰락했다. 그런데, 아이러
니하게도, 선진국의 중산층은 이러한 변화의 희생자이자 동시에 원인제
공자이기도 하다. '화목한 수레바퀴' 체제에서 주머니가 넉넉해진 선진
의 중산층은 그들의 여유 자금을 금융시장에 투자하게 되었다. 바로 이
돈이 초국적 금융자본으로 성장하여, 불행히도, 자신을 낳고 길러 준 비
옥한 토양이었던 사회적 복지와 화목한 수레바퀴 체제를 파괴해 온 것이
다. 돈이 선을 악으로 갚았다고 해야 할까. 물론 여기서 선진국 중산층
각 개인은 '죄인'이 아니다. 하지만 그들은 자신과 제3세계 가난한 사람
들의 삶을 위협하는 '죄의 구조'에 얽혀 있다. 성서는 "악을 악으로, 욕을
욕으로 갚지 말고 도리어 복을 빌라 이를 위하여 너희가 부르심을 받았으
니 이는 복을 이어받게 하려 하심이라"(벧전 3:9)고 말한다. 맘몬은 선을
악으로 갚고, 있는 복도 차버리며, 후손에게 복을 이어받지 못하게 한다.

　마지막으로 일곱째, 국제 금융시장은 근본적으로 불안정하며, 궁극적
으로는 인간의 통제 밖에 있다. 국제 금융시장에서 큰 재미를 봤다는 조
지 소로스조차, 국제 금융시장을 '시계진자'가 아니라 크레인에 달린 거
대한 '쇠공'에 비유했다.[17] 초국적 금융자본의 세계화 시대에 전 세계적
으로 국가 금융위기 사태가 잇따르고 있는 것은 결코 우연이 아니다.

1973년부터 1995년까지 이미 11차례의 대규모 금융위기가 있었으며, 이후에도 멕시코(2차례), 태국, 말레이시아, 인도네시아, 필리핀, 한국, 러시아, 미국(Long Term Capital Management), 브라질, 그리고 아르헨티나에 이르기까지, 이제 국가 금융부도 사태는 지구촌 경제의 '일상' 혹은 '전염병'이 되고 있었다. 국제 금융시장의 '큰 손'들조차 그들이 만들어 놓은 시스템에 의해 피해를 보고 있다. 이 말은 국제금융 시장은 그것을 만들고 또 그것으로 가장 큰 혜택을 누리는 사람들의 통제권에서도 밖에 있다는 것을 암시한다. 그리고 국제 금융시장의 근본적인 불안정성은 시장의 붕괴 가능성마저도 예고하고 있다. 사실 앞서 지적한 실물경제와 금융가치 사이의 점증하는 격차가 비극적인 결말을 예고하는 것이기도 하다. 불길한 징조는 순수한 투기행위에 혈안이 된 소주주들이 많아진다는 사실이다. 금융의 역사에서 소액주주와 일반인들마저 투기에 휩쓸리기 시작하면 그것은 대체로 시장의 붕괴가 임박한 징조라고 한다.[18] 1929년 미국의 경제 대공황에서 드러났듯이, 시장의 붕괴는 주식가격의 돌연한 대폭락뿐만 아니라 소액투자자들의 '잘못된 희망misplaced hope'에서도 기인한다. 금융시장이 소액주주들의 '집단적 광기'에 이끌려 가면 비참한 결말을 맞이하는 것이다. 오늘날의 금융시장은 마치 2천 년 전 팔레스타인의 거라사 지방에서 일어난 한 사건을 떠오르게 한다. 이천 마리 돼지 떼가 바다를 향하여 비탈로 내리달아 바다에서 몰사한 사건 말이다 (막 5:1-20). 이 시대의 맘몬은 그때 예수가 만나 추방한 '군대legion' 귀신

17── George Soros, *The Crisis of Global Capitalism: Open Society Engaged* (New York: PublicAffairs, 1998), xvi.

18── William Greider, *One World, Ready or Not*, p. 230.

과 같다. 맘몬은 수많은 사람들로 하여금, 정신을 잃고 바다를 향해 비탈로 내딛던 돼지 떼처럼, 투기의 바다로 내리닫게 하고 있다.

정말이지 오늘날의 지구촌 경제는 마치 '찰흙으로 빚어진 발 위에 서 있는 콜로수스 거인'과 같다. 초국적 금융자본이 지배하는 세계화 시대에 과연 시장은 재앙적인 붕괴로부터 안전한가? 그렇다면 세계화 시대에 던져진 중요한 신학적 질문은, '교회 밖에도 구원이 있는가?'가 아니라, 과연 '시장 밖에도 구원이 있는가?'이다. 과거의 독재자들은 '강압'으로 국민을 지배했다. 오늘날 맘몬은 돈에 대한 우리의 '사랑'을 무기로 우리를 지배한다. 아시아의 대표적 신학자의 한 사람인 스리랑카의 알로이스 피에리스Aloysius Pieris, S.J.는 '가난으로부터의 자유freedom from poverty'가 '가난으로부터 오는 자유freedom that comes from poverty'와 결합되지 않으면 맘몬과의 싸움에서 이길 수 없다고 말했다. 예수는 우리가 하나님과 맘몬을 동시에 섬길 수 없다고 단언했다. 그렇다면 초국적 금융자본의 세계화 시대에 참된 신앙인으로 살아가기 위해 맨 먼저 할 일은 빈곤의 신 맘몬으로부터 생명의 신 하나님으로 돌아서는 것이다. '회심'하는 것이다. '돈 신'에 대한 우리의 은밀한 사랑과 비겁한 굴종으로부터 영적·정신적으로 자유를 얻는 것이다. 이것이 금융 자본주의 시대 요구되는 기독교적 영성spirituality이다.

신자유주의 '끝의 시작'

신자유주의가 끝에 이르렀다는 징후는 이미 세계적인 석학들의 입에서 여러 차례 확인되고 있었다. 현대 사회이론에 '위험risk'이라는 요소를 각인시킨 기념비적 저작 『위험사회』로 널리 알려진 울리히 벡Ulrich Beck 뮌헨대학 및 런던정치경제대학 교수는, 얼마 전 서울대학교에서 행한 한 강연에서, "자유 시장 체제에 대한 단 하나의 적은 민주주의와 사회에 대한 책임을 떨쳐 버리고 단기이득의 극대화라는 공리만을 좇아 작동하는 고삐 풀린 자유 시장 체제 그 자체"라고 말했다. 신자유주의가 신자유주의를 무너뜨리고 있다는 주장이었다. 자본주의 '세계체제론'을 제기한 세계적 석학 이매뉴얼 월러스틴Immanuel Wallerstein도 얼마 전 성균관대에서 행한 한 강연에서, "신자유주의와 규제 철폐는 이제 끝자락에 있으며 세계는 보호주의와 재 규제의 방향으로 가고 있다. 전 세계적으로 심화된 양극화도 신자유주의 종말을 전망하는 근거 중 하나"라고 말해 주목을 끌었었다. 그는 신자유주의의 앞으로 행로에 대해 분명한 비관적 견해를 보였고 앞으로 보호주의와 재 규제가 신자유주의와 탈 규제를 대체할 것이라는 견해를 피력했다. 신자유주의 세계화를 비판하는 대표적 경제학자 가운데 한 사람인 조지프 스티글리츠Joseph Stiglitz 역시 모든 걸 시장에 맡기면 시장이 알아서 할 것이라는 시장 원리주의를 비판해 왔으며, "보이지 않는 손이 보이지 않는 이유는 보이지 않는 손이 (본디) 없기 때문"이라는 유명한 말을 남겼다. 요즘 많이 주목받고 있는 장하준은 "시장은 좋은 하인이나 못된 주인이다"라는 재미있는 말도 남겼다.

2008년 월가 금융위기를 보면서 신자유주의 40년이 종언을 고하고 있다는 데 이견을 보이는 사람은 없어 보인다. 이 역사 안에 더 이상의 대안은 없으며 역사는 종언을 고했다는 신자유주의 세계화 담론도 이제는 고물상의 골동품처럼 여겨진다. 미국에서는 '시장의 실패와 국가의 귀환'을 알리는 목소리가 커지고 있으며, 시장에 대한 규제 강화와 국가의 역할 증대가 돌이킬 수 없는 추세가 되고 있음은 분명하다. 장정수의 말대로 미국의 역대 정권 가운데 가장 극단적인 신자유주의 노선을 걸어 온 부시정권이 사회주의 정권을 방불케 할 만큼 가장 반시장적인 국가 개입정책을 선택한 것은 그야말로 "역사적 희극이다."[19] 실제로 이번 금융위기는 제2차 대전 이후의 세계 금융질서인 브레턴우즈 체제를 무너뜨린 1970년대 초반의 '달러쇼크'와 비견될 만하다.[20] 케인스주의가 그렇게 종언을 고했던 것처럼 신자유주의도 이렇게 무너지고 있다.

작년 봄 미국에서 서브프라임 모기지 사태가 처음 시작되었을 때만 해도 그 파장이 이렇게까지 클 줄 짐작한 사람은 많지 않았을 것이다.[21] 위기의 씨앗은 눈앞의 고수익에 눈이 어두워진 금융기관들이 신용이 취약한 계층에게 마구잡이로 돈을 빌려준 것이었다. 심지어는 죽은 사람의 이름으로도 대출을 해주었다고 하니 그 도덕적 해이와 방종이 어땠는지 짐작하고도 남는다. 그런데 미국 전체 주택담보 대출 시장에서 겨우 9% 정도의 비중만 차지하는 서브프라임이 지금 미국 전체 나아가 세계를 집

19—— 장정수, "미국 월가 파산의 교훈",《한겨레신문》2008년 9월 22일. 강연자가 보기에 고전적 자유주의가 붕괴하는 데 약 150년(1776-1929), 사회주의가 몰락하는데 약 70년(1917-1989), 케인스주의가 퇴조하는 데 약 40년 걸렸는데(1929-1971), 신자유주의도 40년이 못 돼(1971-2008) 몰락하고 있다.

20—— 당시 이 '달러쇼크'로 세계기축통화로서의 달러의 지위가 크게 흔들렸다. 당시 치솟는 금값과 경상수지 적자가 겹치면서 불과 3~4년 만에 달러 가치가 8분의 1로 폭락했었다. 결국 두 손을 든 리처드 닉슨 미국 대통령은 달러와 금의 교환을 정지시켰고, 이로써 세계 금융질서인 브레턴우즈 체제가 무너졌다(류이근, "금융 덫에 걸린 엉클 샘 '제국의 먹구름'",《한겨레신문》2008년 9월 20일).

21—— 신용등급이 양호한 사람들에 대한 대출을 프라임(우량), 취약한 사람들에 대한 대출을 서브프라임(비우량) 대출이라고 한다. 부동산 거품이 꺼지자 부동산 담보대출을 받아 집을 샀던 사람들 중 신용이 취약한 계층에서 빚을 갚지 못하는 일이 점차 늘어났다. 서브프라임 대출의 부실화다. 여기에서 대공황 이후 최악이라는 작금의 금융위기가 시작되었다.

어 삼키는 '괴물'로 변신하게 된 것은 역설적으로 미국이 그동안 글로벌 스탠더드라며 그토록 자랑하고 우리나라를 비롯한 세계에 강요해 왔던 '자유 시장'과 '첨단 금융 기법' 때문이다.

　미국이 지난 30여 년 동안 줄기차게 추구해 온 것은 증권 시장에서의 금융적 축적을 중심으로 한 금융자본주의와 신자유주의적 금융화였다. 미국식 금융자본주의는 1980년대 초 시작된 '레이거노믹스'를 바탕으로 하고 있다.[22] 레이거노믹스 아래서 대공황 이전까지 세계경제를 주물렀던 전업 투자은행(IB)들이 다시금 금융자본주의의 주인공으로 부상했다.[23] 컴퓨터와 수학 및 공학의 발달까지 이뤄지면서 이들은 소위 파생금융상품을 만들어 그 규모를 50조 달러로 키웠다. 스스로는 첨단 금융 기법을 개발했다며 '리스크 제로'의 환상에 취했다. 자기자본의 100배에 달하는 돈을 빌려 이리저리 투자하는 위험천만한 짓도 마다하지 않았다. 미국의 금융자본은 아무런 규제 없이 국경을 넘나들었고, 이들이 벌어들이는 돈은 제조업이 거덜 난 미국을 세계 최강국으로 지탱하는 힘이 됐

22—— 스태그플레이션(경기침체 속 인플레이션)에 시달리던 시기에 집권한 레이건은 대공황 이후 미국 경제의 근간이었던 케인스주의를 폐기하고, 대신 신자유주의를 채택했다. 모토는 '작은 정부, 큰 시장'과 '탈규제, 무국경'이었다. 이러한 레이거노믹스는 금융업이 세계경제를 지배하는 금융자본주의의 꽃을 피우는 계기가 됐다(허영춘, "미 금융자본주의가 흔들린다", 《한국경제신문》 2008년 9월 22일).

23—— 은행은 상업은행commercial bank과 투자은행investment bank 그리고 둘을 결합한 유니버설은행universal bank으로 나뉜다. 상업은행은 예금주에게 예금을 받아 기업이나 개인에게 돈을 빌려주는 은행을 말한다. 투자은행은 예금을 받지 않고 돈을 빌려 기업의 주식이나 채권을 거래한다. 증권 회사와 유사하지만, 1933년 미국에서 상업은행 업무와 투자은행업무를 동시에 하지 못하도록 하는 법률이 제정된 뒤 투자은행이라 불린다. 하지만 양쪽 업무를 모두 처리하는 시티그룹이나 도이치방크와 같은 은행을 유니버설 뱅크로 따로 분류한다(류이근, 앞의 글).

다. 물론 '카지노 자본주의'라는 비아냥거림을 받았지만 거기에 아랑곳하지 않았다. 하지만 이러한 방종과 거품의 대가는 너무나 컸다.[24] 이번 사태의 뇌관 구실을 한 파생금융상품 CDS(Credit Default Swap)가 시사하듯[25] 대형 투자은행들이 벌이는 머니게임 속에서 "리스크는 결코 죽지 않는다. 다만 떠넘겨질 뿐이다. (그리고) 그 위험이란 한순간에 경제 시스템을 무너뜨리는 '폭탄'의 다른 이름이다."[26]

그런데 우리는 여기서 이번 미국 금융위기의 원인이 "소득보다 소비를 더 많이 했기 때문이며, 여기에 기름을 부은 것이 규제 완화를 틈타 확장된 파생상품"이라는 주장에 귀 기울여 보아야 한다.[27] 이 말은 우리에게 이번 사태의 계기는 부동산 거품이었으나 그 거품의 바탕에는 보다 크고 본질적인 문제가 도사리고 있음을 말해 주기 때문이다. 많은 사람들이 현재 금융위기의 뿌리인 서브프라임 사태가 9·11의 충격에서 미국 경제를 살리기 위한 장기간의 저금리 정책이 낳은 결과라는 점을 공통적으로 지적한다. 2000년 하반기부터 미국은 정보통신(IT) 산업 부분의 '닷컴 버블'이 꺼지면서 급속한 경기 침체기로 빠져들었으며, 이 와중에 터진 9·11은 경기 하강 국면에서 위축됐던 미국의 투자 및 소비심리를 꽁꽁 얼어붙게 하였다. 위기를 타개할 구세주가 절실했고, 당시 연방준비제도

24—— 허영춘, "미 금융자본주의가 흔들린다", 《한국경제신문》 2008년 9월 22일.
25—— 단순화한 CDS 모형은 A가 B에게 돈을 꿔준 뒤 그 돈을 받을 '권리'를 C에게 팔고, 다시 D, E, F… 의 손에 무한정 떠돌아다니는 것으로, 최종적으로 그 권리를 손에 쥔 투자자의 운명은, 정작 누군지도 모르는, 이 B의 돈을 갚을 능력에 달려 있다.
26—— 최우성, "시장신화의 몰락 2 – '머니게임'의 함정", 《한겨레신문》 2008년 9월 25일.
27—— 신용상 금융연구원 거시경제연구실장, 《한겨레신문》 2008년 9월 27일, "시장신화의 몰락 3 – 위기의 뿌리와 앞날" 중에서.

이사회(FRB) 의장인 앨런 그린스펀은 '초저금리 정책'이라는 카드를 꺼내들었다. 9·11 직후 3년간이나 2% 이하의 저금리가 지속되었으며, 이에 힘입어 넘쳐나는 유동성의 상당부분이 주택 및 금융 파생상품 시장으로 흘러들었던 것이다. 이렇게 돈은 넘쳐났고, 집값은 폭등했으며, 소비 증가율은 경제성장률을 웃돌았던 것이다.[28] 물론 이 와중에 몇몇 사람들이 걱정스런 충고를 던지기 시작했다. 하지만 '자유로운 시장은 언제나 좋은 것이고 시장은 그 스스로의 문제를 알아서 해결할 것'이라는 신자유주의 자유 시장 이데올로기 때문에 별로 신경 써서 듣는 사람들은 없었다.

지금 세계가 목도하고 있는 것은 '시장 근본주의 이데올로기'의 몰락이다. 1929년 대공황 이후 최악의 금융위기라는 이번 참사는 다시 한 번 우리에게 규율 받지 않는 시장은 언제든지 거대한 탐욕과 투기의 전쟁터로 변할 수 있음을 여실히 보여주었다. 그리고 충격은 오래갈 것이다. 최소한 지난 10여 년에 걸쳐 이뤄진 과잉소비를 고려할 때 4년 정도는 지나야 가계부채가 정상 수준으로 돌아올 수 있을 것이라는 분석도 있다.[29] 그리고 아직 신자유주의를 대체할 새로운 지배 이데올로기가 그 모습을 드러내지 않은 상황에서, 새로운 지배 이데올로기가 등장하기 전까지 세계는 "신자유주의와 정부 개입의 이데올로기가 혼재하는 혼돈과 불안,

---

28—— 이런 점에서 미국의 패권에 타격을 주려던 9·11 테러는 결국 그 목적의 일부분을 달성한 셈이라는 조일준의 분석은 흥미로운 것이다(조일준, "9·11이 '월가 파산' 전주곡이었다", 《한겨레신문》 2008년 9월 22일).

29—— 박현수 삼성경제연구소 수석연구원, 《한겨레신문》 2008년 9월 27일, "시장신화의 몰락 3 - 위기의 뿌리와 앞날" 중에서.

　　　　　　　　　• 신자유주의 시대, 평화와 생명 선교 •

불확실성의 시대라는 길고도 어두운 터널을 지나가게 될 것"이라는 분석도 매우 합리적으로 들린다.[30] 여러 전망이 엇갈리지만 이번 사태에서 우리가 다시금 분명히 얻게 된 교훈은 무언가를 절대시한다는 것은 언제나, 절대적으로 위험하다는 것이다. 근본주의는 이슬람과 기독교에만 있는 것이 아니다. 경제에도 있다. 이번 사태를 경제/시장 근본주의의 문제로 성찰한 박종현의 글은 동일한 패턴의 근본주의 문제를 안고 있는 한국교회가 깊이 귀담아 들어야 할 이야기로 보여 장문이지만 여기에 인용해 본다.

이번 사태는 '정부보다는 시장이 현명하다'거나 '민간은 선이고 정부는 악'이라는 이분법적 이데올로기를 경제학의 핵심 원리로 믿고 이를 자신의 신념으로 내면화한 풍토에서 비롯된 측면도 크다. 그 일차적인 책임은 경제학계에 있고, 이는 추상화된 모델에 집착하는 경제학의 편향된 방법론과 관련이 깊다. 언제부턴가 학계에서는 역사나 사회에 대한 총체적인 접근을 통해 경제현상 이면의 복잡다단한 진실을 밝혀내려는 노력들이 줄어들고, 현상에 대한 제대로 된 해명은 추상적인 모델에 의해서만 가능하다고 믿는 사람들이 크게 늘어났다. 경제성장에 대한 인식의 지평을 넓혀 해마다 노벨경제학상 후보자 일순위로 주목을 받던 폴 로머는 전자를 현실주의자, 후자를 근본주의자라 부른다. 그의 평가는, 근본주의자들이란 모델과 데이터가 일치하지 않으면 데이터를 탓하고 세부적 사실은 무시한 채 자유화와 민영화와 같은 원론적 처방만을 내어 놓

는 사람들이다. 모델을 특화하는 경제학자들이 시장편향적인 것은 연구 방법과 관련이 있다. 정부나 제도는 이들에게 모델의 아름다움을 훼손시키는 불순물이거나 모델의 설명력을 떨어뜨리는 훼방꾼처럼 느껴질 수 있다. 근본주의자들은 마침내 정부나 제도의 현실적 기능에 대해 부정적인 신념체계를 굳히게 된다. 여기에 경제적이고 정치적 이해관계가 개입하게 되면, 저명한 경제학자들조차 '시장은 자원을 배분하는 효율적인 기구'라는 경제학적 지식과 '시장에 대한 정부의 개입은 나쁜 것'이라는 이데올로기를 뒤섞는 희비극에 동참하게 된다. 이들은 시장이 어떤 환경에서 더 효율적일 수 있을지, 정부의 비효율과 부패를 막을 제도적 장치가 무엇일지를 고민하는 대신 특정 조건에서만 타당한 명제들을 모든 상황에 적용되는 신성불가침의 진리로 변질시켜 대중들에게 좋은 시장과 나쁜 정부 중 양자택일을 강요했다는 비난으로부터 자유롭지 못하다.[31]

근본주의는 이처럼 경제에도 있고, 과학에도 있으며,[32] 종교에도 있다. 기독교 근본주의는 19세기 중엽 미국의 남북전쟁(1861-65)을 전후한 시기에 일어난 급속한 산업혁명, 도시화, 그리고 이민의 증가 속에서 정체성의 위기와 기반의 흔들림을 경험한 보수적 기독교인들 사이에서 자라났다.[33] 많은 사람들이 현 월가 사태의 선례를 1929년 대공황에 비견하

31—— 박종현, "금융위기, 이데올로기, 경제학", 《한겨레신문》 2008년 10월 20일.
32—— 리처드 도킨스의 『만들어진 신*The God Delusion*』이 그 예다. 이에 관한 비판으로는 알리스터 맥그라스, 『도킨스의 망상*Dawkins Delusion?*』을 참조하라.
33—— 이에 관해서는 필자의 졸고, "기독교 근본주의의 기원과 구조: '내 안에 너 있다'", 새길기독문화원 일요신학강좌 강연초록(2008. 10. 19)을 참조하라.

  • 신자유주의 시대, 평화와 생명 선교 •

지만, 오히려 19세기 말 '원조' 대공황이 오늘날과 훨씬 비슷했다고 하는 경제사가 스콧 레널즈 넬슨의 지적은 주목할 만하다. 당시 동유럽에서 시작해 서유럽을 휩쓸고 마침내 미국까지 삼켰던 '1873년 금융공황'으로 뉴욕에서만 순식간에 10만 이상의 실직자가 생겼고 동부의 여러 도시에서 무장 폭동이 일어날 정도였다. 그런데 넬슨은 미국인들이 기독교 근본주의에 본격적으로 기울어진 것이 바로 이 때부터라고, 우리에게 매우 의미 있는 사실을 알려준다.[34] 근본주의 교파는 세계 어디에나 있지만 이렇게 개신교회의 절대다수를 차지하는 유일한 나라인 한국에서 이 문제는 대단히 중요한 문제이다. 2008 월가의 금융위기는 또 어떤 근본주의에 기름을 부을 것인가? 근본주의를 기본 체질로 갖고 태어난 한국 개신교가 정치적 파시즘에 기울지 않도록 주의해야 할 것이다.

신자유주의의 대안은 있는가?

1989년 베를린 장벽 붕괴 이후 지구촌은 이른바 '자유 시장' 시대를 향한 거침없는 질주의 시대를 걸었다. 그 과정에서 자유 시장 경제의 세계화란 거스를 수 없는 역사적 대세라는 일종의 신화가 만들어졌다. 하지만 이제 그 신화는 깨졌다. 이것은 '자유경쟁 시장 외에는 대안이 없다'는 패배주의를 넘어설 계기가 마련되었다는 의미이다. 그렇다면 우리 앞에는 어떤 '근본적radical'이면서도 '현실적realistic' 대안들이 있는가?

울리히 두흐로Ulrich Duchrow의 지적대로, 우리는 기존의 민주적 통로와

---

[34]—— 조효제, "미국 제국의 '끝의 시작'", 《한겨레신문》 2008년 10월 10일.

공간을 통해 기존 시스템에 저항을 계속하는 한편, 그와 동시에 기존의 경제 시스템 자체를 근원적으로 대체할 수 있는 문명사적 대안을 스스로 창출하고 실천해 나가야 한다.[35] 말하자면, 한손으로는 싸우면서 다른 한 손으로는 우리의 텃밭을 스스로 가꾸어 나가야 하는 것이다. 다행히 그동안 세계 곳곳을 활보하면서 무고한 사람들의 생명과 사회적 안전망을 무너뜨리고 있는 초국적 금융자본의 방종에 '긴급 브레이크'를 거는 일들이 시작되었다. 고삐 풀린 금융자본의 파괴 행위를 제어하기 위한 국제적 거버넌스 움직임이 강화되고 있다. 한국 교회는 세계 에큐메니칼 기구를 통해 지구촌 경제에 절실한 것은 투기에 기초하지 않은 금융체제이며, 과거에 그랬던 것처럼, 지역경제의 이익에 복무하는 금융체제임을 요구하고 주장해야 한다.

하지만 우리는 시장에 대한 국가의 개입을 강조하는 케인스주의로의 복귀가 신자유주의 경제체제의 세계화에 대한 유일한 대안이라는 생각에서 벗어나야 한다. 초국적 금융자본의 전횡을 통제하기 위한 국가의 시장개입의 강조는 정당한 것이다. 그럼에도 불구하고 우리는 우리의 관심을 금융자본의 통제에만 국한해서는 안 되며, 마치 시장에 대한 국가의 통제권을 회복하는 것이 만병통치약인 것처럼 생각해서도 안 된다. 월든 벨로Walden Bello의 지적대로, 우리는 과거 국가주도형 자본주의 경제로 되돌아갈 수는 없다. 왜냐하면, 우리가 몸으로 경험했듯이, 그 체제는 심각

35—— 두흐로는 이러한 전략을 '동시 전략'이라고 부른다. 이는 기존 시스템에 대한 '상대적 길들이기'와 동시에 기존 시스템에 대한 '거부 및 작은 규모의 대안들'을 실천해 가는 것이다. Ulrich Duchrow, *Alternatives to Global Capitalism: Drawn from Biblical History Designed for Political Action* (Utrecht, The Netherlands: International Books with Kairos Europa, 1995), p. 229 이하를 참조하라.

한 부의 불평등 분배와 환경 파괴라는 문제를 일으켰기 때문이다.[36] 우리에게는 신자유주의 경제체제에 대한 근원적인radical 그리고 현실적인realistic 대안이 필요하다. 필자는 그 대안으로서 첫째, 화석연료에 기초한 현 인간문명으로부터의 근본적 탈피와 둘째, 경제의 '지역화localization', 그리고 셋째, '생태경제학ecological economics'의 수립을 들고 싶다.

먼저 신자유주의 경제체제에 대한 근원적인 대안은 화석연료에 기초한 현재의 에너지 문명을 극복하는 것에서 찾아져야 한다. 지금 월가의 붕괴 이후 '시장의 실패'라는 말이 유행하는데 레스터 브라운Lester Brown 박사는 시장의 '진정한' 실패가 무엇인지를 말해 주고 있다. 그에 의하면 지금 무너지고 있는 것은 월가가 아니라 화석연료를 기반으로 하고 있는 현 인간의 문명 그 자체이다. 무엇이 원인인가? 브라운 박사에 의하면 그 핵심 원인은 시장 가격에 '진실'이 담겨 있지 않기 때문이다. (이것이 시장의 진정한 실패이다.) 예를 들어 각종 석유 제품이나 양고기의 시장 가격에는 지구 온난화나 사막화 등 간접적인 비용이 반영돼 있지 않다. 마땅히 받아야 할 정당한 가격보다 싸게 공급되다 보니 당연히 자원이 고갈되고 과잉 개발된다. 이렇게 시장이 잘못된 '신호'를 보내는 바람에 석유 소비가 많아지고 우리는 석유 문화에 안주하게 되는 것이다. 이것은 철저한 시장의 실패다.[37] 이는 매우 중요한 지적이다. 시장의 실패란 시장 메

36—— Walden Bello, *Dark Victory: The United States, Structural Adjustment and Global Poverty*, (Pluto Press with Food First and Transnational Institute, 1994), p. 112. 사실 케인스주의는 다음의 두 가지 이유 때문에 우리에게 근본적인 대안이 되지 못한다. 즉, 투자가 곧 고용을 의미한다는 케인스주의의 가정은 더 이상 유효하지 않으며, 또 무한한 경제성장이 가능하다고 믿는 케인스주의의 근본적 전제 역시 생태학적으로 더 이상 수용될 수 없는 관점이다.

커니즘으로는 효율적인 자원 분배가 이뤄질 수 없는 경우를 말한다. 이를 테면 많은 오염 물질을 배출하는 정유 공장은 대기 오염이나 지구 온난화 등 사회적 비용을 일으키는데도 불구하고 정유 가격에 이 비용을 포함시키지 않아 사회적으로 적정한 수준 이상의 소비를 초래할 수 있다. 하지만 문제는 누군가 이 비용을 반드시 부담하게 되어 있다는 점이다. '공짜 점심free lunch'은 절대 없다. 언제, 누가 부담하는가만 정해지지 않았을 뿐이다. 그런데 곧 모두가 그 대가를 치러야 하는 때가 오고 있다.[38]

어떻게 하면 '시장 실패'를 교정할 수 있는가? 브라운 박사는 정부가 세금 등으로 개입해야 한다고 강조한다. 휘발유 관련 세금을 지속적으로 올려 과수요를 막는 한편 대체 에너지 개발을 유도해야 한다. 많은 학자들도 물품마다 '환경세' 혹은 '탄소세'를 매겨야 한다고 주장한다. 하지만 이것은 서민들 보고 죽으란 얘기 아닌가? 많은 학자들은 환경세를 신설하되 소득세를 줄이는 식으로 세제를 개편한다면 소비자의 세금 부담이 늘어나지 않게 할 수 있다고 말한다. 그러니까 조세 체제를 환경세 위주로 바꾸자는 것이다. 소득세를 내리는 대신, 상품별로 오염물질 발생 정도에 따라 탄소세를 매기자는 것이다.[39] 필자는 이러한 세제개편안이 한

37—— 브라운 박사에 의하면, 현재의 이러한 자본주의 체제는 미국의 몰락한 에너지 재벌 엔론Enron과 비유할 수 있다. 엔론은 2001년 미국 내에서 7번째로 가치 있는 기업으로 선정될 정도로 잘 나가던 기업이었다. 그런데 회계감사관들이 꼼꼼하게 들여다보니 이 회사는 몇몇 비용을 장부에 기재하지 않았었다. 이 비용들이 포함되자 엔론은 갑자기 무가치한 회사가 되고 말았다. 한때 주당 90달러까지 나갔던 주가는 갑자기 1달러 이하로 폭락했다. 그리고 엔론은 파산했다. 현재의 경제 체제는 꼭 계산해야 할 비용을 장부에 기재하지 않는다는 점에서 엔론과 비슷하다.

38—— 최근 한 TV 방송사가 방영한 다큐멘터리 '지구 온난화, 6도의 악몽'이 그 예다.

39—— 지금 실제로 유럽 국가들을 중심으로 탄소세(환경세)를 부과하는 대신 소득세를 감면하는 내용의 세제 개편이 추진되고 있다. (벨기에, 덴마크, 핀란드, 독일, 이탈리아, 영국

　　　　　　　• 신자유주의 시대, 평화와 생명 선교 •

국 교회의 납세 문제를 해결하는 한 돌파구일 수 있겠다 생각한다. 성직
자들이 근로소득세를 못 내겠다고 하면 대신 환경세를 내면 어떻겠는가.

브라운은 환경 파괴, 화석 연료 사용으로 대변되는 현재의 경제체제를
'플랜 A'라고 지칭하면서 이를 하루 빨리 '플랜 B'로 바꾸어야 한다고 부
르짖는다.[40] 플랜 B는 풍력, 태양력 등 재생 가능한 에너지를 기반으로
하는 경제시스템을 말한다. 우리가 전쟁과 폭력의 문화로부터도 근본적
으로 탈출하려면 우리는 특정 지역에 묻혀 있는 석유자원이 아니라 이
세상 누구에게나 하나님께서 골고루 내리시는 태양빛과 지구의 70%를
이루고 있는 물에 의존하는 에너지 문명으로 근본적인 패러다임 전환을
이루어야 한다.[41] 이것은 가능한 일이고, 여기에 교회가 할 일은 무궁무
진하다.[42]

둘째, 신자유주의 경제체제의 근원적 대안은 경제의 '지역화localization'
에서 찾아야 한다. 이 말은 지금의 팽창지향적인 단일 지구촌 경제 모델
을 버리고 세계경제를 '작은 규모small scale'의 지역경제로 재편하고 다원

등이 여기에 참여하고 있다.) 조세 수입의 50%를 환경 관련 세금으로 충당하자는 논의도 제
기되고 있다. 한국에서도 학계를 중심으로 '환경세 인상 및 소득세 감면'을 포함한 '녹색조세
개혁green tax reform' 필요성이 논의되고 있다.

40—— 그의 책 *Plan B*는 2004년 번역되어 도요새에서 『플랜 B』로 출판되었다.

41—— 지구상에 일 년 동안 들어오는 태양에너지의 양은 인류 전체가 일 년간 사용하는 에
너지의 1만5천 배나 된다고 한다. 이 고갈되지 않고, 깨끗하고, 안전한 에너지를 이용하기
위해 태양광 발전, 태양열 발전, 풍력 발전, 수력 발전, 바이오매스 발전, 조력 발전 등을 위한
기술이 이미 개발되어 사용되고 있다. 특히 풍력 발전은 덴마크에서 전체 전기 생산의 25%,
독일에서 5%를 차지하고 있으며, 전 지구적으로도 해마다 약 40%씩 증가하고 있다. 한국은
현재 식량의 80%, 에너지의 98%를 외국에서 수입하고 있다. 우리에게도 고갈되지 않는 에너
지, 기후 변화를 일으키지 않는 에너지, 그리고 안전하고 깨끗한 에너지는 생존이 걸린 긴박한
문제인 것이다(《이대대학원신문》 2004년 3월 3일자 1면을 참조하라).

42—— 기독교환경운동연대의 각종 제안과 사업을 참조하라(www.greechrist.org).

화하며 그들 간의 평등하고 호혜적인 상호협력 관계를 창출하는 것을 의미한다. 물리적으로 큰 시장이 더욱 효율적이며 따라서 번영의 증대에 더욱 효과적이라고 주장하는 사람들이 있다. 하지만 슈마허E. F. Schumacher는 일찍이 이러한 생각을 '거대망상증giantism'이라고 비판했으며, 언제나 자연환경에 덜 유해한 작은 규모의 경제로 재편하는 것이 인류 미래의 사활을 결정하는 과제라고 역설한 바 있다.[43] 대규모 시장 경제는 언제나 자원 집약적이며, 경제의 규모가 커질수록 비용은 당연히 증가한다. 요점은 자연 자원이 유한하기 때문에 인간의 경제활동 규모도 반드시 그 한계 안에 제한되어야 한다는 점이다.[44] 미국의 원주민 신학자 조지 팅커 George E. Tinker가 말하듯이 인간은 "한계 안에 사는 지혜", 즉 "창조세계와의 조화와 균형을 유지하기 위해 인간의 필요에 제한을 가해야 한다는 깊은 영적 각성"을 배워야 한다. 이것은 곧 인간에게 '모든 것이 가능하지 않다'는 것을 배워야 한다는 것을 의미한다. 현재와 같은 대규모의 인간 경제는 인류 역사에서 고작 5백여 년밖에 되지 않은 것이며, 따라서 우리는 인류 역사의 대부분을 차지하는 작은 규모의 지역 자립경제로 되돌아가야 한다고 팅커는 주장한다.[45]

[43]—— E.F. Schumacher, *Small Is Beautiful: Economics as if People Mattered* (New York: Harper & Row, 1973), pp. 36, 67.

[44]—— 물론 이것은 모든 종류의 교역을 즉각적으로 중단할 것을 요구하지 않는다. 예를 들어 우리는 커피나 목화 등의 국제무역에 전적으로 의존하고 있는 제3세계 가난한 국가들에게 하루아침에 모든 교역을 중단하라고 요구할 수는 없다. 요지는 인간의 기초적인 필요need가 가능한 한 지역경제의 차원에서 충족되어야 하며 교역은 불가피할 때에만 이루어져야 한다는 점이다. 여기서 반대하고 있는 것은 인간의 기초적인 필요를 충족시키는 데 필요하지 않은 원거리 무역long-distance trade이다.

[45]—— George E. Tinker, "Liberation and Sustainability: Prolegomena to an American Indian Theology", in *Ecojustice Quarterly*, Vol. 15, No. 1, Winter 1994-1995, pp.

 • 신자유주의 시대, 평화와 생명 선교 •

하지만 이것이 정말로 가능한 현실적인realistic 이야기인가? 이미 너무 많은 사람들이 도농 간, 국가 간 교역에 의존하는 도시문명 속에 살고 있지 아니한가? 하지만 노르베리-호지는 "인류가 모두 도시로 옮겨 가기에는 우리의 수가 너무 많다"고 단언한다.[46] 실제 오늘날 인류의 대부분은 제3세계에 그리고 농촌의 땅위에 살고 있다. 우리가 현재의 팽창적인 세계 단일경제 모델을 포기해야 하는 이유는 사람들을 도시로 보내기에는 너무 많은 사람들이 제3세계의 농촌에 살고 있기 때문이다. 신자유주의 세계화의 근원적인 대안은 '비집중화de-centralization', 혹은 '지역화localization'이다. 친환경적인 작은 규모의 지역경제들이 거대한 국제시장의 폭력으로부터 보호되어야 한다. 우리는 원래 우리의 땅과 함께 숨 쉬며 살았던 세계를 회복해야 하는 것이다.

셋째, 결국 신자유주의 경제체제의 근원적인 대안체제는 생태경제체제다. 사실 고전적 자유주의든 신자유주의든, 그리고 케인스주의든 마르크스주의든, 비록 그들은 시장과 국가와 자본주의에 관해 서로 적대적인 견해를 가지고 다퉜지만, 그들은 끝없는 '물질적 진보'를 정당화한다는 점에서 모두 하나다. 그들 모두가 서구 계몽주의의 자식들이다.[47] 우리의

17-18.

46—— Helena Norberg-Hodge, *Ancient Futures: Learning from Ladakh* (San Francisco: Sierra Club Books, 1991), p. 396.

47—— 과거 소비에트 공산주의와 서구 자본주의의 대결은 근본적으로 서구 이데올로기 '한 식구 내의 분쟁'이었다고 볼 수 있다. 둘 다 '공장 굴뚝'을 근대화의 모델로 하는 쌍생의 이데올로기인 것이다. 마르크스-레닌주의와 자유 시장주의는 특히 둘 다 자연에 대해 프로메테우스적인 자세를 가졌다는 점에서 공통점이 있다. 존 그레이는, 이들이 인류의 문화적 다양성을 무시하고 인류를 어떤 단일한 보편적 문명으로 통합하려 했던 서구 계몽주의 프로젝트의 변종들에 불과하다고 지적한다(John Gray, *False Dawn: The Delusions of Global Capitalism* [London: Granta Books, 1998], pp. 102, 215).

근원적이고 현실적인 대안은 무한한 경제성장이 가능하며 경제적 발전
이 곧 빈곤으로부터의 탈출이라는 기존의 경제적 신앙과 전제를 극복하
는 것부터 시작되고 궁극적으로 거기서 완성된다.

더글러스 러미스의 책『경제성장이 안되면 우리는 풍요롭지 못할 것
인가』는 우리가 평소에 얼마나 '성장' '빈곤' '발전'에 대한 몰상식을 상식
이라 착각하며 살아왔는지를 깨닫게 해주는 책이다.[48] 그는 우리가 경제
발전이라고 부르는 것은 지구 위의 모든 인간과 모든 자연을 산업 경제
시스템 속으로 집어넣으려는 것이라고 비판하면서, 그것이 구조적으로나
원칙적으로 불가능한데 왜냐하면 그 무엇보다도 모두가 경제발전하면 지
구가 견디어 내지를 못하기 때문이라는 점을 강조한다.[49] 때문에 경제성
장을 문제 해결을 위한 만능 약으로 처방해 온 구시대를 끝내고,[50] 대신
경제성장보다 훨씬 더 재미있는 프로젝트인 '대항발전counter-development'을
추진하자고 제안한다. 이 대항발전의 첫 번째 목표는 '줄이는 발전'이다.
에너지 소비를 줄이고, 각자가 경제활동에 쓰고 있는 시간을 줄이고, 가
격이 붙은 것을 줄이는 것이다. 이 대항발전의 두 번째 목표는 경제 이외
의 것을 발전시키는 것이다. 시장 이외의 모든 즐거움, 행동, 문화 등, 즉
경제용어로 바꿔 말하면 교환가치가 높은 것을 줄이고 사용가치가 높은

48—— 더글러스 러미스,『경제성장이 안되면 우리는 풍요롭지 못할 것인가』(녹색평론사,
2002).

49—— 사실 지구는 지금의 인간의 소비조차 견디어낼 수 없다. 위의 책 79, 83.

50—— 물론 이것은 실업자나 노숙자나 빈민의 증가를 막는 노력을 포기하자는 게 절대 나
이다. 그보다는 그 문제의 진짜 해법을 찾자는 뜻이다. 러미스에 의하면, 이것은 경제적 해결
이 아니라 정치적 해결이다. 요컨대, 성장이 아니라 분배이다. 정당한, 정의에 바탕을 둔 분배
에서 해결을 찾는 것이다(위의 책, p. 95).

것을 늘리자는 것이다.[51]

　필자는 여기서 미국의 경제학자 허먼 데일리Herman E. Daly의 생태경제학을 상세히 소개하고 싶다. "생태경제학의 수석 사제", "가장 멀리 보는 경제학의 이단아" 혹은 "광야에서 울부짖는 소리"[52]로 널리 알려진 데일리는 우리가 생태경제학을 이해하기 위해서는 반드시 짚고 넘어가야 할 학자다. 그는 비록 엄밀한 의미에서 신학자는 아니지만 우리의 주목을 받기에 충분한 자신의 고유한 성서적 견해를 피력하면서 과정신학자 존 캅과 함께 매우 중요한 대안적인 종교적 비전을 제시하고 있다. 데일리의 생태경제학은 한국 교회의 신학적 지평을 넓히는 데에도 크게 기여할 것이다.

허먼 데일리의 생태경제학

　데일리도 한때 자유무역과 비교우위에 강한 신뢰를 가진 정통 경제학자였다. 하지만 생태경제학 개척자들의 영향을 받으면서 그는 "경제학에서 역逆 코페르니쿠스 혁명"의 제창자가 된다. 데일리는 자신의 생태경제학을 '정상상태正常狀態 경제steady-state economy'라 부른다.[53] '무성장無成長

51—— 위의 책, pp. 99-100.

52—— Daly, "The Steady-State Economy", in *Toward a Steady-State Economy* (San Francisco, W.H. Freeman, 1973), p. 158을 보라.

53—— '정상상태正常狀態'는 steady-state 혹은 stationary state를 번역한 것으로, 상대적으로 평형을 유지하는 어떤 상태를 가리킨다. 예를 들어 기계공학에서 정상상태란 운동 상태가 시간의 경과에 따라서 변화하지 않는 상태에 있는 것을 의미하며, 의약품학에서 정상상태란 어떤 계(界)에 들어가고 나오는 양이 균형을 이루어 계의 농도가 일정하게 유지됨에 따라 마치 정지된 것 같은 준 평형 상태를 의미한다.

경제no-growth economy'로도 알려져 있다. 정상상태 경제란 "(투입과 산출 둘 다에) 원료 투입량을 '최저' 비율로 유지함으로써 전체 인구와 물질적 부의 축적이 항상 어떤 바람직한 수준을 유지하는 경제"다.[54] 정상상태 경제학의 핵심적 논지는 아주 단순하다. 어떤 특정한 지점을 넘어서면 경제성장은 물리적으로나 경제적으로 지속가능하지 않으며 또한 도덕적으로도 바람직하지 않다는 것이다.[55] 왜 지속가능하지 않은가? 인류는 이미 오래 전에 경제의 규모면에 있어서 성장의 최종적인 생물 물리학적 한계를 넘어섰기 때문이다.[56] 왜 바람직하지 않은가? 인류는 이미 '최적의 규모optimal scale', 즉 더 이상의 성장은 그 성장의 가치보다 더 많은 것을 잃게 만드는 어떤 지점을 통과했기 때문이다.[57] 그렇다면 해결 방안은 무엇인가? 해결 방안은 원료 투입량의 비율을 최대로 줄이고(이것은 낮은 생산과 또 이와 동등하게 낮은 소비를 의미한다),[58] 인구 및 생산의 성장이 지속가능한 환경의 능력 혹은 자원재생과 폐기물 흡수 능력 이상을 넘도록 압박을 가하지 않는 것이다.[59] 한마디로 데일리의 정상상태 경제학은 유한한 에너지와 지구 자원의 한계에 조응하도록 경제사상 전체의 패러다임을

54───── Daly, "The Steady-State Economy", p. 152.

55───── Daly and Kenneth N. Townsend, *Valuing the Earth: Economics, Ecology, Ethics* (Cambridge, Mass.: MIT Press, 1993), preface (페이지 번호 없음).

56───── Daly, "Sustainable Growth: An Impossibility Theorem", in *Ibid.*, p. 269. 데일리는 여기서 인간의 경제가 현재 전 지구적 "광합성의 순 1차 산물"(NPP)의 4분의 1을 점유하고 있다고 밝힌다. 그에 의하면 인간은 NPP의 100% 이상을 결코 점유할 수 없다.

57───── Daly, *Beyond Growth: The Economics of Sustainable Development* (Boston: Beacon Press, 1996), 215, 223; "The Steady-State Economy", p. 151.

58───── Daly, *Toward a Steady-State Economy*, p. 14.

59───── Daly, *Beyond Growth*, p.3.

　　　　　　　　　　　　• 신자유주의 시대, 평화와 생명 선교 •

재편할 것을 요구한다.[60] 그것은 또한 "발전(진화)하지만 성장하지는 않는" 지구의 에코시스템에 인간의 경제가 순응할 것을 요구한다.[61] 그러니까 정상상태 경제란 한 마디로 '성장을 제한하라'는 주장이다. 이는 지금까지 저개발과 부의 불균형 배분에 대한 만병통치약으로 지속적인 경제 성장으로 처방해 온 기존의 관행에 대한 심각한 도전이다.[62] 정상상태 경제학은 과학과 기술이 인간에게 부여한 힘 덕분에 인간 경제의 규모가 이제는 의식적으로 "지구행성의 근본적인 유한성"과 "인간 피조성의 근본적 한계" 및 "생태적 의존성"을 직시해야만 하는 어떤 지점에 이르게 했다는 점을 강조한다.[63]

우리의 관심을 끄는 대목은 데일리의 정상상태 경제이론이 아담 스미스나 칼 마르크스의 영향이 아니라 현대과학, 특히 생물 물리학biophysics에서 지대한 영향을 받았다는 사실이다. 그래서 사실 정통 경제학에 대한 데일리의 비판의 요지는 정통 경제학이 현대 물리학과 생물학이 밝혀낸 가장 기본적인 자연의 법칙들을 진지하게 수용하지 않고 있기 때문에 '비과학적'이라는 것이다.[64] 사실 '정상상태steady-state'라는 용어 자체가 물리학과 생물학에서 따온 것이다.[65] 데일리에게 있어서 경제학이란 기본

60—— Daly, *Toward a Steady-State Economy*, vii.

61—— Daly, "Sustainable Growth", in *Valuing the Earth*, p. 268. 존 캅도 이 점에 관해 데일리에 전적으로 동의하면서 이렇게 말한다. "한계선을 받아들이고 그 한계 안에서 모두가 품위 있는 삶을 살려고 노력하라. 다른 생물종들과의 균형 속에 그리고 지구행성의 재생 가능한 자원으로 살아라. 또한 기술적 진보에 비추어 합의될 수 있는 정도로만 재생 가능하지 않은 자원을 사용하라."(Cobb, *Sustainability*, p. 7).

62—— Daly and Townsend, *Valuing the Earth*, preface, p. 3.

63—— Daly and Townsend, *Ibid.*, p. 214.

64—— Daly, *Beyond Growth*, p. 214.

적으로 '생명과학'이다. 이 과학의 궁극적 탐구주제는 생명 과정 그 자체다. 따라서 경제학이란 생태학의 일부가 되어야 하며 인간의 운명은 자연의 운명과 결합되어야 하는 것이다.[66] 그렇다면 현대 생물 물리학은 생명의 과정을 어떻게 이해하는가?

생물 물리학적 관점에서 생명의 과정이란 "정상상태의 열역학적 불균형으로 주위 환경으로부터 낮은 엔트로피를 섭취하면서, 즉 높은 엔트로피 산출물을 낮은 엔트로피 투입물과 교환함으로써, 평형(죽음)으로부터 끊임없이 거리를 유지하는 것"이다.[67] 여기서 중요한 것은 '열역학의 제1법칙'(우주 안의 모든 물질과 에너지는 불변한다. 창조되지도 파괴되지도 않는다. 단지 그 형태만 바뀔 뿐이다)만이 아니라 '열역학의 제2법칙'(우주 안의 모든 물질과 에너지는 한 방향으로만 변한다. 유용한 상태에서 무용한 상태로, 질서 있는 상태에서 무질서한 상태로 변한다)이다.[68] 이와 같은 열역학의 제2법칙에 따르면, 경제란 그 물리적 측면에서 영원히 또는 아주 오래 성장할 수가 없다.[69] 데일리는 바로 이러한 엄연한 과학적 사실이 왜 경제 과정의 물

65—— Daly and Townsend, *Valuing the Earth.*, 366. 이 용어를 사용하기 전에 데일리는 존 스튜어트 밀(John Stuart Mill)을 따라 '정지 상태stationary state'라는 용어를 사용했었다. 밀은 그의 저서 『정치경제의 원칙들*Principles of Political Economy*』(1857)에서 '정지 상태'란 "인구와 물질적 자본금이 제로 성장인 상황, 그러나 기술과 윤리의 지속적인 향상이 이루어지는 상황"이라고 설명했었다(Daly, *Beyond Growth*, p. 3). 데일리 역시 '정지 상태'라는 말을 정확이 이런 고전적 의미로 사용한다. 하지만 신고전주의 경제학자들이 이 말의 의미를 자신들의 편의에 맞게 재정의함에 따라 데일리는 그들과 자신의 개념 사용의 혼돈을 피하기 위해 물리학과 생물학으로부터 '정상 상태steady state'라는 말을 차용하여 사용하기 시작했다.

66—— Daly, "On Economics as a Life Science", in *Valuing the Earth*, pp. 249, 256ff.

67—— Daly, *Ibid.*, p. 253.

68—— Daly, *Ibid.*

69—— Daly, *Beyond Growth*, p. 214.

리적 서술에는 적용되어 오지 않았는지 심각한 의문을 표시한다.[70] 하지만 이제 더 이상 그럴 수는 없다. 이제 '정상상태' 혹은 '생물 물리학적 제1법칙'은 도덕적 선택의 문제가 아니라 기본적으로 물리적인 필요성이며 모든 경제학의 규범이 되어야 하는 것이다.[71]

이러한 과학적 기반 위에서 데일리는 경제에 대한 전통적 개념정의를 뒤집는다. 경제학 교과서들은 경제를 재화의 기계적 흐름으로, 즉 "하나의 완전히 폐쇄된 시스템 안에서 생산과 소비 사이의 진자 운동"인 것처럼 기술한다.[72] 하지만 데일리에게 있어서 경제학에 대한 이러한 정통적 (신 고전주의적) 견해, 특히 가치에 대한 주관주의subjectivist 이론의 문제는 경제가 가지고 있는 물리적 요소들을 무시하는 것이고 그럼으로써 우리의 관심사를 자원이나 노동의 문제가 아니라 효율성, 교환, 그리고 효율과 같은 주제들로 전환시킨다는 점이다.[73] 신 고전주의적 견해에 의하면 에코시스템은 인간 경제 안에 포함되어 있다. 하지만 데일리에 의하면, "경제란 물리적 측면에서 볼 때, 유한하고 성장하지 않으며 물질적으로 닫힌 지구의 에코시스템 아래에 있는, 하나의 열린 하위시스템"이다.[74] 이 견해에서는 에코시스템이라는 큰 원 안에 인간의 경제라는 작은 원이 포함된다.[75] 그리고 이러한 견해에서 중요하게 부각되는 것은 '규모scale'의 문제이다. 즉 전체 에코시스템 안에서 인간이라는 존재가 차지하는

70—— Daly, *"The Steady-State Economy"*, p. 153.

71—— Daly, *Ibid.*, pp. 153, 154; *Valuing the Earth*, p. 366.

72—— Daly and Townsend, *Valuing the Earth*, p. 51.

73—— Daly, *Beyond Growth*, p. 4.

74—— Daly, *"Sustainable Growth: An Impossibility Theorem"*, p. 267.

75—— Daly and Townsend, *Valuing the Earth*, p. 3.

물리적 크기의 문제이다.[76] 이 문제는 과거에 간과되거나 회피되어 온 문제이다. 왜냐하면 인간 경제의 규모가 작았던 때에는 경제성장이 사회를 조직하는 중심적 원칙이 되어도 생태계에 별 문제가 없었기 때문이다.[77]

흥미로운 것은 경제에 대한 데일리의 이러한 새로운 정의 안에서 보면 '지속적인 성장sustainable growth'이란 것도 유한한 물리적 세계 안에서는 근본적으로 불가능한 것이다.[78] 데일리에 의하면 신 고전주의 경제학자들은 "복잡한 대수학代數學, algebra의 덤불 속으로 재빨리 숨어듦으로써" 이 진리를 은폐했다.[79] 두말할 필요도 없이 이것의 결과는 무제한적 성장에 대한 중독, 혹은 '성장광成長狂, growthmania'이다. 성장광이란 언제나 성장이 가장 중요하다고 보는 마음, 충분함이란 결코 있을 수 없다는 태도, 또는 성장을 어떤 최적의 축적을 획득하기 위한 임시적 수단으로서가 아니라 목적 그 자체로 보는 관점이다.[80] 데일리에 의하면 이러한 성장광 뒤에는 인간학적이고 신학적인 전제가 숨어 있다. 즉 성장광 뒤에는 '경제 인간homo economicus'의 욕망은 만족을 모른다는 인간학적 전제와 "무한한 욕망이라는 원죄"는 인간의 기술에 의해서 속죄될 수 있고, 신의 명령 가운데 가장 중요한 명령은 더 많은 사람들을 위해 더 많은 재화를 생산하라는 것이라는 신학적 전제가 숨어 있는 것이다.[81] 하지만 데일리는 이에 대해 이렇게 반박한다. 실재의 세계에 사는 인간은 만족을 모르는

76—— Daly and Townsend, *Ibid.*, p. 8.

77—— Daly, *Beyond Growth*, p. 223.

78—— Daly, *Toward a Steady-State Economy*, p. 5.

79—— Daly, *Steady-State Economics*, pp. 3-4.

80—— Daly, "The Steady-State Economy", pp. 149-151.

81—— Daly, *Ibid.*, pp. 149-151.

'경제 인간'이 아니며,[82] 인간의 '상대적 필요'는 만족시킬 수 없어도 '절대적 필요'는 만족시킬 수 있다는 점이다.[83] 돌을 떡으로 만들어 보라는, 즉 물질의 영역에서 끝도 없는 굶주림을 만족시켜 보라는 사탄의 유혹에 의해 인간은 타락했지만, 경제 활동의 본래의 목적은 '무한한 빵'이 아니라 '충분한 빵'이다.[84] 아니 데일리에 의하면 정통적 경제 패러다임 안에서의 성장은 사실상 '반경제적 성장'이다. 왜냐하면 그 성장은 가난한 사람들의 삶의 질을 떨어뜨리고 자연 자원을 고갈하기 때문이다.[85] 따라서 그런 성장은 오늘날 많은 문제들의 치료법이 아니라 오히려 그것들의 원인이다.[86] 즉 데일리가 볼 때 환경 파괴라는 질병은 경제학 의사들이 인간의 무한한 욕망이라는 기본적인 병을 고치기 위해 무한한 생산이라는 처방을 내림으로써 생긴 병, 즉 '의원병醫原病'이다. 그렇다면 이제 우리는 잘못된 치료에 의해 생긴 병을 또 다시 동일한 잘못된 처방을 내림으로써 고치려 해서는 안 되는 것이다.

대신 데일리는 '불가능성의 원리impossibility theorem'를 제시한다. 이 원리는 세계경제가 성장을 통해서는 가난과 환경 파괴의 문제를 해결할 수 없다는 원리,[87] 좀 더 단순히 표현하면 미국식 고도 자원 소비 방식의 경

82——— Daly and Cobb, *For the Common Good: Redirecting the Economy toward Community, the Environment, and a Sustainable Future* (Boston: Beacon Press, 1989), pp. 5, 85-87.

83——— Daly, *Toward a Steady-State Economy*, pp. 24, 26. 사실 이 주장은 원래 케인스의 것이다.

84——— Daly and Townsend, *Valuing the Earth*, p. 155.

85——— Daly, *Steady-State Economics*, p. 101.

86——— Daly and Townsend, *Valuing the Earth*, p. 368.

87——— Daly, "*Sustainable Growth: An Impossibility Theorem*", p. 267.

제로는 60억 인류의 빈곤과 환경 문제를 해결할 수 없다는 원리다.[88] 마치 무한정으로 책을 사 모으기만 하고 버리지는 않는 도서관이 존재할 수 없듯이, 영원한 경제 성장은 불가능하고 어느 지점에서는 반드시 멈춰야 한다.[89] 뿐만 아니라 이 원리에 의하면 심지어 '지속가능한 성장 sustainable growth' 혹은 '녹색 성장green growth'이라는 것도 불가능하다.[90] 사실 데일리에게 지속가능한 성장이란 용어는 '나쁜 모순 어법'이다. 왜냐하면 성장에다가 지속가능한 이라는 형용사를 붙이거나 녹색 물감을 칠함으로써 마치 여전히 성장이 가능한 것처럼 믿도록 우리를 속이고 그럼으로써 우리가 지금 반드시 단행해야 할 문명사적 전환을 다시금 연기시킴으로써 결국 그 전환의 고통을 배가할 것이기 때문이다.[91] 데일리에 의하면, 성장에 대한 대안은 지속가능한 성장 혹은 녹색 성장이 아니라 '지속가능한 발전sustainable development'이다. 즉 "성장 없는 발전development without growth" 혹은 "물리적 경제 기반의 질적 향상"이다.[92] 데일리는 '성장growth' (즉 물질의 증가 혹은 흡수로 인한 양적 크기의 증가)과 '발전development'(즉 보다 완전하고 이전보다 나으며 또 이전과는 다른 상태로의 질적 진화)을 분명히 구분한다.[93] 사실 데일리는 '성장하다'는 동사의 원래 뜻이 "싹이 터서 성숙을 향해 발전한다"는 의미임을 지적한다.[94] 그의 논제는 인간 경제라는 하위

88——— Daly and Townsend, *Valuing the Earth*, p. 369.

89——— Daly, *Steady-State Economics*, p. 105.

90——— Daly, "*Sustainable Growth: An Impossibility Theorem*", p. 267.

91——— Daly, *Ibid.*, p. 268.

92——— Daly, *Ibid.*

93——— Daly, "Free Trade: The Perils of Deregulation", in *The Case Against Global Economy* (San Francisco: Sierra Club Books, 1996), p. 237.

• 신자유주의 시대, 평화와 생명 선교 •

시스템은 그것을 안에 포함하고 있는 상위 에코시스템에 의해 영속적으로 유지되거나 지탱될 수 있는 규모를 넘어 성장해서는 안 된다는 것이다.[95] 말하자면 자식이 어미를 집어삼켜서는 안 된다는 것이다. 그리고 지구라는 상위 에코시스템의 하위 시스템으로서의 인간 경제는 언젠가 성장을 멈춰야 하지만 계속해서 발전할 수는 있다는 것이다.[96]

물론 많은 사람들은 그런 식의 지속가능한 발전으로 과연 가난이 제거될 수 있을지 의문을 제기할 것이다. 하지만 1960년대 말 브라질의 북동부 지역에서 가난한 사람들과 함께 살았던 데일리는 가난은 다음과 같은 두 가지 사회적 요소에 의해 발생한다고 믿고 있다. 첫째는 생산 수단의 비소유이고(마르크스에 따르면), 둘째는 산아 제한 수단의 비소유이다(맬서스에 따르면).[97] 데일리는 마르크스를 따라 불평등에 제한이 있어야 한다고 주장한다. 또한 데일리는 맬서스를 따라 인구를 통제하지 않으면 점증하는 절대적 식량부족이라는 부담 때문에 모든 사회적 개혁이 수포로 돌아간다는 점을 강조한다.[98] 따라서 지속가능한 발전에서 가장 중요한 핵심적인 요소는 '부의 분배'와 '인구 통제'이다. 주목해야 할 점은 데일리가 어떤 혁명적 방식의 변화를 제안하지 않는다는 점이다. 비록 그는 일정한 한계 이상의 부에 대해서는 어느 정도의 몰수를 암시하고 있기는 하지만, 복지국가 관료주의나 중앙집권적 통제에 의해서가 아니라 사유

94—— Daly, *Steady-State Economics*, p. 99.

95—— Daly, *Beyond Growth*, p. 27f.

96—— Daly, "Sustainable Growth: An Impossibility Theorem", p. 268.

97—— Daly, *Beyond Growth*, p. 119.

98—— Daly, *Steady-State Economics*, pp. 168-169.

재산과 자유 시장에 근거한 분배정책을 통해 부의 분배가 이루어져야 한다고 주장한다.[99] 그리고 이에 대한 성서적 근거로서 그는 사유 재산의 소유와 그것의 분배에 있어서 일정한 불평등의 정당성을 전제로 하고 있는 구약성서의 희년사상을 언급하면서,[100] 자신의 분배정책의 요지는 부의 사적 소유를 인정하는 바탕 위에 사회적으로 관용될 수 있는 일정한 한계 안에서 부의 불평등을 제한하려 하는 것임을 강조한다.[101] 한마디로 그의 주장은 '무제한적' 불평등에서 '제한적' 불평등으로 전환하자는 것이다. 즉 최고 소득과 최저 소득의 한계를 제도적으로 정함으로써 "너무 가난하거나, 너무 부유한" 양극단을 피하자는 것이다.[102] 사실 데일리는 절대적 평등이 실제일 수도 없고 목표일 수도 없다고 믿는다.[103] 그러면서 자신의 분배정책은 자본주의도 사회주의도 아니고 "분배 국가 Distributive State"라고 말한다.[104]

99──── Daly, "The Steady-State Economy", pp. 168-169. 존 스튜어트 밀을 따라 데일리는 이러한 분배정책이 사실 사유 재산을 지키기 위한 것이라고 주장한다. 왜냐하면 그렇게 해야 사유 재산이 착취의 수단이 아니라 착취에서 지키는 보증이 되기 때문이다.

100──── Daly, *Beyond Growth*, p. 206.

101──── Daly, *"The Steady-State Economy"*, p. 169.

102──── Daly, *Beyond Growth*, pp. 210-212.

103──── Daly, *Ibid.*, p. 207.

104──── Daly, "The Steady-State Economy", p. 169. 사실 데일리는 사회주의 경제에 대해 매우 비판적이다. 왜냐하면 사회주의 경제는 서구의 성장 지향적 경제들보다 더욱 심각한 환경 파괴 징후를 보여주었기 때문이다(Daly, "Sustainable Growth: An Impossibility Theorem", p. 246). 데일리는 자본주의와 사회주의 모두를 비판한다. 왜냐하면 두 체제 모두 공통적으로 재생 가능하지 않은 자원에 깊이 의존하면서 큰 규모의, 공장식의, 그리고 에너지-자본 집약적인 생산양식에 매달리기 때문이다(Daly and Cobb, *For the Common Good*, p. 13). 따라서 데일리에게 있어서 자본주의 경제에 대한 대안으로 사회주의를 말하는 것은 어리석은 일이다. 왜냐하면 사회주의 국가들은 자본주의 국가들만큼이나 성장광症이라는 병을 호되게 앓고 있기 때문이다. 같은 맥락에서 현대의 거대 자본, 거대 노동, 거대 정부,

이상에서 우리는 생태경제학자 데일리의 주장을 상세히 살펴볼 수 있었다. 그런데 데일리는 자신의 생태경제학을 정립하면서 한 가지 중요한 점을 깨닫는다. 즉 경제 성장을 둘러싼 논쟁은 단순히 기술적인 논쟁이 아니라 우리 인간의 근본적인 패러다임의 전환, "게슈탈트gestalt, 즉 지각의 대상을 형성하는 통일적 구조의 전환", 혹은 "선先 분석적pre-analytic 비전의 변화"를 수반하는 논쟁임을 깊이 인식하게 되면서,[105] 데일리는 자신의 논쟁을 뒷받침할 수 있는 도덕적이고 종교적 비전을 발견하기 위해 노력한다. 데일리는 사리 추구self-interest보다 형제애brotherhood가 더 강하다고 믿는다. 그리고 절대적으로 필요한 것은 경제의 성장이 아니라 도덕적 성장이며,[106] 심오한 철학적 이해, 그리고 나아가 종교적 갱신이다.[107] 한마디로 "마음의 변화, 정신의 갱신, 그리고 회개라는 건강한 약"이 필요하다.[108] 정상상태 경제는 결코 기술적 해결책이 아니라 도덕적 해결책을 찾는 것이며 성장광狂에 반대할 수 있는 가장 결정적인 주장은 종교적이고 윤리적인 것임을 데일리는 확신하게 된 것이다.[109] 그리고 원래 경제학은 도덕철학의 한 분야였음을 상기시키면서,[110] 데일리는 마음의

거대 군사력을 선호하는 사적 이윤의 자본주의가 대안이라고 믿는 것도 어리석은 일이다 (Daly, *Toward a Steady-State Economy*, p. 23). 데일리는 자신이 주장하는 정상상태 경제가 사회주의와 자본주의를 종합할 수 있는 '새 포도주' 혹은 '제3의 길'이라고 주장한다 (Daly and Townsend, *Valuing the Earth*, p. 376).

105—— Daly, *Steady-State Economics*, p. 126.

106—— Daly, "The Steady-State Economy", pp. 2, 172.

107—— Daly, *Beyond Growth*, p. 1.

108—— Daly, *Ibid.*, p. 201.

109—— Daly and Townsend, *Valuing the Earth*, p. 155.

110—— Daly, *Steady-State Economics*, p. 2f.

변화, 선先 분석적 비전의 변화를 위한 자신의 방안을 제시한다.

먼저, 데일리는 인간에 대한 이해를 바꿀 것을 제안한다. 경제학자들은 인간은 생산자 혹은 소비자라고 부르지만, 사실 열역학의 법칙들에 의하면 생산과 소비라는 경제 용어는 정확한 것이 아니다. 왜냐하면 열역학의 법칙들에 의하면 물질과 에너지는 창조되지도 파괴되지도 않는다. 따라서 엄밀히 말해 인간은 물질을 생산하거나 파괴할 수 없고 오직 한 단계에서 다른 단계로, 즉 원료에서 물자로, 그리고 물자에서 쓰레기로 그 외형만을 변형시킬 수 있을 뿐이다. 그리고 인간은 새로운 에너지를 사용하지 않고서는 폐기물을 원료로 되돌릴 수 없다.[111] 이렇게 보면 인간은 창조자가 아니라 오히려 '폐기물의 생산자'라는, 지금과 완전히 다른 이미지를 얻게 된다. 데일리는 인간이 가진 기술이라는 것이 "성장에 미친 사람들이 자신들의 교회당을 세워온 주춧돌"이라고 힐난한다.[112] 그러면서 "우리의 에코시스템 안에서는 결코 완벽한 재생이 허용되지 않는다"는 점을 강조한다.[113] 따라서 인간의 기술이 인간을 어떤 근본적인 방식으로 피조물에서 창조자의 반열에 올려놓을 것이라는 믿음은 단지 허상에 불과하다.[114] 그뿐만 아니라 "우연한 존재인 인간이 과학과 기술에 기초한 경제 성장 덕택에 마치 진정한 창조자이고, 자연 세계는 단지 지구 위에 사는 한 목적 없는 생물종種의 인위적 프로젝트를 위해 사용될 도구적이며 우연적인 물자 더미에 불과하다는 믿음"은 근대 세계가 만든

111—— Daly, *Ibid.*, pp. 7-8.
112—— Daly, *Ibid.*, p. 105.
113—— Daly and Townsend, *Valuing the Earth*, p. 8.
114—— Daly and Townsend, *Ibid.*, p. 380.

 •신자유주의 시대, 평화와 생명 선교•

우상 숭배에 불과하다.[115] 때문에 데일리가 보기에 창조자 하나님을 믿는다고 말하면서 그 하나님이 창조한 세계의 파괴에 행복한 마음으로 참여하고 있는 사람이 있다면, 그 사람은 학술적 연구를 필요로 하는 흥미로운 대상이다.[116] 데일리는 이렇게 말한다. "하나님의 세계는 사랑스러운 세계다. 과학자들은 종종 신학자들보다도 이 세계에 대한 사랑에 더 깊이 빠져든다."[117] 이제 인간이 가진 창조적인 능력을 옹호하는 방법으로 성장에 탐닉하는 습관은 이제 버려져야 하며, 이에 덧붙여 인간이 가지고 있는 '파생된derived' 창조적 능력이 마치 자생적이고 자율적이며 무한하다고 생각하는 우상숭배적인 믿음도 이제는 폐기되어야 한다고 강조한다.[118] 우리 인간은 창조성을 부여받았으나 여전히 한계성을 가지고 있는 피조물이라는 겸허한 인간학적 이해로부터 변화가 시작되어야 한다는 것이다.

두 번째로 데일리가 제안하는 것은 성서에 대한 재해석과 창조적 적용의 필수불가결함이다. 데일리는 성서시대 팔레스타인과 로마 제국의 농업 경제가 오늘날 근대 산업경제에 창조적으로 해석되어야 한다고 주장한다.[119] 특별히 그는 창세기 2~3장에 나오는 야휘스트Yahwist 창조 설화에 보다 깊이 주목할 것을 촉구하는데, 왜냐하면 이 이야기는 오직 인간과의 연관성 속에서만 창조세계의 가치를 인정하는 창세기 1장의 사제

115—— Daly, *Beyond Growth*, pp. 22-23.
116—— Daly, *Ibid.*
117—— Daly, *Ibid.*, p. 21.
118—— Daly, *Ibid.*, pp. 218, 221, 224.
119—— Daly, *Beyond Growth*, p. 205.

Priestly 창조 설화와 달리 인간과 독립적으로 창조세계의 가치를 인정하기 때문이다.[120] 하지만 오늘날의 세계 경제를 위해 이 야휘스트 창조 이야기보다 더욱 필요한 성서의 경제 원칙이 있다면 그것은 불평등의 제한을 강조하는 구약성서의 원칙이라고 데일리는 말한다. 물론 그는 구약성서의 희년법이 우리 시대 소생될 수 있다고 믿지는 않는다. 하지만 희년법이 가지고 있는 제한적 불평등이라는 원리가 오늘날 부와 소득에 있어서 일정한 최고 한계와 최저 한계를 정하는 정책으로 제도화될 수 있다고 확신한다. 이와 같은 정신은 신약성서 고린도후서 8장 13~15절에서도 바울에 의해 잘 나타나 있다고 확신한다.[121]

'마음의 변화'를 위한 마지막 세 번째의 제안으로 데일리는 과학적 유물론scientific materialism을 극복할 것을 제안한다. 과학적 유물론이란, 데일리에 의하면, 우주를 불합리한 우연성으로, 그리고 그 안의 생명을 또 다른 우연성 이상으로는 보지 않는 우주론을 가리키는데, 이 우주론은 인간과 외부의 세계에 있어서 목적과 정신과 가치라는 실재를 거부한다.[122]

120—— Daly, "The Steady-State Economy", p. 172. 이 점에 관한 보다 깊이 있는 성서 신학적 연구는 Theodore Hiebert, "The Human Vocation: Origins and Transformation in Christian Tradition", in *Christianity and Ecology* eds., Dieter T. Hessel and Rosemary R. Ruether (Cambridge, Massachusetts: harvard University Press, 2000), pp. 135-144를 참조하라.

121—— Daly, *Beyond Growth*, pp. 206, 209. 고린도후서 8:13-15절은 이렇다. "나는, 다른 사람들을 평안하게 하고, 그 대신에 여러분을 괴롭게 하려는 것이 아니라, 평형을 이루려 합니다. 지금 여러분의 넉넉한 살림이 그들의 궁핍을 채워 주면, 그들의 살림이 넉넉해질 때에는 그들이 여러분의 궁핍을 채워 줄 수도 있을 것입니다. 그리하여 평형을 이루는 것입니다. 이것은 성경에 기록하기를 '많이 거둔 사람도 남지 않고, 적게 거둔 사람도 모자라지 않았다' (출 16:18) 한 것과 같습니다."

122—— Daly, *Ibid.*, p. 20.

이러한 과학적 유물론에 대한 대안으로 데일리는 화이트헤드의 과정철학이 가장 유망한 것으로 발견하게 되었다. 왜냐하면 과정철학은 가장 과학적이면서도 인간에게 내적인 목표의식을 주기 때문이다.[123] 또한 데일리는 존 캅, 존 호트John F. Haught, 찰스 버치Charles Birch와 같은 일군의 과정신학자들이 자연을 사랑할 수 있는 견고한 학문적 기반을 제공해 줄 수 있음을 확인하면서,[124] 존 캅과 함께 『공동의 선을 위하여For the Common Good』라는 저서를 출판한다. 이 책에서 데일리와 캅은 공동으로 경제의 근본적인 패러다임의 전환을 위한 정련된 종교적/신학적 비전으로서 '생물권生物圈, biospheric 비전'을 제안한다. 이로써 그는 어떤 신학자들보다도 더 깊이 생태신학의 세계 안으로 들어왔다.

사실 경제에 대한 생태신학의 중심적 관심은 '생산수단의 사적 소유의 철폐'(사회주의)도 아니고 '엄청난 부의 생산을 통한 가난의 제거'(자본주의)도 아니다. "한때 인구와 경제 활동의 면에서 거의 무한한 팽창이 가능한 것으로 보였던 세계가 한계limit를 가진 세계인 것으로 밝혀짐에 따라",[125] 이제 새롭게 중요해진 것은 일정한 한계 이상의 경제성장 바로 그 자체의 불가능성이다. 즉 자본주의와 사회주의를 막론하고 '산업의industrial', '비재활용의non-renewing', 그리고 '자연을 쥐어짜는extractive' 경제 그 자체의 불가능성이다. 존 캅은 무한한 경제성장이 가능하다는 가설이 오직 "근본적인 오류" 혹은 "심각한 착각"에 불과하다고 말하며,[126]

123—— Daly, *Ibid.*

124—— Daly, *Ibid.*, p. 23.

125—— John B. Cobb, Jr., *Sustainability: Economics, Ecology and Justice* (Maryknoll, New York: Orbis Books, 1992), p. 7.

데일리는 "이미 오래 전 우리는 경제의 규모scale에 있어서 더 이상 성장을 추구할 수 없는 최종적 생물 물리학적biophysical 한계에 이르렀다"고 단언한다.[127] 따라서 이제 거대한 패러다임의 전환이 요청되며, 변화의 시작은 경제학과 생태학 사이의 끊어졌던 연결을 회복하는 것에서 비롯되어야 한다. 즉 경제학이라는 학문이 지구라는 '한 집안oikoumene'을 정돈하는 규칙으로, 나아가 인간이 다른 생물 종種들과 함께 지속가능한 방법으로 번성할 수 있게 만드는 규칙으로 새롭게 이해되는 것에서 시작되어야 한다.[128] 바로 이러한 새로운 정치경제적 원칙이 '생태경제학ecological economics'이다.

우리의 세계가 물리적으로 한계를 가진 세계로 다시 이해됨에 따라 생태신학 안에서는 인간 중심적 창조 이해에서 벗어나 창조세계의 통전성 안에서 인간의 창조성과 자유를 새롭게 이해하려는 강한 운동과 경향성을 발견할 수 있다. 데일리는 인간이 창조자라기보다 피조물에 더 가까우며, "창조성을 부여받았으나 한계에 복종해야 하는 존재"임을 강조한다.[129] 캅은 "인간이 역사의 주인이 아니다"라고 말한다.[130] 래리 라스무센Larry L. Rasmussen 역시 인간은 "공동의 창조자들이라기보다 공동의 참여자들로 이해하는 것이 더 정확"하며, 따라서 "자유와 좋은 삶good life은 창

126—— Cobb, "Liberation Theology and the Global Economy", in *Liberating the Future*, p. 39.

127—— Daly, *Beyond Growth*, p. 215.

128—— Cobb, "Christianity, Economics, and Ecology", in *Christianity and Ecology*, p. 507.

129—— Daly, *Beyond Growth*, p. 224.

130—— Cobb, *Sustainability*, p. 111.

 • 신자유주의 시대, 평화와 생명 선교 •

조세계의 통전성과 조화 속에서 그리고 필요성의 범위 안에서" 추구되어야 한다고 역설한다.[131] 생태여성신학자 샐리 맥페이그Sallie McFague 역시, "우리는 (지구의) 창조자도, 중심도, 존속과 변혁의 수단도 아니고 단지 은총의 수혜자"일 뿐임을 힘주어 말한다.[132] 신-자연-인간에 대한 이러한 근본적인 새 이해가 한국의 각 신학교와 교회학교에서 가르쳐지지 않고서 우리는 한국 교회가 정의로운 경제를 위해 기여할 역할을 찾을 수 없다.

작은 실천들

거시적이고 구조적이며 신학적인 패러다임 전환과 더불어 일상의 작은 실천에서 신자유주의의 대안을 실천할 수 있다. 사실 신자유주의 경제 체제에 대한 대안은 매일 우리의 '먹는 일'부터 시작할 수 있다. 모든 사람이 똑같은 음식을 똑같이 빨리 먹는 '맥도날드 식문화'는 천편일률적인 글로벌 라이프스타일을 만들어 가고 있으며, 세계 곳곳에서 이에 대한 대안으로 슬로푸드Slow Food 운동이 일어나고 있다.[133] 이러한 운동은 지구환경을 살리기 위한 대안으로 '저소비 사회'로의 이행이 필요하다고 역설하는 월드워치연구소World Watch Institute의 주장과도 깊은 연관성을 가지

---

131 —— Larry L. Rasmussen, *Earth Community, Earth Ethics* (Maryknoll, New York: Orbis Books, 1998), p. 292.

132 —— Sallie McFague, *Abundant Life: Rethinking Theology and Economy for a Planet in Peril* (Minneapolis: Fortress Press, 2001), p. 138.

133 —— 이 슬로푸드 운동의 메카는 이탈리아의 브라 마을이라고 한다. 이에 관한 기사는 조선일보 2004년 1월 1일자 A27면을 참조하라.

고 있다 할 수 있다.[134] 세계 최대 아이스크림 회사 베스킨라빈스의 유일한 상속자이나 그 타고난 부와 명예를 뿌리치고 각종 유제품과 축산물에 대한 감춰진 진실을 세상에 알리는 환경운동가로 유명한 존 로빈스의 책[135] 등, 좋은 책들을 교회 안에서 함께 읽으며 각종 생명밥상 프로그램에 참여하도록 하자.

경제 지역화의 핵심이 '안전한 먹을거리 문제를 중심으로 한 사회적 연대'를 이루는 것이라면, 지속가능한 생태 소농 공동체를 꾸려 내기 위한 지역 간 도농연대가 지역 교회의 구체적 실천이 될 수 있을 것이다. 귀농운동은 경제논리로는 도저히 불가능한 운동이다. 신앙이 없으면 못하는 운동이다. 하지만 천규석은 농가의 쌀 생산량과 소비자의 쌀 소비량을 비교적 정확히 예측하면서, 60명의 회원을 가진 교회에서 한 두 젊은 이를 귀농시켜 농사를 짓게 하고 그것을 책임지고 소비하는 일이 가능하다고 제안한다. 그러니까 만약 6백 명의 교인을 둔 교회라면 10명의 젊은 이들을 귀농시켜 쌀농사 6백 가마를 짓는 새로운 지역 도농공동체를 충분히 꾸려 낼 수 있는 것이다.

또한 지역경제의 활성화와 빈곤층 구제라는 '두 마리 토끼'를 한꺼번에 잡을 수 있는 대안화폐 운동도 확산해 나갈 수 있겠다. 1983년 캐나다의 컴퓨터 프로그래머인 마이클 린턴이 처음 시작한 이 운동은 우리나라에

134—— 월드워치연구소는 매년 『지구환경보고서』를 출간하고 있다. 한국에서는 주로 도요새 출판사가 이를 번역해 출간하고 있다.

135—— 한국에는 『음식혁명』(시공사, 2001)으로 번역되어 나왔다. 이외 브루스터 닌, 『누가 우리의 밥상을 지배하는가』(시대의 창, 2008), 가와기타 미노루, 『설탕의 세계사』(좋은책만들기, 2003) 등이 도움이 된다.

서는 1996년에 『녹색평론』이 이를 처음 소개한 이후 '미래를 내다보는 사람들의 모임'(미내사)의 '미래화폐'(fm) 운동을 효시로 현재 대전의 '한밭레츠'(한밭 LETS, Local Exchange & Trading System 혹은 지역교환 거래체계) 등 전국에 30개 정도의 지역/대안화폐 운동으로 확산되어 있다.[136] 이 운동이 아직 중산층 중심에서 벗어나지 못하고 있다는 한계에도 불구하고 대안화폐 운동은 지역공동체를 살리고 지구 환경위기를 극복하는 한 대안으로 실험되고 개선되어 가고 있다. 이런 운동에 교인들 간의 상호부조가 이미 보편화되고 있는 교회가 적극적으로 참여하면 큰 진전을 이루어 낼 수 있을 것이다.

착한 소비 운동 혹은 윤리적 소비 운동도 교회가 앞장서서 전개할 수 있는 생활운동이다. "Fair trade, not free trade!"를 표어로 공정무역 상품을 소비하는 것은 가장 작은 실천으로 세상을 바꾸는 길이다. 우리나라는 무역의존도가 높은 나라인데 저개발국 생산품에 대한 책임 있는 거래를 더 본격화해야 한다. 대안무역은 저개발국 빈곤퇴치의 한 대안이 되고 있다. 사실 대안무역의 원칙은 간단한다. 생산자에 대한 정당한 가

---

[136] —— 2000년 2월 정식으로 창립된 한밭레츠는 우리나라에서 가장 널리 유통되는 대안화폐인데 현재 약 4백80여 명이 회원으로 가입해 있다고 한다. 화폐 단위는 '두루'로 (1두루는 1원과 맞먹음) 회원과 가맹점 간의 거래는 30% 이상 이 두루를 쓰도록 되어 있다고 하는데, 회원들은 이 두루를 장애인공동체에 후원금으로 내놓기도 하고 친구 결혼이나 친구 자녀 돌잔치의 부조로도 쓴다고 한다. 대부분의 지역화폐가 창안자에게 집중되면 그 창안자가 그만두거나 자리를 옮기는 즉시 사라져 버리는 폐단을 극복하기 위해 한밭레츠 사무실은 '두루지기'라고 불리는 주부 자원봉사자들을 두어 제도적 영속의 길을 모색하고 있다고 한다. 한밭레츠는 앞으로 저소득층을 위한 영구임대 아파트가 자리 잡고 있는 한 지역을 분리해, 보다 조직적인 실직자와 빈곤층 부조에 나설 계획이며 한 대학을 단위로 한 지역화폐 운동도 기획하고 있다. 이 운동에 관한 보다 자세한 내용은 《한국일보》 2003년 11월 29일 A23면을 참조하라.

격 지불, 직거래, 신뢰를 기초로 한 지속적인 거래, 건강한 노동 환경, 성 평등, 친환경이다.[137]

　　기독교 사회책임투자Socially Responsible Investment, SRI 운동도 확대해 나갈 수 있다.[138] 기독교인의 예금이나 투자, 개 교회나 교단 총회의 연금 등도 모두 기독교적 정신에 입각한 책임적 투자가 되는지 감시해야 한다. 우리의 돈이 가난한 사람들과 자연의 생명을 해치는 데 사용되는지 교회의 지도자들은 파수꾼이 되어 그리스도인들에게 알려야 한다. 이와 연관해 에큐메니칼 그라민 은행 설립도 생각해 볼 수 있는 아이디어다. 이번에 미국에서 서브 프라임이 문제가 되었는데 2006년 노벨 평화상 수상자인 무함마드 유누스Muhammad Yunus 그라민 은행 총재는 "우리 고객은 서브 서브 서브프라임이다. 그래도 우리에게 서브프라임 위기는 없다"고 말한다. 잘 알다시피 그라민 은행은 신용이 취약한 정도가 아니라 생전 돈을 만져보지도 못한 사람, 직업도 없는 사람, 그야말로 찢어지게 가난한 사람들만 골라서 대출을 해주는 금융기관이다. 놀라운 것은 그라민 은행의 가난한 고객들은 대출금을 너무나 잘 갚는다는 사실이다. 대출회수율이 98%에 이른다고 한다. 그라민 은행과 같은 마이크로크레디트 은행 수천 개가 세계 곳곳에서 지독하게 가난한 사람들이 열심히 돈을 갚는다는 것을 잘 보여주고 있다. 미국의 서브프라임 대출과 그라민 은행의 '서브 서

137—— 신충섭, "세상을 바꾸는 대안무역",《경향신문》2008. 10. 17, 아름다운가게, 아름다운 무역사업부 팀장.

138—— 이에 관해서는 한국오이코크레딧(www.oilocredit.or.kr)의 활동을 참조하고, 러셀 스팍스, 『사회책임투자: 세계적 혁명』(홍성사, 2007)을 참조하라. 특히 채수일, "신자유주의에 대한 교회의 대응: 돈으로 하는 에큐메니컬 운동", 「기독교사상」(2001. 1)을 참조하라.

브 서브프라임' 대출의 차이는 간단하다. 그라민 은행은 사람을 살리려고 사람에게 다가가는 은행이다. 미국의 은행은 이윤극대화를 위한 은행이다. 한국 교회가 이런 대안적 금융을 꿈꾸고, 제안하고, 교회가 가진 물적 자원을 통해 실현해 볼 수 있을까? 한국 교회가 가용한 자금이 3조이며 이는 가톨릭이나 불교에 비해 거의 10배에 이른다는 보도에 이러한 제안을 해본다. 물론 '꿈같은' 이야기다.

치유와 회개

정의롭고 지속가능한 경제를 위한 한국교회의 역할은 먼저 '치유'와 '회개'로부터 시작되어야 한다. 회개에 앞서 치유를 먼저 말하고 싶다. 독일 브레멘 대학의 홀거 하이데Holger Heide 경제학 교수는 서구에서 산업자본주의가 성립하기 위해서는 당시까지 전혀 알려져 있지 않았던 추상적 규율이 필요했기 때문에 그 과정의 실행은 오직 대중들에게 끝없는 폭력을 가함으로써만 가능했다고 말한다.[139] 즉 15세기 후반에 시작된 모더니티의 역사 초기는 공공연한 테러의 시대였고, 수많은 사람들이 '잉여인간'을 제거한다는 명목으로 두들겨 맞고 채찍질당하고 불구가 되고 살해당했다. 그리고 수백 년에 걸친 폭력의 뒤늦은 결과 적대적인 것으로 간주되던 외부의 원칙들이 마침내 내면화되었다. 하지만 이러한 내면화는 최근의 정신분석학적 연구를 참작해 볼 때 모더니티의 전 역사를 통해

139——— 홀거 하이데, "노동의 지구화", 이화여대 인문한국사업 탈경계인문학연구단 국제학술대회(2008. 9. 4-5) 발표문에서.

형성되어 온 "깊은 집단적 트라우마화의 지속적이고 반복적인 과정"으로 요약될 수 있다고 하이데 교수는 말한다. 한 사람이 어떤 압도적인 힘에 의해 완전히 무력해지는 것은 우리는 '트라우마trauma'라고 한다. 여기서 결정적인 요소는 공포다.[140] 강수돌 교수도 한국 사회가 오랜 사회경제 발전 과정에 있어서 '상흔의 축적'을 겪어왔다는 것을 지적한다.[141] 특히 IMF 구제금융 이후에 일어난 한국의 신자유주의적 세계화는 기존의 전통적 관계들을 더 빠르고 강력히 근절시킨 상흔trauma화의 과정과도 같았다고 말한다. 이런 과정 속에서 수많은 '호모-사케르homo sacer'들이 우리 사회에 만들어졌다. 호모-사케르는 원래 종교적 질서와 세속적 질서 양쪽에서 철저하게 배재된 인간 삶, 즉 벌거벗은 생명을 지칭한다. 그런데 사회의 신자유주의적 재편 과정에서 이 개념은 "체계 내에 존재하지만 실은 존재하지 않는 것과 같은, 즉 포함되지만 사실상 배제되어 있는 타자"로 새로 이해된다.[142] 한국 교회는 이런 역사적 '상흔'을 치유해야

140——더글러스 러미스도 경쟁 사회를 지탱하고 있는 기본적인 감정이 '두려움'임을, '공포'가 경쟁 사회의 원동력임을 지적한다(러미스, 위의 책, p. 98). 도정일 교수도 세계화 시대 가장 살벌한 것은 정부 차원에서 퍼뜨리는 '생존논리'라고 지적한다. "무엇무엇 하지 않으면 '죽는다'고 말하는 이 위협의 논리가 국민들에게 준 겁박 효과는 상당하다"고 말한다. 실직, 파산, 자살, 노숙자 등을 보면서 국민들은 그 일련의 위기가 남의 얘기가 아니라 바로 자신에게 닥칠 수 있는 일이라는 가능성 앞에 몸서리친다. "한겨울 지하철 역사를 메운 노숙자들의 모습은 세기말 한국인의 뇌리에 '트라우마(외상)'와도 같은 깊은 상처와 충격을 안겨놓는다. 실직과 도산으로 자기 자신이 사회적 열패자劣敗者가 되고 낙오자가 될 수 있다는 두려움은 가감 없이 '거세 공포' 그대로다. 그렇게 해서 겁먹고 주눅 든 국민들 사이에 '공포의 문화'라고 부를 만한 불안심리, 자신과 가족의 안전한 생존부터 확보하지 않으면 안 된다는 강박의 정신상태가 조성된다"고 말한다. 이렇게 "시장의 신은 온정의 신이 아니다. 그는 경쟁력, 탁월성, 창의성이 없거나 모자라는 자는 가차 없이 도태시켜 지하철 역사로 보낸다, 라는 것이 그 메시지다"고 간파한다(도정일, 『시장전체주의와 문명의 야만』[생각의 나무, 2008], pp. 110-113).
141—— 강수돌, "지구화와 상흔(화): 한국의 사례", 위의 자료집에서.

 • 신자유주의 시대, 평화와 생명 선교 •

한다. 모든 사람이 겁먹고 상처 입었다. 교회의 목회상담은 개인적 상처의 치유를 넘어 집단적이고 역사적인 상흔에 대한 치유와 위로까지 나아가야 한다.

그리고 한국 교회는 신자유주의에 스스로 포섭된 것에 대해 깊이 회개해야 한다. 이은영은 1990년대 한국 개신교의 일부 교회들이 신자유주의적 전략들을 목회에 도입하여 대량교회로 성장한 과정을 추적하고 비판하였다.[143] 그에 의하면 이 교회들은 신자유주의 성격의 교회구조 변화를 시도하며,[144] 이들 교회에서 설파되는 담론은 신자유주의적 특징을 갖는 것으로 변화했다.[145] 두말할 필요도 없이, 더 많은 신자 확보라는

142—— 김수환, "'문적'으로서의 영화: 김기덕 영화 《빈집》과 21세기 한국사회", 위의 자료집에서.

143—— 이은영, 「신자유주의와 1990년대 이후 한국 대형교회의 변화」(연세대학교 대학원 문화학협동과정 석사논문, 2007).

144—— 첫째 교회들에게 소비자 만족을 극대화하는 예배를 제공한다. 예배를 진행하는 사람과 참석하는 사람이 명확히 구분된 하나의 잘 준비된 공연과 같은 예배가 제공되고 신자들의 성별, 연령, 직업, 관심사 등에 따라 만족도를 최대화하도록 구성된 예배를 제공한다. 둘째, 신자들 삶의 다양한 필요성을 채워줄 특화된 프로그램들을 제공한다. 가정에서의 부부와 부모의 역할에서부터 우울증과 중독 극복, 재정 관리 등 개인의 삶에 있어 필요한 실질적 요구들을 해소시켜 줄 수 있는 다양하고 특화된 프로그램을 개발하여 신자들이 필요에 따라 선택할 수 있도록 한다. 셋째, 교단과 국가의 경계를 넘어 성장을 도모한다. 이 교회들은 설교와 프로그램 등을 상품화하여 판매하면서 이를 기반으로 대형 기업처럼 성장한다. 나아가 기독교 서원, 인터넷 쇼핑몰, 케이블 방송 등 기독교 관련 사업을 매입하고 이 규모를 기반으로 지성전 체제 등을 통한 국내외적 팽창을 시도한다.

145—— 신자유주의적 설교 담론의 특징으로서는 첫째, 자유 민주주의와 시장경제 자본주의인 현 체제를 긍정한다. 사회제도에 대한 비판이나 개혁보다는 현 사회 체제에 대해 긍정하며 성공하여 자선을 베푸는 중심적 계층이 될 것을 권유한다. 둘째, 개인의 성공을 위해 자기 점검과 관리를 독려한다. 자기 자신의 능력에 대한 진단과 끊임없는 자기 관리가 필요하다고 설득하며 이를 구체적으로 도와줄 수 있는 프로그램들을 제공한다. 셋째, 정직한 개인과 행복한 가정이 건강하고 안정된 사회를 만든다는 신보수주의적 가치를 설파한다. 사회 문제의 구조적 결함을 찾기보다 개인적 변화를 통해 사회 변화를 꾀하며 부의 양극화와 무한 경쟁으로 인해 와해되는 사회 공동체에 관심을 쏟기 보다는 개인과 핵가족의 안녕과 행복 추구에만 집

효율성 지상주의에 근거하여 교단이나 여론으로부터 어떠한 통제나 간섭을 받지 않고 국가의 경계도 뛰어넘어 성장 번영하는 지성전 체제는 신자유주의 원리에 근거한 교회 성장의 예라고 볼 수 있다. 이로 인하여 교회는 물량주의, 대형화, 브랜드화에 초점을 맞추게 되고 교회의 본질을 잃어 가고 있는 것이다.

교회는 또한 맘몬을 섬김으로써 십계명의 첫 계명을 어긴 것을 통회해야 한다. 자본주의의 가장 현저한 특징 가운데 하나가 '물신숭배'다. 인간 노동의 산물에 불과한 상품이나 화폐 자본이 마치 고유의 힘을 갖고 독자적으로 움직이며, 종내 인간을 지배하게 되는 것은 누구나 아는 문제다. 특히 돈은 상품과 상품을 매개하는 수단으로 만든 것이지만, 자신의 논리에 따라 움직이고, 자기복제 혹은 자기증식을 하며, 인간관계를 규율하고 사회적 신분을 규정하며, 인간의 노동력과 생명을 지배한다. 이런 전능한 힘으로 말미암아 돈은 신의 반열에 오른다. 그래서 예수께서 돈을 묘사하면서 굳이 '맘몬'이라는 아람어를 사용한 것은 결코 우연이 아니다 (마 6:24; 눅 16:13).[146]

지금 한국 교회가 위기다. 오늘날 한국 교회의 위기의 본질은 교회가 하나님 나라의 도래를 선포하고 증거하는 '종말론적 구원 공동체'라는 자

중하도록 하는 담론이 양산되고 있다.

[146]—— 엘룰의 말대로 예수는 보통 돈이나 부를 나타내는 다른 단어들도 있었지만 굳이 맘몬이라는 단어를 선택함으로써 돈을 의인화하고 유사 신격을 지닌 존재로 표현했다(자크 엘룰,『하나님이냐 돈이냐』, 대장간, 1991, p. 97). 박득훈은 예수께서 맘몬을 언급한 말씀의 맥락을 살펴볼 때 예수는 맘몬에 인격적이고 영적인 속성을 부여하여 하나님의 대항마 즉 경쟁신rival god으로 간주한 것이 분명하다고 말한다(박득훈, "돈, 하나님의 자리에서 끌어내려야 한다", 자본주의와 한국기독교 제2강).

 • 신자유주의 시대, 평화와 생명 선교 •

기 정체성을 상실한 것이다. 알리스터 맥그라스Alister McGrath의 지적대로, 오늘날 교회는 과거 독일 기독교회처럼 '문화의 포로'가 되어 우리 시대에 대한 '비판의 능력'을 상실하였다. 한국 교회의 대다수는 스스로를 정통주의로 간주한다. 그런데 정통주의의 가장 큰 특징은 '프로테스탄트 원리protestant principle', 즉 "상대적인 실재에 대해 이루어진 어떠한 절대적인 주장에 대한 저항의 원리"다. 바로 이러한 원리를 잃었기에 교회는 이 세계와 문화와 경제와 맘몬에 대한 비판의 힘을 잃었다. 이런 면에서 지금 한국 교회의 위기는 진보가 퇴조해서 온 위기가 아니다. 정통이 정통이 아니어서 온 위기다. 보수가 진짜 보수가 아니어서 온 위기다. 머리로는 정통이라고 믿지만 몸으로는 맘몬이 주는 달콤한 혜택을 즐기는 '두 집 살림'이 스스로 불러온 위기다. 이 세대를 본받지 말고, 이 시대에 순응하지 않으며(롬 12:2), 오늘의 파국적 인류 문명을 비판하고 그것을 넘어서는 초월과, 갱신과, 희망의 원리를 민족과 세계 앞에 제시하지 못해서 스스로 불러온 위기다. 이제 한국 교회는 더 이상 늦기 전에 '교회 성장'의 환상에서 벗어나, '탈성장post-growth'의 새 시대를 살아야 한다. 교회는 사도 계승권에 근거한 유기체의 교회만도 아니고, 영성을 독점한 신비적 교제의 교회만도 아니며, 말씀 선포에 의한 신앙의 사건화만도 아닌, 도래하는 하나님 나라의 구원을 이 세계의 구조 안에서 증언하는 종말론적 선교 공동체다. 이러한 교회는 '선포kerygma', '친교koinonia'와 '봉사diakonia'를 통하여 이 땅에 샬롬의 평화를 이루어 나가는 대안적 공동체alternative society다.

신자유주의가 종언을 고하고 지역the local이 인류 문명의 새 터전으로 떠오르는 이 때, 교회는 자신이 속한 지역에서 새로운 인류의 문명과 희망을 잉태하는 '종말론적 씨알 공동체'로 살아가야 한다. 거기서 진정한 '지역 교회'로 거듭나야 한다. 여기서 지역 교회란 교회론적이고 생태적인 의미로 동시에 사용되었다. 교회론적으로 지역 교회는 보편 교회의 구체적 구현이자 표현이다. 보편 교회의 파편이나 행정단위가 아닌 것이다. 보편 교회는 지역 교회 안에 존재하고 지역 교회가 기원상 실제의 교회이다. 보편 교회란 지역 교회의 친교communion인 것이다. 또한 생태적으로 지역은 생산과 소비가 통일된 '자급자족 지역'을 말한다. 지속 불가능한 신자유주의 세계시장 체제의 극복을 위한 대안을 자급자족적 지역 공동체다. 여기서 핵심은 생산과 소비가 통일된 자급자족의 지역이다. 이런 지역은 자동차가 아닌 자전거로나 걸어서 왕래할 수 있는 지역을 말한다. 궁극적으로는 옛 마을 정도의 아주 작은 지역이다. 지역 교회란 바로 이렇게 교회론적이고 동시에 생태적인 의미의 교회를 의미한다.

이런 지역 교회가 '심층 에큐메니칼 정신deep ecumenism'을 실천하며 살아야 한다. 세계 교회의 에큐메니칼 운동은 1961년 뉴델리 총회 이후 교회 중심적, 인간 중심적 패러다임에서 벗어나서 하나님의 창조세계 전반에 깊이 관심하는 운동으로 발전해 갔다. 이를 우주적cosmic 혹은 심층deep 에큐메니즘이라 부르는데, 그것은 폭에 있어서 전 지구적이며 깊이에 있어서 하나님의 창조세계 안에 있는 모든 생명에 관심을 기울인다. 이 운동은 모든 인간뿐만 아니라 지구상의 모든 생명에게 화해와 정의, 치유와 평화를 가져다주는 운동이다. 이미 한국의 농어촌 지역 교회들에서 이러한 에큐메니칼 정신과 대안적 삶이 실천되고 있다.

여전히 교회에 희망이 있다. 왜냐하면 교회는 '기억의 공동체'이기 때문이다. 더글러스 러미스는 한 가지 우리에게 매우 중요한 통찰을 이야기

한다. 인류 역사를 넓게 보면, 산업혁명 이후 인간이 하루를 살면서 관리된 10시간 또는 12시간을 매일, 아침부터 저녁까지 계속해서 일한다는 것은 극히 부자연스러운 생활방식이었다. 그런데 그것이 부자연스럽고, 부자유스러운 것이라는 것을 이러한 노동의 조직화 혹은 노동 형태에 처음 마주친 대부분의 사람들은 곧바로 이해했다. 그러한 노동생활에 편입되기 시작한 제1세대와 제2세대까지는 다양한 반대 운동을 일으키고 저항을 했다. 왜냐하면 그 이전의 생활방식에 대한 '기억'이 남아 있었기 때문이다. 하지만 지금의 세대에 이르러는 어느덧 그 기억이 남아 있지 않음을 가슴 아파한다. 마치 세상이 원래부터 그렇게 짜인 것처럼 느끼는 사람들에게서 그는 절망을 느낀다.[147] 사실 석유문명에서의 탈출, 경제의 지역화, 생태경제학적 패러다임으로의 전환 등 모두는 하나 같이 근본적인 생각의 변화를 전제로 하는 것이다. 이것이 과연 가능할까? 그것은 우리가 오늘 이렇게 살지 않았던 세계를 기억할 수 있을 때에만 가능하다고 본다. 그리고 거기에 '기억의 공동체'로서의 교회의 가능성이 있다고 본다. 성서는 하나님이 기억하는 분이며 신앙은 우리가 하나님께서 하신 일을 기억하는 것이라고 말한다. 성서 전체를 통틀어 '기억하다'와 관련된 말은 모두 328번 나오는데, 성서는 '기억하다'로 시작해 '기억하다'로 끝난다 해도 과언이 아니다.[148] 사도행전 2장과 4장에 초대교회의 기억

---

147 —— 러미스, 『경제성장이 안되면 우리는 풍요롭지 못할 것인가』, pp. 139-140.

148 —— 예를 들어 창세기 8장을 보면, 홍수로 땅을 멸망시킨 하나님이 땅 위의 물을 빼기로 결정하신 이유는 "노아와 방주에 함께 있는 모든… 짐승[들]을 기억"하셨기 때문이다(창 8:1). 그리고 나서 무지개가 피면 "살과 피가 있는 모든 것들과 더불어 세운 언약"을 기억하시 겠다고 말한다(창 9:15-16). 출애굽기도 이와 마찬가지다. 하나님이 출애굽이라는 대사역을 시작하신 이유는 "아브라함과 이삭과 야곱에게 세우신 언약을 기억"하셨기 때문이다(출

이 우리에게 전해져 온다. 복음서에 예수의 하나님 나라 복음에 대한 기억이 우리에게 전해져 온다. 히브리 성서에 고아와 과부와 나그네를 특별히 살피시는 야훼 하나님에 대한 기억이 고스란히 우리에게 전해져 온다. 그 기억이 살아 있는 기억으로 교회에서 예배되고 선포되고 교육될 때 우리에게는 희망이 있다.

이런 기억을 가지고 한국교회는 '예수 살기'를 실천해야 한다. 한국교회는 여전히 예수 믿기와 예수 살기가 별개의 것인 양 나뉘어 있다. 하지만 임태수 교수가 지적하는 것처럼, 종교개혁의 핵심 슬로건인? '오직 믿음으로'의 성서적 단초가 된 로마서 1:17b, 3:27, 4:13; 갈라디아서 2:6, 3:11을 아무리 살펴보아도 거기에는 '오직'이라는 단어가 없다.[149] 박득훈의 제안처럼, '오직 믿음으로'라는 슬로건은 결코 믿음의 자연스러운 결과로 반드시 나타나야 하는 선한 행위 즉 이웃사랑이라는 정통 실천을

2:24). 모세는 가나안 땅으로 가는 긴 여정에서 늘 이렇게 이스라엘 백성들에게 말했다. "너희는 이집트에서 곧 너희가 종살이하던 집에서 나온 날을 기억하여라"(출 13:3, 그리고 신 5:15, 7:18, 8:2, 9:7, 15:15, 16:3, 16:12, 24:18, 24:22 등). 구약성서의 맨 마지막 장에서 말라기는 하나님께서 모세를 통해 준 율례와 법도를 기억하라고 말한다. 예수께서는 기적을 보고도 믿지 못하는 사람들을 이렇게 질타하셨다. "너희는 아직도 깨닫지 못하느냐? 오천 명이 먹은 그 빵 다섯 개를 기억하지 못하느냐?"(마 16:9-10). 최후의 만찬에서 빵을 떼어 주시며 하신 말씀도 이것이었다. "이것은 너희를 위해서 주는 내 몸이다. 너희는 이것을 행하여 나를 기억하여라"(눅 22:19). 사도 바울도 마찬가지였다. 그의 복음은 디모데후서 2장 8절에 한마디로 "예수 그리스도를 기억하십시오"였다. 성서의 맨 마지막 요한계시록은 주께서 도둑같이 올 것이므로 이렇게 말한다. "기억하라. 네가 받고 들은 가르침을"(계 3:3). 이렇듯 성서에서 기억은 곧 믿음과 동의어다. 믿지 못하는 것은 기억하지 못하기 때문이다. 데카르트는 이렇게 말했다. "나는 생각한다. 고로 나는 존재한다." 그리스도인은 이렇게 말하는 존재다. "우리는 기억한다. 그러므로 우리가 (교회로) 존재한다."

149──임태수, 『제2종교개혁을 지향하는 민중신학』(대한기독교서회, 2002, p. 231.) 주요 한글 성서를 보면 로마서 1:17b와 하박국 2:4b에 '오직'이라는 단어가 있지만 헬라어와 히브리 원문과 라틴어, 영어, 독일어 성서에는 없다. 성서에는 그냥 '의인은 믿음으로 살리라'고 되어 있다.

배제하는 것이 결코 아니다.[150] 하지만 오늘날 많은 기독교인의 삶은 예수의 삶을 닮지 않았다. 교회는 종종 '예수를 닮지 않은 그리스도'를 예배한다. 신학 강단에서 가르쳐지는 기독론은 종종 예수를 따르지 않기 위한 교묘한 신학적 알리바이로 둔갑하고 있다. 그래서 우리는 하나님 나라라는 자신의 중심적 메시지로부터 '이혼'당한 슬픈 예수를 본다. 물론 하나님 나라가 떨어져 나간 예수의 빈자리는 언제나 정치적 권력, 문화적 우월감, 종교적 완고함, 기존 질서에의 순응, 그리고 도피적 구원관이 메운다.

중국 속담에 이런 말이 있다. "I hear and I forget; I see and I remember; I do and I understand"(나는 듣고 잊어버립니다. 보면 기억할 겁니다. 그런데 실천해 보니 비로소 이해가 됩니다).[151] 필자는 여기서 "행함이 없는 믿음은 죽은 것"(약 3:17)이라는, 신앙에 있어서 실천의 중요성을 말하고 싶은 게 아니다. 행함을 강조하는 말 속에는 여전히 믿음('예수 믿기')과 실천('예수 살기')이 마치 각각의 것처럼 전제되어 있다. 필자는 여기 '예수 살기'(실천)가 '예수 믿기'(믿음)의 인식론적 근거가 된다는 것을, 즉 '예수 살기' 없이는 '예수 믿기'가 가능하지 않다는 것을 말하고 싶다. 예

150—— 박득훈은 '오직'이라는 말이 들어가면 믿음에 실천이 반드시 동반되어야 한다는 점을 간과하게 할 우려가 있다고 인정한다. 그 점에서 볼 때 성서대로 '오직'이라는 말을 안 쓰는 것이 더 안전할 수 있다고 인정한다. 하지만 그는 종교개혁이란 역사적 정황을 고려할 때 굳이 생략해야 할 필요는 없다고 본다. 다만 그대로 사용하더라도 그 뜻을 잘 이해하고 사용하는 것이 매우 중요하다고 제안한다(박득훈, "자본주의, 한국교회를 접수하다", 기청 아카데미 「자본주의와 한국 기독교」 제1강 중에서).

151—— 뉴욕 맨해튼의 한 초등학교, PS-75에 내걸려 있던 것이다. 영어로 번역되어 있었기 때문에 중국어 원문을 구하지 못했다. 다른 곳에서는 이 속담이 이렇게 변형되어 있었다. "Tell me, I will forget; Show me, I may remember; Involve me, I will understand."

수처럼 살아야 예수를 알고 믿을 수 있다는 말을 하고 싶다. '예수에 대한 믿음faith in Jesus'은 '예수의 믿음faith of Jesus'으로 이어지고 성숙되고 발전되어야 한다. 우리는 '예수 믿기'를 통해 '예수 살기'로 나아갈 수도 있고, '예수 살기'를 통해 '예수 믿기'로 이어질 수도 있다. 예수처럼 살지 못하면 예수는 이름뿐인 나의 주Lord이거나 자신의 이권을 합리화하는 제의적 상징일 뿐이다. 하지만 예수를 나의 주로 받아들이지 못하면 목숨까지도 내놓을 수 있는 헌신devotion이 나오지 못한다. '예수 믿기'와 '예수 살기,' 그 둘은 원래 하나이며 변증법적 관계 안에 있다. '신앙의 그리스도'(예수 믿기)와 '역사의 예수'(예수 살기)가 택일의 문제가 아닌 것처럼 말이다.

나가며

인류는 '시장을 도구로 가지고 있던 사회society with market'에서 '시장이 중심이 되는 사회market society'로 이행해 왔다. 물론 시장은 거대한 창조적 에너지의 원천이다. 이윤 추구의 동기가 각 사람과 기업들로 하여금 무언가를 새로운 것을 발명하고 그것을 대량으로 생산하게 인도한다. 하지만 우리는 이러한 시장의 메커니즘이 너무도 큰 파괴와 고통을 수반하는 과정임을 인식한다. 남미의 해방신학자 레오나르도 보프Leonardo Boff가 말한 것처럼, 시장은 근대사회의 핵심적 기관이기 때문에 그것에 반대할 필요는 없지만, 그렇다고 인류의 대다수에게 고통과 죽음을 가져다주는 특정한 시장체제를 우리가 무비판적으로 받아들일 수는 없는 것이다.[152] 신자유주의 경제의 세계화 과정에서 '전능자'로 부상한 시장은 이제 본연의 위치로 돌아가야 한다. 시장의 역할은 최소화되어야 하며 원래 그랬던 것처럼 사회와 공동체의 지배하에 들어가야 한다. 그것을 '사회민주주의'라고 부르든 '민주자본주의'라고 부르든 중요한 것은 생산과 분배의 메커니즘인 시장이 인간 공동체의 공동 이익을 위해 일해야 한다는 것이다. 하이예크는 자신이 '자생적 질서spontaneous order'라고 말한 시장이 그가 그토록 비판하려 했던 민족국가의 전체주의와 똑같이 '시장 전체주의'가 될 수 있음을 예견하지 못했다. 그는 시장이 인간 자유의 화신이라고 여겼지, 시장 역시 '타락할 수 있는' 사회적 기관이라는 것을 인식하지는 못했던 것이다.

경제의 가장 기본적인 목표는 인간의 기본적인 필요를 충족하는 것이다. 그렇다면 시장의 기능과 목표 역시 이와 동일해야 한다. 시장의 자유 그 자체가 경제의 목적이 되어서는 안 된다. 시장은 인간의 이익에 봉사하는 수단이며 도구여야 한다. 시장이 사람을 위해 지어졌지 사람이 시장을 위해 지어진 것이 아니기 때문이다. 경제의 최우선 순위는 민중의 기본적 생존권을 보장하는 것이고 시장은 이를 위한 충실한 도구일 때에 그 의미가 있다. 물질적 재화는 생명을 유지하는 수단으로 간주되어야 한다. 교역과 투자는 그 자체가 목적이 아니라 평등, 좋은 직업, 깨끗한 환경, 건강한 공동체를 만드는 수단으로 인식되어야 한다. 경제는 아리스토텔레스가 말한 대로 '오이코노미아oikonomia', 즉 돈의 축적이 목적인 경제가 아니라 인간 생명의 필요한 것들을 충족하는 것이 우선이 되는

152—— Boff, "Liberation Theology and Globalization", Inter Press Service (IPS) 의 인터뷰 글 중에서.

경제가 되어야 한다. 그리고 사실 이것이 바로 우리가 말하는 경제經濟,
즉 경세제민經世濟民(세상을 경영하고 민중을 구하는 것)의 약자인 것이다. 바
로 이런 경제가 "생명을 얻게 하고 더 풍성히 얻게 하러"(요 10:10) 이 땅
에 오신 예수 그리스도의 가르침과 일치한다고 필자는 믿는다.

장윤재

미국 New York Union 신학대학교에서 조직신학으로 철학박사(Ph.D.) 학
위를 받았으며, 현재 이화여자대학교 기독교학부 조직신학 교수로 재직 중이다. 저서로
는 『무례한 복음』(공저, 제3시대그리스도교연구소, 2007)이 있고, 역서로는 『풍성한
생명: 지구의 위기 앞에 다시 생각하는 신학과 경제』(공역, 이화여대출판부, 2008) 등
이 있다.

신자유주의적 지구화 시대의 생명 선교

• 황홍렬 •

들어가며

역사학자들은 20세기의 시작을 1차 세계대전이 일어난 1914년으로 보고 있다. 21세기의 시작은 언제일까? 미국은 9·11이 일어난 2001년으로 본다. 유럽은 베를린 장벽이 무너진 1989년으로 본다. 아시아는 30만 명의 사망자를 낸 동남아시아 지진해일이 일어난 2004년을 들어야 하지 않을까?

냉전 종식 이후 인종 간 갈등으로 많은 희생자가 발생했고, 신자유주의로 인해 양극화가 심화되었다. 게다가 과학자들이 예측하고 우려하던 정도를 넘어선 환경 재앙이 전 지구를 덮치고 있다. 우리나라에서도 새만금, 태안반도 기름 유출 사고, 그리고 기후 변화(아열대화) 등으로 그 징후가 나타나고 있다. 21세기 인류의 긴급한 과제는 인간의 갈등 해소나 양극화를 넘어 지구 생명공동체의 생존 그 자체가 되었다. 오랫동안 정의 문제에 관여했던 사람들 가운데 상당수는 정의 문제에 비해 피조물에 대한 관심을 이차적인 관심사로 여기는 경향이 있다고 그나나다슨이 비판했다.[1]

 • 신자유주의 시대, 평화와 생명 선교 •

상황은 우리들의 일상에까지 들이닥쳤다. 2008년 현재, 미국 발 금융 위기가 미국뿐 아니라 전 세계를 강타하고 있다. 그야말로 경제 쓰나미가 휩쓴 것이다. 세계 금융 경제를 이끌고 가던 투자 은행들은 파산하거나 합병되거나 상업 은행으로 전환했다. 부동산 거품이 꺼지면서 서브프라임 모기지 문제가 심각해지더니 금융 파상 상품의 문제로 불똥이 튀면서 걷잡을 수 없는 세계적 경기 침체기로 들어가고 있다. 7000억 달러의 구제 금융도 문제를 해결하지 못한다고 한다. 경제학자들은 '돈이 돈을 버는 경제'가 끝났다고 선언하기도 한다. 영국의 고든 브라운 수상은 시장에 대한 규제가 필요하다고 하고, 프랑스의 사르코지 대통령은 시장 만능주의는 미친 생각이라는 발언까지 했다. 신자유주의적 지구화·세계화가 빈부 격차를 심화하거나 가난한 사람들과 국가들을 양산할 뿐 아니라 부메랑이 되어 글로벌 금융 경제 자체를 무너뜨리려 하고 있다.

생태계 위기와 경제 위기는 긴밀한 관련을 갖는다. 우리나라는 미국의 금융 위기로부터 가장 심각한 영향을 받은 나라가 되어 환율이 거의 환란 수준으로 올라가기도 했다. 그런데 이명박 정부는 투자 은행을 여전히 고집하고 종부세 감면, 잘못된 환율정책 등으로 난파선에 올라타는 게 아닌가 하는 우려를 자아내고 있다. 북한의 핵실험과 그에 따른 대응은 한반도를 위기로 몰아갔다. 그러나 2.13 합의를 통해 한반도는 새로운 평화 체제로 나아가려 했지만 수많은 암초가 걸렸다. 우여곡절 끝에 비핵화로 나아가고 있지만 파도가 거세다. 침몰위기다. 우리 사회에서 진행

1——— Aruna Gnanadason, "Women, Economy and Ecology", in David G. Hallman (ed.), *Ecotheology: Voices from South and North* (Geneva, Maryknoll, New York: WCC Publications, Orbis Books, 1995), p. 179.

되는 빈부 격차의 심화는 전 지구적인 규모로 일어나는 부자와 가난한 나라 사이의 격차의 심화와도 연결되어 있다. 이상과 같은 생태계 위기와 전쟁 위협, 양극화 시대가 생명 선교를 하지 않을 수 없는 시대적 배경이다.

이 글은 인간과 생태계의 생명을 앗아가는 죽임의 세력들을 죽임의 경제와 죽임의 문화로 밝히려 한다. 그리고 생명 선교를 위해서 먼저 세계관의 변화를 요청하고, 생명 선교의 신학적 방향을 제시한 후 생명 선교의 과제로 살림의 경제와 살림의 문화 등을 제시하려 한다.

I. 죽임의 세력들

1. 죽임의 경제 — 신세계 질서[2]와 신자유주의적 지구 자본주의

지구화는 경제·정치·사회·문화 등이 하나의 세계적 구조로 통합되는 과정을 말한다. 지구화는 "인적 유동성의 증가, 커뮤니케이션의 발달, 무역과 자본 이동의 폭증, 테크놀로지 개발의 결과"로서 "지속적인 경제 성장과 세계 경제의 발전, 특히 개발도상국의 경제 발전에 새로운 기회를 준다. 동시에 급격한 변화와 조정 과정에 빈곤과 실업, 사회적 분열을 수반해 왔다. 환경 위험과 같은 인류의 복리를 위협하는 요소들도 세계화

2—— '신세계 질서'라는 용어는 본래 '개발도상국위원회South Commission'가 1990년에 사용했는데, 본래의 의미는 "지구 사회에서 정의, 평등과 민주주의에 대한 개발도상국의 청원"이었다. 그러나 당시 미 대통령 조지 부시는 이 용어를 '걸프전'에 이용함으로써 그 의미를 변화시켰다. Noam Chomsky, *World Orders, Old and New* (London: Pluto Press, 1994), pp. 4, 6을 보라.

 •신자유주의 시대, 평화와 생명 선교•

(지구화)해 온 것이다."[3] 이처럼 지구화는 양면성이 있는데 여기서는 가난한자들을 만들어 내는 경제적인 측면인 신자유주의적 지구 자본주의를 먼저 다루기로 한다.

1) 제3세계에서의 변화: 퇴행

현재의 변화된 세계에서 더 이상 혁명에 대해 말하는 사람은 없다. 이런 상황은 라틴 아메리카에도 적용된다.[4] 이것은 제3세계에서 일어나고 있는 변화를 반영한다. 이런 변화는 1955년에 열린 반둥회의에 대한 제3세계의 기대와 1990년 제3세계의 절망을 비교하면 금방 알 수 있다. 제3세계 지도자들이 반둥에 모였을 때 그들은 "공동의 번영과 그들 모두의 복지를 가져오는 데 도움을 줄" 것으로 여겨지는 '우호 협력'이라는 비전을 제시했다. 반둥회의로부터 "35년 후 제3세계 대부분의 국가들의 문제는 어떻게 공동의 번영을 이룩하느냐 하는 것이 아니라 어떻게 공동의 비참으로 전락하는 데서 벗어나느냐 하는 것이다."[5] 월든 벨로는 1980년대 '반전의 십년a decade of reversal'을 제3세계 퇴행의 주된 원인으로서 제시한다. 아프리카는 지난 30년(1950~70년대)간의 발전을 1980년대에 와서는 상실했다. 라틴 아메리카는 80년대 10년을 잃어버렸다. 남미에서 1990년 1인당 수입은 가까스로 1980년도의 수준에 도달했다. 아시아

3── 주성수, "글로벌 시민사회, UN 및 NGO", 조희연 편, 『NGO 가이드: 시민·사회 운동과 엔지오 활동』(서울: 한겨레신문사, 2001), p. 86에서 거듭 인용.

4── José Comblin, *Called for Freedom: The Changing Context of Liberation Theology* (Maryknoll, New York: Orbis Books, 1998), p. 64.

5── Walden Bello, *Brave New Third World: Strategies for Survival in the Global Economy* (London: Earthscan Publications Ltd., 1990), p. 1.

에서는 일부 발전된 국가들이 있으나 나머지 국가들은 정체했다.[6] 그러므로 변화된 세계를 이해한다는 것은 80년대 제3세계에서 일어난 '반전의 십년'을 이해하는 것이다. 이것은 제3세계에서의 혁명적 변화가 80년대에 국한해서 일어났다는 것을 의미하지 않는다. 이것은 지구적 규모의 변화가 1980년 이전에 시작될 수 있으나, 그 변화가 다른 결정적 요인들과 함께 80년대에 제3세계에 광범위한 영향을 주었음을 뜻한다.

2) 지구 자본주의

지구 자본주의의 가장 큰 특징은 '시장의 초국적화transnationalization'[7]다. 시장의 초국적화 이전에는, 미국의 거대 기업들이 제2차 세계대전 이후로 외국에 투자하여 해외 경제에 침투하였고, 그로부터 전 지구적 규모로 시장이 확대되어 세계 시장이 국제화되었다. 이와 같은 시장의 국제화는 부분적으로 국가나 국제 정치 기관들의 통제를 받았다. 하지만 1960년대 후반과 1970년대부터 전혀 새로운 현상이 일어났다. 그것은 경제가 국가의 정책을 지배하기 시작한 것이었다. 이것은 시장의 초국적화 때문에 가능해졌다. 생산과 무역 부문에서의 초국적화는 다국적 기업에 의해 생산 가격이 지구상에서 가장 낮은 장소를 찾아내는 행위global sourcing를 통해 수행되었다. 그러나 보다 심대하고 훨씬 더 엄청난 결과를 초래한, 자본주의 시장경제의 자본 축적과 규제의 방법에서 정말로 혁명적인, 방법

6—— 위의 책, pp. 4-8.
7—— Ulrich Duchrow, *Alternatives to Global Capitalism: Drawn from Biblical History, Designed for Political Action* (Utrecht: International Books, 1995), pp. 69-75를 참조하시오.

 •신자유주의 시대, 평화와 생명 선교•

은 금융 시장의 초국적화였다. 변화의 핵심은 생산 자본, 무역 자본과 금융 자본은 초국적(전 지구적)인데 반해, 규제하는 정치적 단위는 국가이거나 국제적인 데 머물러 있다는 것이다. 즉 (국가나 국제단위에 머문) 정치가 (초국적인, 전 지구적인) 경제를 규제할 수 없게 되었다. 세계 자본 시장은 상업 은행, 보험 회사, 초국적 기업들에 의해 국가 규제를 넘어서 초국적으로 자신을 수립할 수 있게 되었다. 그들의 '신성한' 지구적이고 절대적 목적은 금융 자산의 축적이거나, 가능한 최단 시간 내에 투자에 대한 최대의 이익을 얻는 것이다. 금융 시장의 초국적화는 환 투기와 신자유주의적 통화주의를 초래했다. 상업 은행, 보험 회사, 초국적 기업은 세계 경제 분야에서 치외법권의 특권을 소유하게 되었다. 이들은 이런 특권을 이용해서 자신의 투자에 대한 위험 부담이나 위험한 곳에 투자한 것에 대한 책임을 가난한 채무국들에게 모두 떠넘긴다. 이런 체제에서 채무국은 빚 원금의 몇 배 되는 이자를 지급하면서도 원금을 한 푼도 갚지 못하는 빚의 노예가 되기 쉽다.

3) 신자유주의와 지구 자본주의

지구 자본주의는 신자유주의에 의해 강력하게 지지를 받아 왔다.[8] 개인의 자유와 사유 재산의 보장, 이 두 권리를 보장하는 것을 국가의 주요 기능으로 이해하는 세 가지 원리의 토대 위에 선 자유주의에다가, "사회 정의란 개념의 삭제와 (자본독제체제 외의) 대안은 없다(There Is No Alternative: TINA)"라는 원칙을 추가한 것이 신자유주의다.[9] 신자유주의는 자

8──── J. Comblin, 앞의 책, p. 104.

유 시장이 모든 문제의 해결책이라고 주장한다. 신자유주의는 자본과 상품의 자유로운 흐름을 방해하는 어떤 장벽이나 국경도 파괴할 것을 주장한다. 만약 자유 시장이 문제를 일으키면 그 해결책은 항상 더 큰 자유 시장이다. 지구 자본주의의 제조, 무역, 금융 시장의 초국적화 논리는 신자유주의의 자유 시장 이데올로기와 결합했다. 미국의 레이건 대통령과 영국의 대처 수상은 1980년대에 신자유주의 정책을 강력하게 이끌었다. 레이거니즘과 대처리즘 하에서 세계 정부는 잘 활동하여 제3세계에 '반전의 십년'을 초래했다. 신자유주의는 정부에 의한 사회 보장 프로그램을 비효과적인 것으로 보았다. 그러나 신자유주의의 가장 심각한 문제는 경제가 윤리에서 해방되어 "신자유주의 이데올로기가 돈과 부를 신성화하고 돈을 우상화한다"[10]는 것에 있다. 콤블린은, 의사소통의 관점에서 볼 때, 신자유주의적 지구 자본주의 사회는 "단 하나의 사고 유형만이 있고 비판이 사라지는 전체주의적 사회"라고 비판했다.

4) 신자유주의적 지구 자본주의의 희생자들

첫째 희생자들은 지난 500년 간(1492~1992) 착취당하고 불이익을 당해 온 현재의 채무국들이다. 1982년부터 1989년 사이에 "제3세계의 가난한 나라들은 제1세계의 부자 나라들에게 2362억 달러를 지불함으로써 발전기금이 거꾸로 (부자 나라들에게로) 흘러들어 갔다 … 1992년 통계에 따르면, 가난한 나라들은 채권 은행들과 국가들에게 매해 500억 불을 송

9── 박성원, "신자유주의 지구화와 세계교회의 대응", 「2006 기독교사회포럼 자료집」 (2006. 4. 16), pp. 26-27.
10── J. Comblin, 앞의 책, p. 114.

금했다."[11] 이러한 신세계 질서는 가난한 사회의 구조뿐만 아니라 서방 사회의 구조까지도 변화시켰다. 새 체제 하에서 가난한 사회는 5%의 승자, 약간의 이익을 얻는 15%의 소수 그룹, 그리고 사회 체제에서 배제된 80%의 패자로 구성된다. 서방 사회는 1/3의 승자와 약간의 이익을 얻는 1/3의 불안정한 그룹과 1/3의 패자로 구성된다.[12] 국제노동기구ILO의 한 보고서는 "세계 노동력의 약 30퍼센트가 1994년 1월 현재 실업 상태이며, 최소한의 생활수준을 유지하는 데 필요한 만큼도 벌지 못하고 있다. 이런 '장기적이고 지속적인 실업'은 1929년도 대공황 규모의 위기"[13]라고 발표했다.

신세계 질서 하에서 제3세계, 특히 채무국들은 '빚의 노예'에 다름 아니다. 이것은 1994년 산살바도르San Salvador에서 열린 예수회 회의 보고서에서 "중미가 현재 겪는 지구화는 그들의 선조가 500년 전에 겪었던 정복과 식민화보다 훨씬 더 파괴적인 약탈"이라고 한 이유다. 그러므로 "남반부의 '질서정연한' 국가들은 남반부의 점증하는 혼돈의 조건들을 만들고 있다."[14] 신세계 질서는 이처럼 제3세계에서, 남반부에서 엄청난 혼란을 초래하고 있다. 이 모든 희생자는 시장 이데올로기의 허위성에 대한 증인들이다. 이처럼 신자유주의적 지구 자본주의는 빚진 노예를 양산하고, 10억의 인구를 기아와 영양실조에 시달리게 하며, 제3세계를 해체하고 가난한 자들을 무력화하며, 노동자들에게서 희망을 빼앗아가고 있

11——— U. Duchrow, 앞의 책, p. 78.
12——— 위의 책, pp. 118-119.
13——— N. Chomsky, *World Orders, Old and New*, p. 188.
14——— U. Duchrow, 앞의 책, p. 110.

다. 이것은 "만약 저항하지 않거나 방향 전환을 하지 않으면 죽음을 초래하는 경제"[15]다. 그 죽음은 인간뿐 아니라 온 생태계의 파멸을 포함한다.

환경 전문가들은 천연 재해의 80퍼센트 정도는 자연 발생적이라기보다는 인위적인 것으로 추정하고 있다. 또 자연 발생적이라 할지라도 결국 인위적인 요인으로 인해 피해 규모가 몇 배로 커지고 있다. 온실가스가 현재와 같은 양으로 방출되면 금세기에는 지구 평균 기온이 1~3도 상승하게 될 것이며, 해수면도 약 50센티미터 상승할 것이다. 오존층도 지난 100년 동안 매 십 년마다 5~10퍼센트 감소했다. 이런 추세가 계속되면 다음 50년 사이에는 현재 지구상에 존재하는 생물 종의 50퍼센트가 소멸될 것이다. 생태계 위기는 대기권과 생물종 다양성의 위기와 직결되며, 이 둘의 관계에도 의존한다.

지구 온난화와 오존층 파괴가 대기권 위기의 주된 원인이다. 생물종 다양성과 관련해서 자연에 대한 근본적인 인식의 전환이 필요하다. 1993년 발효된 '종다양성협약'은 동식물뿐 아니라 미세 유기체까지 보존할 것을 요구한다. 현재 12억 인구가 물 부족으로 고통을 당하고 있다. 아프리카 사막 주위 국가 중 2/5, 아시아 국가의 2/3, 라틴 아메리카 국가의 1/5이 장차 사막화할 것으로 예측된다. 세계 인구가 1999년에는 60억이었는데 2050년에는 90억에 이를 것으로 추산하고 있다. 도시화로 인해 도시는 급격히 성장하고 농촌은 급속히 쇠퇴하고 있다.[16]

---

15 —— U. Duchrow, 앞의 책, p. 118.

16 —— 차명제, "글로벌화한 환경문제의 본질과 대안 모색", 조희연 편, 『NGO 가이드: 시민·사회 운동과 엔지오 활동』(서울: 한겨레신문사, 2001), pp. 162-174.

• 신자유주의 시대, 평화와 생명 선교 •

2. 죽임의 문화: 정체성과 공동체에 영향을 주는 사회·문화적 흐름들

우리 사회는 지난 30여 년 동안 산업화 과정을 압축적으로 거쳤다. 지난 90년대 중반 이후부터 후기 산업사회 또는 정보사회라는 새로운 사회 현상이 나타나기 시작했다. 산업화가 공장과 기계에 기반을 두고 발전/개발을 통해 추진되었다면, 정보사회는 인터넷에 기반을 둔 디지털 문화를 지향한다. 2002년 월드컵 응원이나 촛불 시위, 대통령 선거 등에 나타난 것처럼 새로이 부상하는 문화는 정치·경제·사회·스포츠 등 거의 모든 부문에서 큰 변화를 초래한다. 레이먼드 윌리엄즈는 문화를 지배 문화, 잔여적 문화, 출현하는 문화 등으로 구분한다.[17] 이런 구분법에 의하면 농경문화는 잔여적 문화, 산업사회 문화는 지배 문화, 정보사회 문화는 출현하는 문화로 구분할 수 있다.

이 글에서는 지배 문화인 산업사회 문화와 출현하는 문화인 정보사회 문화를 하나님 나라의 관점에서 다루고자 한다. 산업사회와 정보사회를 이어주는 사회적·문화적 흐름으로 지구화, 신자유주의, 자본주의를 들 수 있다.

1) 산업사회와 자본주의

농경사회에서는 자연력과 함께 일하였다. 산업사회에서는 인간의 목적을 위해 자연력을 극복하려 했다. 농경사회에서는 모두 재생 가능한

17──── Raymond Williams, *Marxism and Literature* (Oxford: Oxford University Press, 1977), p. 121ff.

자원을 사용했다. 산업사회에서는 재생 가능한 자원과 재생 불가능한 자원을 함께 사용하고 있다. 농업혁명 시대의 경제를 '자연의 경제economy of nature', 또는 '위대한 경제Great Economy'라면, 산업혁명 시대의 경제는 인간의 경제, 또는 '큰 경제Big Economy'라 할 수 있다.[18] 자연의 경제가 순환에 바탕을 둔 지속가능한 경제라면, 큰 경제(현재의 지구 자본주의)는 인간의 목적을 위해 결과적으로 인류의 생존 의지처인 생태계를 파괴하는 지속 불가능한 경제다. 자연의 경제가 생물학적·문화적 다양성에 의존한다면, 큰 경제에는 단기간 이익의 극대화를 위한 단작 농사의 확대와 획일적인 문화가 전파되고 있다. '발전'과 '진보'라는 이름 아래 서구 자본주의의 특정 국면을 인류의 보편적 현상으로 강요하는 것이 큰 경제의 핵심 주장이다. 즉 산업화 이전 사회가 산업사회로 변화되는 것을 '발전'으로 여겼다. 산업사회는 가난과 질병과 고통을 풍요롭고 확장된 선택을 지닌 좋은 인생의 풍요로움으로 대체시킨다는 꿈과 약속을 했다. 중요한 것은 자연과 문화가 서구(자본가)의 통제 아래 놓이게 된 사실이다. 1990년대에 세계 100대 기업은 전 세계 인구의 80퍼센트보다 더 큰 경제력을 지녔다. 생산력의 급증은 인구 폭발을 가져와 1800년에서 2000년 사이에 인구가 다섯 배 증가했다. 또한 1980년 이후 매년 9천만 명이 증가하고 있다. 이는 2500년 전의 전 세계 인구에 해당한다.[19]

산업사회는 자연을 인간이 사용하는 무제한적인 자원의 창고로 본다. 인간은 자연을 사용하고 통제할 권한을 갖는다. 인간의 삶의 질을 향상시

18—— Larry L. Rasmussen, *Earth Community Earth Ethics* (Maryknoll, New York: Orbis Books, 1996), pp. 111-126.
19—— 위의 책, pp. 62-64.

　　　　　　　　• 신자유주의 시대, 평화와 생명 선교 •

키는 방법이 경제 성장이다. 과학과 기술은 인간의 목적을 위한 중립적 수단이라고 본다. 홀륭한 인생은 생산적으로 노동을 하고 물질적으로 풍요로운 삶을 영위한다.[20] 산업사회의 문화적 특징은 현재는 인도에 편입되었지만 '작은 티베트'라고 불리는 라다크의 변화를 통해 분명히 드러난다.[21]

라다크는 1천 년 넘게 독자적인 언어와 문화에 뿌리를 둔 자급자족 공동체였다. 그들은 빈약한 자원만으로도 거의 완전 자립에 도달했고 전통적으로 모든 것을 재순환시켰다. 그들의 최우선 과제는 공존이고, 협동은 사회관습 속에 제도화되어 있다. 그런데 라다크에 '개발'의 바람이 불면서 상황이 역전되었다. 영화와 텔레비전은 서구적 사치와 힘의 이미지를 제공한다. 그들로 하여금 서구 문화의 물질적인 면만 보게 한다. 결과적으로 라다크의 젊은이들은 서구 문화에 대해 열등감을 갖게 된다. 땅에서 얻은 것으로 생활할 때에 그들은 스스로 생활의 주인이었다. 하지만 새로운 경제가 의존성을 낳았다. 돈이 사람 사이를 멀어지게 했다.

기술이 초래한 변화도 심각하다. 기계와 같이 일을 하면 사람도 기계처럼 된다. 전통적 경제에서 생활은 인간적인 속도로 느리게 진행되었다. 이제 인간은 기술의 속도로 경쟁해야 하는 경제 체제의 일부가 되었다. 기술의 변화는 빈부 차이를 커지게 한다.

현대 교육은 문화와 자연에서 인간을 떼어놓고 좁은 전문가가 되게 한다. 사람들은 자기의 자원을 사용할 줄 모르고 자신의 세계에서 제 기능

---

20 —— 위의 책, p. 61.
21 —— 헬레나 노르베리-호지, 김종철·김태언 옮김, 『오래된 미래: 라다크로부터 배운다』 (서울: 녹색평론사, 1996/2002).

을 할 수 없는 사람으로 학교를 마친다. 교육은 공동체와 그 환경과의 긴밀한 관계의 산물이었다. 아이들은 조부모, 가족, 친구들에게 배웠다. 하지만 이제 아이들은 전통적 기술을 경시하도록 배운다. 자신의 문화를 열등한 것으로 여기도록 배운다. 교육은 이들을 서로에게서 분리되고, 땅에서 유리되어, 세계 경제라는 사다리의 맨 아래 칸에 자리 잡게 했다. 소비주의가 이 모든 과정에서 중심 역할을 한다.

또 남자와 여자의 역할이 분화되고 양극화된다. 결국 전통 의료체계, 지역 농업, 전통 음식, 옷 등을 붕괴시켰다. 서구적 이상에 도달하려 할수록 자신의 문화의 뿌리를 부정하고 결국 자신의 정체성을 부인하게 된다. 소외는 분노와 원한을 불러일으킨다. 세계의 수많은 폭력과 근본주의 뒤에는 바로 이 소외가 있다.

산업사회 문화의 전제에는 자연 자원의 무한성과 미래적 진보의 무한성이 있다. 그런데 이 무제한 성장 모델 안에 악마가 있다. 이 모델은 노동자, 농민, 제3세계, 자연/피조물의 착취와 파괴에 뿌리를 두고 있다. 가난한 사람들은 생존 때문에 장기적으로 자신의 생존 바탕인 자연을 약탈한다. 현대 사회 위기의 심각성은 민중·국가·계급에 직접 가해지는 사회 경제적·정치적 폭력이다. 이것은 관계의 파괴와 기아·질병·죽음 등을 초래한다. 사회악과 생태악은 현재의 가난한 자들뿐 아니라 미래의 가난한 자들과 생태계를 착취한다. 무제한 경제 성장을 극복할 대안은 약한 자들 사이의 연대, 자급자족적 경제다. 오늘날 덜 세계화되어야 하는 것은 자본·시장·과학이고, 더 세계화되어야 하는 것은 연대성·생명 중시·참여·자연에 대한 경의다.[22]

자본주의가 발전할수록 인간을 끊임없이 사물로 전화시키려 한다. 이런 현상을 '물화reification'라고 한다. 물화의 결과는 인간의 분열(정체성 혼돈), 주체의 파편화, 대상의 파편화, 그리고 시간의 공간화다. 자본주의 문화는 인간의 정체성을 끊임없이 왜곡하거나 파편화하고 부정하려 한다. 이러한 물화 과정을 위해 다양한 사회 제도가 동원된다.

문화 산업은 물화 과정의 한 예다. 생산물이 공장에서 계획과 목적에 따라 일정하게 생산되듯이 문화도 일정한 계획과 목적 하에 만들어진다는 것이 그 전제다. "문화 산업은 의도적으로 소비자들을 위로부터 통합시킨다. 문화 산업에서 대중은 일차적이 아니라 이차적이며, 계산의 대상이다. 문화 산업 자신은 대중에게 잘 적응하지 않으면 거의 존재할 수 없지만, 대중은 척도가 아니라 문화 산업의 이데올로기다."[23] 문화 산업은 대중에게 기만적 내용을 제공한다. 그것은 대중에게 매일의 고역에서 벗어나게 할 것을 약속하지만, 문화 산업이 제공하는 것은 그들이 도망가려는 억압적인 일상생활 세계에 대한 칭찬이다.

문화 산업의 기만적 형태는 광고다. 경제적으로는 광고비용 때문에 경쟁에 참여할 수 없는 가난한 외부자를 원천봉쇄함으로써 문화 산업과 광고는 권력이 동일한 사람의 손에 머무는 것을 보증한다(이로써 '자유 시장'은 '사이비 시장'임이 입증된다). 기술적으로 광고와 문화 산업은 인간을 조작하기 위한 절차에 불과하다. 문화 산업과 광고의 공동 목표는 고객을 압도하는 것이다. 문화 산업의 주요 효과는 대중에 의한 상상력과 성찰의 결여이고, 지배자가 그들에게 부과하는 것들(도덕, 신화, 이데올로기들)을

22—— 레오나르도 보프 저, 김항섭 옮김, 『생태신학』(서울: 가톨릭출판사, 1996).
23—— Theodor Adorno, *The Culture Industry: Selected Essays on Mass Culture*, J. M. Bernstein (ed.), (London: Routledge, 1993), pp. 85-86.

무기력하게 받아들이는 것이며, 지배자들보다 더 이런 부과물에 철저하게 순종하는 것임과 동시에 개인, 특히 생각하는 개인의 소멸이다. 그러므로 문화 산업은 인간을 길들이고, 유순하게 재생산하고, 사회의 위계 제도에 순종하는 사람을 만들어 낸다는 소기의 목적을 성취한다.[24]

　　문화 산업을 통해 자본주의는 물화된 대중을 만든다. 개인이 소멸되고 대중이 지배자의 지배에 무의식적으로, 또는 알면서도 불가피하게 복종하게 된다. "기만당한 대중들도 오늘날 성공한 사람들보다 더 성공의 신화에 의해 포로가 되어 있다. 확고하게 그들은 자신을 노예화하고 있는 바로 그 이데올로기를 고집하고 있다."[25] 마치 '낙수가 돌을 뚫는' 것처럼 "문화산업의 이데올로기의 권능이 그토록 막강해서 순응이 의식을 대체했다."[26]

　　산업화와 자본주의는 서구 사회의 특정한 단계를 전 세계의 모든 사회가 거쳐야 할 모델로 제시하면서, 비서구인의 정체성을 부정하거나 왜곡하고, 자신의 공동체와 문화를 수치스럽게 여기도록 하며, 서구인보다 더 심하게 서구 문화에 순응하고 집착하게 만들었다. 이로써 서구와 자본주의의 지배가 강요에 의해서가 아니라, 서구 문화의 지배를 통해 자발적으로 이뤄졌고, 그 과정에서 벌어지는 인간과 자연의 희생을 당연한 것으로 여기거나 무시했다.

24—— Theodor Adorno and Max Horkheimer, *Dialectic of Enlightenment* (London: Verso, 1995)

25—— 위의 책, pp. 133-134.

26—— T. Adorno, *The Culture Industry*, pp. 90-91.

2) 지구화와 신자유주의

경제적 지구화는 부의 축적에 초점을 둔 단일한 경제공동체를 추진하지만, 가난과 실업을 증대하고 가난한 자들을 더욱 소외시키며 생태계를 파괴한다. 경제적 지구화는 초국적 기업의 지배, 매스컴, 기술 등을 통해 전 세계에 걸쳐 단일한 소비자 정체성을 부과하려 한다. 이런 과정은 비서구인들의 정체성 상실을 초래한다.[27] 지구화는 경제적 문제일 뿐 아니라 지구적 차원의 인종 차별을 만들어 내 인종적 분열을 초래한다. 그 결과 점점 더 확대되는 것은 경제적 양극화, 폭력, 정치적 불안정 등이다.[28]

지구화된 문화는 특정 문화, 즉 북미 문화다. 다른 모든 문화는 인류학이나 관광 사업의 대상이 되었다. 1980년대 후반부터 경제 발전과 사회 구조의 변화에 따라 새로운 소비 패턴이 나타났다. '명품 현상'에서 알 수 있는 것처럼, 사람들은 상품 자체를 소비하는 것이 아니라 그 상징이나 기호, 이미지 또는 분위기를 소비한다. 그들은 자신을 생산자나 노동자라고 생각하기보다는 소비자로 여긴다. 1993년 문민정부의 출범은 대중문화의 쾌락주의적 경향을 낳았다. 이것은 문화의 탈정치화와 긴밀하게 연결되어 있다. 그러나 우리나라의 대중문화는 재벌의 경제논리뿐 아니라 신자유주의적 지구 자본주의에 의해 영향을 받았다. 물적 토대는 자본주의적이지만 우리 사회는 1990년대에 포스트모던 경향에 의해 강한 영향을 받았다. 이것은 제3세계 지식인들은 국가·대륙·지구 문화를 이해하기 위해 이전보다 더 주의해야 하는데, 그 이유는 부분적으로는 지구화된

27── *Called to One Hope*, p. 40.
28── 위의 책, p. 50.

문화 또는 미국 문화가 전 세계를 지배하기 때문이요, 부분적으로는 그들 자신의 경제적 기초와 문화적 상황 사이에 차이가 있을 수 있기 때문이다. 이런 상황 하에서 민중의 권력과 문화 산업의 자본 권력 사이에 대중 문화와 지구 문화를 장악하기 위한 갈등이 드러난다.

이런 갈등에서 중요한 영향을 주는 것 가운데 하나가 언론이다. 언론의 두 가지 주요한 기능은 시장 기능과 이데올로기적 기능이다. 양자는 서로 밀접하게 연결되어 있다. 서구에서 언론은 자기 시민을 설득하기 위해 '동의를 제조'한다. 서구에 의존적인 국가들과 관련한 이슈에 대해서 서방 언론은 테러 행위를 합리화하거나 "테러 행위의 문화"를 만들어 낸다.[29] 촘스키의 동의 제조 논제는 울리히 두크로Ulrich Duchrow에 의해 다음과 같이 요약되었다. "오늘날 신자유주의적 시장 사회에서 언론은 경제와 국가의 지배 이익을 지지하기 위해서 동원하는 데만 봉사해야 한다."[30]

산업화와 자본주의가 초래한 것은 비서구인의 정체성의 왜곡과 파괴, 그리고 지역공동체와 문화의 파괴였다. 지구화와 신자유주의는 지구적 차원에 소비자 정체성을 심고 시장의 우상을 확고하게 뿌리내리게 함으로서 이것을 보다 가속화하고 심화했다. 지구화와 신자유주의는 가난한 자들을 더욱 가난하게 만들어 그들의 존재 자체를 의사 결정 과정이나 의제 설정 과정에서 배제시켰다. 사회보장제도를 불필요한 것으로 여김

29——— N. Chomsky, *Necessary Illusions: Thought Control in Democratic Society* (London: Pluto Press, 1989), p. 15.

30——— U. Duchrow, *Alternatives to Global Capitalism: Drawn from Biblical history*, Designed for Political Action (Heidelberg: Kairos Europa, 1995/1998), p. 116.

으로서 가난한 자들의 생존권을 박탈했다. 생태계 역시 생존의 위협을 받고 있다.

이런 과정을 합리화하는 막강한 무기의 하나가 언론이다. 언론은 이데올로기적으로 동의를 제조하고 테러 행위로서의 문화에 의해 지배 그룹의 이익을 지지하는 것이다. 따라서 지구화 시대 우리는 가난한 자들의 절규가 더 이상 들리지 않고 오직 지배자의 소리만 들리는 사회, 미래가 닫힌 사회에 살게 되었다.

3) 정보사회

현재 진행되는 정보혁명이 산업혁명과 질적으로 다르다고 하기보다는 지금까지 진행되던 것을 더 가속화시켰다고 보는 것이 옳을 것이다. 정보혁명은 인간을 포함한 모든 것을 사회적 조작을 위한 원료로 이해한다. 인간은 유전자 복제를 통해 생물학적 생명을 포함한 모든 것을 인간의 목적을 위해 암호화하고, 프로그램화하며, 또 재프로그램화 할 수 있게 되었다. 이제 인간은 생명 코드에 대한 지식을 통해, 자연의 불규칙성이나 부정확한 정보로 인해 초래된 문제들을 해결하기 위해, 자연을 재창조 할 수 있게 되었다.

유기체와 기술로 만든 것 사이의 구별, 자연과 기술 사이의 구별이 모호해지기 시작했다. 정신과 육체, 문화와 자연의 구별이라는 이분법이 극복된 것이다. 정보혁명이 산업혁명과 구별되는 점은 생태학적 또는 통전적 사고를 이 세상 모든 것을 식민화하고 정복하기 위해 사용하는 데 있다. 이런 문제에 대해 농업혁명 시대를 이상적으로 여기는 것은 논의의 여지가 있다.

농업혁명 시대에 인류 사회는 자원의 통제나 소유권과 관련한 갈등, 그로 인한 전쟁, 그리고 그 결과 초래한 환경 파괴와 사회적 붕괴를 경험했다. 북미자유무역협정North American Free Trade Agreement, NAFTA이 발효된 지 두 시간 후에 선포된 '치아파스 반란'은 한 마디로 지난 40여 년간 그들에게 강요된 '발전', '큰 경제'와 500년 식민주의가 실패했음을 선언하는 것이다. 그들은 보다 큰 복지 혜택이나 다른 어떤 것을 요구한 것이 아니라 그들 자신이 스스로 살아갈 권리를 회복하기 위해 나섰다. 생태 혁명은 파괴성이 없이 생산하는 사회일 뿐 아니라, 파괴성이 없이 재생산하는 사회를 지향한다.[31]

II. 생명 선교의 신학적 방향

1. 세계관의 전환

생명 선교는 세계관의 변화를 전제로 한다. 이러한 세계관의 변화는 다양한 방식으로 접근된다.

첫째, 서구의 기계적 세계관을 넘어서서 아프리카의 생명 관점을 수용하는 생명 중심의 세계관이다.[32] 기계적 우주관은 만물을 생명이 없는 상

---

[31]—— Larry Rasmussen, *Earth Community Earth Ethics* (Maryknoll, New York: Orbis Books, 1998), pp. 68-74.

[32]—— Harvey Sindima, "Community of Life: Ecological Theology in African Perspective", in Charles Birch, William Eakin, Jay B. McDaniel (eds.), *Liberating Life: Contemporary Approaches to Ecological Theology* (Maryknoll, New York: Orbis Books, 1991), pp. 142-146.

품으로 여겨 과학적으로 이해해야 하고, 인간의 목적을 위해 사용되어야 한다고 본다. 사회는 마치 거대한 기계로서 사람과 자연을 대상화한다. 사람은 원자와 같은 개인으로서 기능과 실리에 의해서만 평가된다. 자연은 순수한 '타자'로서 인간에게 복종하고 조작되어야 할 물질에 불과하여 도구적 가치만 지닌 것으로 여긴다. 이와 같은 기계론적 세계관은 진보 신화에 집착한다. 산업 기술을 통한 진보는 인간과 자원을 착취하고 생태학적 균형에 손상을 가하고 그 균형에 의존하는 생물의 생명을 위협한다. 이렇게 해서 진보·과학·기술의 동맹은 사회적·생태학적·영적 파산에 도달한다. 반면에 아프리카인들의 생명관은 전혀 다른 세계관을 보여준다. 생명은 세계, 인간, 자연, 신성의 해석을 위한 기본 틀을 제공한다. 생명의 풍성함은 생명이 결속되었음을 깨달을 때 실현될 수 있다. 모든 생명은 신적 생명과 내적으로 결합되었다는 인식은 인간이 모든 피조물을 돌봐야 한다는 과제로 연결된다. 거꾸로 인간이 자신을 이해하고 정체성을 획득하는 길은 생명이라는 전체 틀 속에서 뿐이다. 모든 생명이 서로에게 결합된 생명의 공동체에서, 모든 사람은 다른 사람들에 대해 책임을 져야 한다. 이러한 생명의 공동체에서 정의는 생명의 그물망에서, 다른 사람들과 다른 생명이 우리 자신의 일부이고 우리는 그들의 일부임을 깨닫고, 모든 생명이 함께 사는 길을 찾는 것이다.

둘째, 아메리카 인디언들은 지구 생명공동체의 생존을 위해 서구의 시간 중심의 세계관에서 자신들의 공간 중심의 세계관으로 변화할 것을 요청한다.[33] 인디언 신학자 조지 팅커George E. Tinker는 인디언과 원주민을

33—— George Tinker, "The Full Circle of Liberation: An American Indian Theology

'제4세계 사람들'이라고 표현한다. 이들은 제3세계 사람들과 기아·가난·억압을 공유하지만, 그들보다 식민주의가 더 심화되고 감춰진 형태로 진행되고 있으며, 특히 자신들의 영성과 문화적 특성이 무시되고 있다는 데 차이점이 있다고 한다. 해방 신학자들도 인디언이나 원주민들을 계급적 인간으로 환원시킴으로써 그들의 문화적 통전성과 민족적 의제를 침식하고 있다고 비판했다. 생산 수단을 가난한 자들에게 주는 것은 가난한 자들로 하여금 인디언이나 원주민들과 자연의 자원을 착취하게 만든다. 결국 해방 신학자들이나 사회주의 운동가들도 인디언이나 원주민들에게 가하는 것이 일종의 문화적 학살의 연속에 다름 아니다.

팅커는 이러한 차이의 근원에는 시간 중심의 세계관과 공간 중심의 세계관의 차이가 있다고 보았다. 서구 신학은—사회주의나 해방 신학을 포함해서—역사를 일직선적 시간 과정으로 본다. 이러한 시간적 세계관이 신학에 적용되면 복음을 먼저 들은 사람들이 복음을 나중에 들은 사람들에게 완전한 해석을 주며 후자는 전자에 항상 의존해야 한다. 이때 문제는 역사를 통한 헤게모니적 궤도라는 가정이 다양한 인류 문화가 지닌 문화적 특징들을 인지하지 못하는 데 있다. 즉 먼저 복음을 받은 서구 기독교인들이 좋은 의도를 갖고 민중의 고난에 대한 해결책으로서 프로그램을 제안했지만, 다양한 가능성을 인정하지 않는 배타적 프로그램(발전, 진보, 서구 신학도 같은 지위를 지님)이라는 점에서는 서구 식민지 정복자들의 일방적 결정과 궤를 같이 한다고 비판받을 수 있다. 이에 반해 미국

of Place", in David G. Hallman (ed.), *Ecotheology: Voices from South and North* (Geneva, Maryknoll, New York: WCC Publications, Orbis Books, 1995), pp. 218-224.

원주민, 인디언 신학은 하나님 자신을 피조물·공간·장소에 계시하시는 분으로 이해하고 하나님에 대한 영적 체험과 실천을 논의하려 한다. 이 신학의 출발점은 모든 존재가 영적이라는 사실을 받아들이는 데 있다. 바꿔 말하면 이들 신학이 공간을 중심에 두는 것은 인디언의 영성과 존재 자체가 땅에 깊이 뿌리박고 있음을 말해 준다. 원주민은 피조물을 가족으로 부르며 모든 생명이 상호의존하고 서로 연결되어 있다고 본다. 이와 같이 만물이 서로 의존하고 있다면 소유권을 말한다는 것은 잘못이다. 왜냐하면 생명은 선물이기 때문이다. 땅은 하나님께 속하기 때문이다(시 24:1).

유럽의 기독론이 오직 인간 구원만을 위한 하나님의 사랑을 강조하는 데 반해, 원주민 신학이 강조하는 창조 보전Integrity of Creation은 인간이 피조물과 더불어 조화와 균형을 유지하여 살려는 신앙선언으로 이해한다. 이러한 조화는 생명의 원圓에서의 삶에 의해 표현된다.[34] 아메리카 인디언 존재의 상징도 원이다. 원 안에 있는 가족과 부족, 모든 피조물은 처음도 끝도 없는 원 안에서 동등한 가치를 지닌다. 이러한 원에서 인간은 피조물에 대해 지녔던 우월성이나 지배적 지위를 상실한다. 그렇지만 피조물에 대한 존중이 오히려 정의를 성취한다는 점에서 인디언 신학은 서구 신학을 갱신하고 구원할 수 있다고 주장한다. 따라서 서구의 개인주의, 시간성, 역사, 진보, 발전 패러다임은 인디언과 원주민이 지닌 생명의 상호 관련성과 상호성이라는 생명의 공동체 패러다임에 자리를 양보해야 한다.

34—— Stan McKay, "An Aboriginal Perspective on the Integrity of Creation", in D. G. Hallman (ed.), *Ecotheology: Voices from South and North*, pp. 214-217.

셋째, 여성생태학적 관점이다.[35] 서구 발전 패러다임의 문제는 자연을 착취하지만 자연 자원의 회복에 무관심하고, 인간 사이의 정의를 증진하는 일에 관심이 없다는 데 있다. 바꿔 말하면 이 패러다임은 가부장적인 프로젝트로서 경제 성장(발전)을 위해 민중과 여성, 피조물을 희생시킨다. 이 패러다임의 내용은 우주적 위계 구조와 젠더 위계 구조 사이에 밀접한 관계를 지닌 플라톤의 이원론적 세계관(영과 물질, 영혼과 몸, 남성과 여성, 인간과 동물, 남성-이성·영혼, 여성-물질·정열)에 잘 나타나 있다. 또 사유화와 금융화는 민중과 여성, 피조물에게 큰 짐을 부과하고 있다. 시장 지향적 산업 경제는 상당한 양의 에너지를 필요로 하는 생산물들을 만들어 내고 있다. 그래서 이 경제 체제가 유지되려면 댐이 계속 건설되어야 하고 핵발전소들이 증설되어야 한다. 이로써 생태계, 민중, 여성의 삶을 악화시킨다. 한 마디로 현대 생태계의 위기의 뿌리는 고대 가부장 문화에 있지만, 현대의 심각한 위기는 산업화, 식민주의에 의해 촉발되었다.

그러나 인도의 칩코 운동Chipko Andolan은 하나의 대안을 보여주는 사례다. 히말라야 부족 여성 운동인 칩코 운동은 나무를 베지 못하도록 지역 여성들이 나무를 안고 나무 베기에 저항했다. 이로써 농민/부족 여성은 가난한 자들의 생존을 위한 고난의 삶을 살 뿐 아니라 지구 생명공동체의 생명을 지키기 위한 창조적 활동도 적극적으로 참여하고 있음을 알 수 있다. 여성생태학적 관점은 생명은 하나님의 선물로서 모든 것 안에 존재한다고 믿는다. 여성생태신학적 비전은 인간 중심적 관점을 거부하고 하

<hr>

[35] Aruna Gnanadason, "Women, Economy and Ecology", pp. 170-184, Rosemary R. Ruether, "Eco-feminism and Theology", in David G. Hallman (ed.), *Ecotheology: Voices from South and North*, pp. 199-204.

나님의 선물로서의 모든 피조물에 대한 존중을 인정한다. 계약 신학과 그리스도의 몸으로서의 우주가 이에 대해 중요한 신학적 자원이다.

2. 지구화 시대 생명 교회

가난한 자들은 스스로를 지탱할 수 없고, 사회도 국가도 세계도 그들을 돌보기는커녕 기억조차 하지 않는다면, 그들의 일용할 양식과 마실 물, 오늘 머무를 집은 누가 마련해야 하는가? 가난한 자들은 이제 빈곤을 넘어 사회적/지구적 배제를 넘어서서 죽음으로 내몰리고 있다. 오늘의 세계체제는 바로 소수를 부자로 만들어 주는 대가로 다수의 가난한 자들을 죽음으로 몰아가는, 가난한 자들과 총성 없는 전쟁을 치르는 죽임의 세력이다.

세계교회협의회의World Council of Churches, WCC 총무인 콘라드 라이저는 1998년의 8차 총회에서, 세계 지배를 목표로 하는 지구화의 비전과 모든 피조물을 위한 지속가능한 생명의 공동체를 목표로 하는 그리스도인들의 세계에 대한 비전 사이에 갈등이 있음을 회고하면서, 대화와 연대를 대안적 생명 문화의 중심적인 징표들로 제시했다. 그는 이 세상의 지구화의 한 특징을 폐쇄성이라고 했다. 즉 가난한자들의 안전이나 존재의 기초를 찾을 수 있는 빈 공간이 없으며, '역사의 종말'을 주장함으로써 열린 미래, 근본적인 변화의 가능성 또는 특별한 역사나 기억의 가치를 부정한다고 했다. 이와 같이 '닫힌 공간'과 '역사의 사라짐'을 그는 죽음의 상징들이라고 했다. 그리스도인들에게 세계oikoumene는 모든 생명이 자기 삶을 펼쳐나가도록 하나님에 의해 지음 받은 삶의 공간으로서의 세계라고 했다.[36] 하나님의 나라는 이 세상에서 배제된 가난한 자들이 하나님이 주신 생명을 충만하게 누릴 공간을 열어야 한다는 것과 이런 미래가 우리 앞에 약속되어 있다는 비전을 준다.

이렇게 두 가지 비전이 갈등하고 있을 때 신학의 임무는 무엇인가? 하나님의 나라를 위해, 죽임으로 내몰리고 있는 가난한 자들을 위해 생명의 공간을 창출해야 할 것이다. 라스무센은 이사시-디아즈와 타랑고를 인용하면서 공간으로서의 신학을 제시했다.[37] 마틴 로브라는 생명 신학을 '협의회적 공간', '사람들이 서로 관계를 맺을 수 있고 상호 작용할 수 있는, 수렴의 영역과 성령의 내주하시는 징표를 확인하는 열린 공간', 그리고 '민중의 이야기, 탄식, 찬양' 등 '생명을 향한 다양한 목소리의 외침'의 공간이라고 했다.[38] 즉 신학은 소수의 가진 자를 위해 다수를 생명에서 배제하는 세계 지배를 거부하고, 하나님의 의의 다스리심, 하나님의 나라를 향해 가난한 자들에게 생명의 공간을 열어야 한다.

그런데 가난한 자들의 생명의 공간을 창출하는 신학은 지구화와 어떤 관계가 있는가? 세계를 향한 두 가지 비전은 사실 두 가지 경제라고 할 수 있다. 소수가 부를 축적하고 풍요를 보장받기 위해 다수가 희생되는 세상의 경제와, 하나님의 나라라는 온 피조물의 생명을 포괄하는 하나님

---

36 —— Konrad Raiser, "Opening Space for a Culture of Dialogue and Solidarity: The Missionary Objectives of the WCC in an age of globalization and religious plurality", in *International Review of Mission,* vol. 88, no. 350 (July 1999).

37 —— Larry Rasmussen, "Theology of Life and Ecumenical Ethics", in David G. Hallman, (ed.) *Ecotheology: Voices from South and North,* (Geneva, Maryknoll, New York: WCC Publications, Orbis Books, 1995), p. 112.

38 —— Martin Robra, "Theology of Life – Justice, Peace, Creation: an Ecumenical Study", in *The Ecumenical Review,* No. 48, (January 1996), pp. 29-30.

의 살림살이, 생명공동체이다. 하나님의 살림살이에서 볼 때 현재의 경제 체계는 단지 생태계의 하부구조에 불과하다는 것을 알 수 있다.[39] 우리가 현재 아는 경제학과는 다른 하나님의 경제학이 있다는 것이다.

더글라스 믹스는 하나님의 경제학을 다음과 같이 제시하고 있다.[40] 경제economy는 그리스어 오이코노미아oikonomia에서 왔는데 이는 집oikos과 법nomos의 합성어다. 오이코노미아는 '집의 법/관리', 또는 인간의 살림살이, 피조물의 살림살이다. 하나님의 경제는 피조세계의 생명을 위한 하나님의 생명, 일과 고난이다. 그러므로 올바른 경제의 기준은 피조물 공동체의 생명과 미래에 대한 섬김 여부에 달렸다. 그런데 시장에 의해 지배 관계가 제거된다는 자유주의자들의 주장은 오히려 시장을 통해 지배 관계를 만들고 무산자를 사회적으로 종속시킴으로써 거짓으로 드러난다. 또 경제학의 주요 근거인 희소성은 자원의 희소성이 아니라 자원에 대한 접근 수단의 부족에 기인한다. 문제는 희소성이 아니라 하나님의 의의 실현 여부다. 하나님의 의가 생명의 원천이기 때문이다. 하나님은 연약한 식구의 생명을 돌보는 경제인이고 집안의 가장이며 머슴이다. 하나님의 경제는 하나님의 의를 펼치는 것으로 무無의 권능인 죽음과 투쟁을 벌이는 생명의 경제다. 하나님의 경제는 사회의 찌꺼기 같은 자들을 하나님의 가족이 되게 함으로써 하나님의 나라를 이룬다.

39───── Lukas Vischer, "How Sustainable Is the Present Project of World Trade?", in Julio de Santa Ana (ed.), *Sustainability and Globalization* (Geneva: WCC Publications, 1998), p. 42.

40───── M. Dougls Meeks, *God the Economist: The Doctrine of God and Political Economy*, 홍근수·이승무 옮김, 『하느님의 경제학: 신론과 정치경제학』(서울: 한울, 1998).

가난한 자들의 생명을 지키는 것은 더 이상 세상의 경제가 아니라 하나님의 살림살이에서 가능하고, 참 경제인이신 하나님에 의해서만 가능하다. 그리스도인들은 하나님을 '하나님 집안'의 가장으로 보아야 하며 하나님의 언어가 경제적이라는 것과 그리스도인의 선교 과제들인 가난한 자를 살림economy, 생태계의 보존ecology, 교회의 일치와 연합ecumenism이 모두 동일한 어원을 근거로 하고 있음을, 서로 밀접한 관련이 있음을 알아야 한다. 그럴 때 "성령 안에서의 정의와 평화와 기쁨"(롬 14:17)인 하나님 나라를 이루고 죽어가는 생명을 하나님의 생명으로 살리는 일에 기여할 것이다. 그리고 가난한 자들은 이 일을 위해 하나님께서 선택하신 동역자라는 점도 우리들이 기억해야 한다.

그러므로 지구화 시대에 요청되는 교회상은 안식일·안식년·희년 공동체요, 지구화의 희생자들인 가난한 자들을 살리고 생존을 위협받는 생태계를 보존하기 위해 대안적 경제를 제시하며 그렇게 살림살이를 사는 나눔의 공동체다. 지구 생명공동체의 살림살이를 돌보는 교회는 성서의 안식일·안식년·희년 전통을 몸으로 살되, 먼저 초대 교회처럼 그리스도인들 사이에 이런 나눔과 섬김의 공동체를 이뤄야 하고, 생태계를 보전하는 청지기 직분을 감당해야 한다. 이것은 지역 교회가 지역 문화를 되살리고 활성화시켜 지역사회의 다양한 공동체 또는 시민·사회 단체들과 연대와 협력을 통해 이뤄가야 한다. 또 지역을 넘어서 국가 간, 대륙 간, 지구적인 연결망을 통해 대안적인 경제 제도를 만들어 가는 데 협력해야 한다.

또 교회는 시민·사회 운동 단체들에게 배울 것이 있다. 시민·사회 단체들은 의사소통 방식이 쌍방통행이고, 의사 결정 방식이 상향식이며, 공동체 구성원 간의 관계가 그물망으로 연결되어 있거나 그런 방향을 지향하고 있다. 그런데 한국 교회는 대체로 의사소통 방식이 일방적이며, 의사 결정 방식이 하향식이고, 구성원 사이의 관계가 피라미드 형태로 되어 있다. 교회가 섬김과 나눔의 공동체라면, 그리고 시민·사회 단체들과 연대와 협력을 하려면 이런 변화를 과감히 수용해야 한다. 특히 인터넷이 대중적으로 보급되고 상당수의 교회가 홈페이지를 갖고 있고 젊은 세대가 차지하는 비중을 생각할 때 이런 변화는 교회의 미래와 직결된다고 해도 과언이 아니다.

그런데 생명 교회의 신학적 기초는 삼위일체 하나님의 사랑의 사귐에 있다. 삼위일체 하나님의 위격과 관계는 분리할 수 없을 만큼 긴밀한 관련이 있다. 이 둘 사이의 관계를 이어주는 것이 페리코레시스perichoresis로서 성부·성자·성령의 역동적이고 상호 내주mutual indwelling와 존재론적 상호순환을 의미한다.[41] 삼위일체가 코이노니아와 관련해 갖는 특징은 하나님의 상호순환적 사랑에 기초한 아가페와 상호순환적 자유에 기초한 양 방향적 의사소통이 있다.[42] 아가페는 자기를 내어주는 사랑이기에 다른 사람의 치유와 회복, 성장을 향해 나아간다. 몰트만은 삼위일체적 사랑을 상호순환적 사랑이라고 부른다. 성부·성자·성령은 상호순환적 사랑을 통해 상호 양보와 상호 내주가 이뤄진다. 이러한 사랑은 교회 안에서 이뤄져야 할, 세상을 섬길 때 나타나야 할 사랑의 원형이다. 그런데 삼위

41—— 위르겐 몰트만 저, 김균진 역, 『삼위일체와 하나님의 나라』(서울: 대한기독교출판사, 1993), pp. 206-213.
42—— 이규민, "친교와 참여(코이노니아)와 생명목회: 코이노니아 특성에 기초한 생명목회", 예장총회산하연구단체협의회 편, 『하나님 나라와 생명목회』(서울: 한국장로교출판사, 2008), pp. 370-374.

일체 하나님의 상호순환적 사랑은 또한 자유와 불가분의 관계가 있다. 그렇지만 자유는 참된 사랑의 토대 위에서만 가능하다. 그래서 자유는 사랑을 통해 참된 진리에 도달한다고 몰트만이 말했다. 이러한 사랑과 자유가 교회 안에서는 양 방향적 의사소통을 통해 이뤄지도록 해야 한다. 바꿔 말하면 삼위일체론에 기초한 교회는 하나님의 상호순환적 사랑에 기초한 아가페 공동체로 치유와 해방이 교회 안팎에서 일어나고, 상호순환적 자유에 기초한 양 방향적 의사소통이 목회자와 평신도 사이에, 남자와 여자 사이에, 성인과 어린이 사이에, 한국인과 외국인 사이에, 부자와 가난한 자 사이에 일어나야 한다.

그런데 몰트만은 삼위일체 하나님이 하나님의 주권보다 우선하다면서 하나님의 주권은 밖을 향한 삼위일체 하나님의 활동뿐 아니라 안을 향한 삼위일체 하나님의 활동을 통해 구현된다고 했다.[43] 밖을 향한 삼위일체 하나님의 활동은 아버지와 아들이 하나인 것처럼 믿는 자들도 하나가 되게 해달라는 예수의 기도(요 17:21), 유대인과 헬라인, 종과 자유인, 남자와 여자로 갈라진 공동체의 분열 극복(갈 3:28), 자기를 내어줌의 경제(행 4:32), 그리고 만유의 주로 만유 안에 계심(고전 15:28)으로 완성되어 간다.[44] 이러한 밖을 향한 삼위일체 하나님의 활동은 안을 향한 삼위일체 하나님의 활동에 의존한다. 바꿔 말하면 내적 삼위일체 하나님은 바깥으로 향해 열려 있어 인간과 피조물을 신적 사귐으로 들어오도록 초대한다.

그러므로 삼위일체 하나님의 사귐은 삼위일체 하나님의 이미지와 형

---

[43]—— 몰트만, 위의 책, p. 119.

[44]—— Leonardo Boff, trans. by Paul Burns, *Trinity and Society* (Maryknoll, New York: Orbis Books, 1988), p. 148.

 • 신자유주의 시대, 평화와 생명 선교 •

상으로 사회를 개선하고 세우기를 꿈꾸는 교회공동체의 원형이 되며, 정의롭고 평등한 사회 조직을 위한 모델이 될 수 있다.[45] 교회는 신앙공동체 안에서의 사귐뿐 아니라 이웃과 사귐, 피조물과의 사귐도 중시하는데 이러한 사귐은 삼위일체 하나님의 사랑의 사귐에 근거하고 있다고 보아야 한다. 삼위일체 하나님의 사귐에 근거한 교회의 삶과 활동은 실용적 사고의 일면성을 극복하고, 실천을 행동주의에서 해방시키며, 지배로 인도하는 거짓 지식을 사귐으로 인도하는 참된 인식으로 대체할 수 있다.[46] 참된 교회는 하나님과 화목하고, 피조물과 화목된 공동체일 뿐 아니라 삼위일체 하나님의 사귐을 근거로 하며 거기에 참여하는 공동체여야 한다. 이처럼 생명 교회의 신학적 기초는 삼위일체 하나님의 사랑의 사귐이다. 생명 선교는 죽임의 세력에 의해 파괴되거나 상처받은 인간들과 피조물을 치유하고 하나님의 형상을 회복하여 삼위일체 하나님의 사랑의 사귐에로 이끄는 활동이다.

그런데 생명 교회의 신학적 기초는 삼위일체 하나님뿐 아니라 생태 신학에서도 찾아야 한다. 그동안 기독교는 구속 신학에 대한 강조가 지나쳐서 창조 신학의 중요성을 간과해 왔다. 그 결과 성서의 창조 이야기가 자연의 신성함을 파괴하고 인간의 존재론적 우월성을 강조함으로써 환경 파괴의 정신적 토대를 기독교가 놓았다는 비난까지 들었다.

그러나 성서의 창조 이야기는 인간뿐 아니라 피조물에게도 깊은 관심을 가질뿐더러 인간을 피조물의 청지기로 그리고 있다. 청지기의 역할은

45—— 위의 책, pp. 6-7, 11.
46—— 몰트만, 위의 책, p. 21.

지배와 착취가 아니라 사랑과 돌봄이다. 인간과 침팬지의 DNA가 2퍼센트의 차이가 있는 것처럼 인간과 피조물 사이에는 적은 차이만 있다고 성서는 말한다. 인간뿐 아니라 피조물에 대해서도 하나님은 보시기에 좋았다고 하신다. 인간은 다른 동물처럼 여섯째 날에 창조되었고 흙으로 창조되어 흙으로 돌아가게 되었다. 다만 하나님의 생기가 들어간 것과 하나님의 형상대로 지음받은 것이 차이일 뿐이다. 노아의 방주는 인간 구원의 방주일 뿐 아니라 피조물 구원의 방주였다. 창조의 완성은 인간이 아니라 안식일이다. 이는 하나님을 찬양하는 것이 창조의 목적이요, 인간과 피조물 모두의 목적임을 명심하라는 말씀이다. 달리 말하면 인간이 피조물의 청지기로서 피조물을 돌보면서 경제 행위를 할 때 일정한 한계가 있다는 말씀이다. 안식일에 이어서 안식년, 희년이 제정된 것에서 알 수 있는 것처럼 인간의 경제는 무한 성장이나 다른 사람이나 피조물의 희생 위에서 이뤄져서는 안 된다는 말씀이다.

하나님은 초월적 하나님만이 아니라 성육신처럼 이 땅에 우리와 함께 하시는 하나님이시다. 어떤 학자들은 지구와 우주를 하나님의 몸으로 보기도 한다. 예수 그리스도는 이 땅에 인간만이 아니라 피조물의 구원을 위해서도 오셨다. 마구간에 나신 것을 우주의 구원을 위한 예수 그리스도로 이해해야 한다. 성령 하나님은 세계를 창조하시고 피조물에게 생명과 생기를 주시며, 인간의 죄로 말미암아 피조물과 더불어 고통을 당하신다(롬 8:18-39). 여기서 녹색 교회가 나온다. 녹색 교회는 "우주를 사랑하시고 구원하시는 하나님 신앙에 기초하여 교회의 생태학적 책임을 자각하고 우주적 평화를 실현하기 위해 노력하는 생태학적 신앙공동체"[47]다.

III. 생명 선교의 과제

1. 살림의 경제 만들기

1925년 스톡홀름에서 개최된 생활과 노동Life and Work 세계대회의 제1
분과는 '교회와 경제적, 공업적 문제'를 다루며 소유의 문제, 기업 내 협
동, 어린이 노동, 실업 문제 등을 다뤘다. 1937년 옥스퍼드에서 '교회, 공
동체와 국가'라는 주제로 열린 생활과 노동 세계대회는 경제 활동을 그리
스도의 심판 아래 둠으로써 스톡홀름 대회가 경제 문제를 개인의 책임으
로 본 데에서 발전했다. 옥스퍼드 대회는 부의 획득의 급증, 사회적 불평
등, 경제력을 소유한 자/기관들의 공동체에 대한 무책임, 실업 등의 문제
를 제기하며 자본주의를 비판했다.[48]

세계교회협의회의 창립총회(1948)는 자본주의와 사회주의를 비판하
며 정의와 자유를 모두 포함하는 새로운 해결책의 틀로써 책임 사회를
제시했다. 1966년 제네바에서 '우리 시대 기술 혁명과 사회 혁명 가운데
그리스도인'이라는 주제로 열린 세계교회협의회의 세계대회는 교회가
'발전'으로부터 오는 도전을 인식하고 이에 대한 대응으로 1970년 교회
발전참여위원회the Commission on the Churches' Participation in Development를 조

47—— 조용훈, "교회와 환경 운동", 예장총회산하연구단체협의회 편, 『하나님 나라와 생명
목회』, p. 183.

48—— WCC, *Christian Faith and the World Economy Today: A Study Document from
the WCC* (Geneva: WCC Publications, 1992), p. 11. Bas de Gaay Fortman & Berma
Klein Goldewijk, *God and the Goods: Global Economy in a Civilizational Perspectives*
(Geneva: WCC Publications), pp. 25-29.

직했다.

교회발전참여위원회는 교회와 사회 분과와 함께 1978년에 취리히에서 '정치경제, 윤리와 신학: 몇 가지 현대적 도전들'이라는 주제로 대회를 개최했다. 이 대회의 목적은 1975년 나이로비 총회 이후 사회적 비전으로 제기된 '정의롭고 참여적이며 지속가능한 사회a just, participatory and sustainable society'의 구체적 내용을 규명하기 위한 것으로, 사회경제적 문제를 다루는 중요한 대회였다. 이 대회의 결과 경제학자, 사회학자, 정치학자, 신학자 등으로 구성된 경제문제 자문그룹an Advisory Group on Economic Matters을 조직했다. 경제문제 자문그룹은 발전에 깊은 관심을 갖고 있는데, 발전에 대한 접근 방식은 민중의 발전을 구원의 복음에 핵심적 부분으로 보고, 교회가 가난한 자와 억압받는 자들에 대해 특별한 책임을 갖고 있으며, 발전은 본질상 모든 세계와 관련되면서도 다양성을 인정하는 에큐메니칼적 특성을 지닌 것으로 이해하는 것이었다. 이 그룹은 사회정의, 경제성장과 자립을 상호연결된 것으로 이해했다.[49]

경제문제 자문그룹은 현 국제 경제 질서가 빈부 양극화에서 보는 것처럼 지속적인 불의에 기반하고 있음을 비판하면서 대안적 경제 패러다임을 모색했다. 기존 정치경제 패러다임은 역사적 차원을 제대로 성찰하지 못하고 환원주의적 접근 방식을 사용하며 관심 영역을 너무 좁게 해석하고 있다고 비판했다. 소수의 부의 증가가 목적이 아니라 민중의 생명과 가치를 소중하게 여기는 방향으로 사회를 재구조화하는 것을 경제의 목

<hr>

49—— Compiled by Catherine Mulholland, *Ecumenical Reflections on Political Economy* (Geneva: WCC Publications, 1988), pp. 1-4.

 •신자유주의 시대, 평화와 생명 선교•

적으로 삼아야 한다.

그러나 새로운 국제 경제 질서New International Economic Order는 서구 강대국들에 의해 거부되었다. 시장 중심의 경제와 사회를 주창하는 강대국들은 경제 정책이 시장논리에 의해서 입안되어야지 정의와 관련하여 수립되어서는 안 된다고 했다. 지구상에 만연한 기아를 극복하기 위해서는 세계 경제 질서가 바뀌어야 하고, 국내 정치·경제·사회적 변화가 수반되어야 한다. 국내 경제 변화는 국가 발전의 틀을 국가 엘리트와 다국적 기업에 맞추는 대신에 노동자와 농민에게 맞춰야 하며, 고용 구조의 변화, 장기 목표가 모든 사람을 위한 국제 무역이 되어야 한다.[50]

1983년 밴쿠버 총회 이후 세계교회협의회는 정의, 평화, 창조 보전Justice, Peace and the Integrity of Creation을 사회적 비전으로 제시했다. 1990년 서울에서 열린 '정의, 평화, 창조 보전 세계대회'는 경제적 이슈를 중요한 의제로 다뤘다. 1991년 캔버라 총회는 소득, 지식, 권력, 부의 분배가 국제적으로 불평등하게 지속되고 있으며, 피조물에 대한 무책임한 착취가 계속되고 있음을 비판하고, 시장 경제가 개혁되어야 함을 주장했다.

소비에트 연방 해체 이후 동구권 사회주의의 붕괴 이후 동서 간 이데올로기 분쟁이 남북 간 경제적 갈등으로 전환되면서 전 지구는 하나의 단일 시장으로 변했다. 한편으로는 빈부 격차가 이전보다 더 심해지고 사회적·지구적 양극화가 심화되고, 다른 한편으로 생태계의 파괴가 급속도로 진행되었다. 신자유주의적 지구화 시대의 가난의 특징은 빈곤의 세계화, 빈곤의 여성화, 빈곤으로부터 사회적 배제/전 지구적 배제다.[51] 이러한

50—— 위의 책, pp. 6-16.

배제는 이웃의 배제일 뿐 아니라 하나님을 경제 영역에서 배제하는 맘몬 우상 숭배 행위다.

이제 세계 교회들은 경제 문제를 신앙의 문제로, 신학적 도전으로 받아들이게 되었다. 1997년 헝가리 데브레첸에서 열린 세계개혁교회연맹 제23차 총회는 "경제 불의와 생태계 파괴에 대한 인식, 교육, 고백 신앙적 과정"에 헌신할 것을 선언했다. 독일의 나치 정권이 거짓 메시야주의를 들고 나왔을 때 고백 교회가 '바르멘 선언'을 통해 예수 그리스도의 주되심을 선언했던 것처럼, 전 지구적으로 시장 경제를 통한 맘몬 우상 숭배가 만연할 때 개혁 교회들은 하나님의 주권이 경제계와 생태계에도 미치고 있음을 고백했다.

1998년 하라레 총회는 세계화·지구화의 도전을 중요한 과제로 설정하고 그 대응책을 마련하고자 했다. 총회는 최빈국들이 서구국가와 채권자들에게 진 빚의 굴레를 현대의 새로운 노예제라고 비판하고, 오직 안식일 ─희년 명령을 실천할 때만이 우리가 하나님께로 돌아가고 희망 가운데 기뻐할 수 있음을 밝혔다. 그리고 지구화의 논리는 다양성 안에서 공동체의 대안적 삶의 방식에 의해 도전받아야 할 필요가 있다고 했다.[52]

세계개혁교회연맹과 세계교회협의회가 공동으로 개최한 방콕 심포지엄(1999)은 아시아 경제 위기의 원인을 진단하고 여러 가지 권고안을 세

51──── 황홍렬, "지구화 시대 시민·사회 운동과 기독교 선교", 기독교종합연구원 외, 『지구화시대 제3세계의 현실과 신학』(서울: 한들출판사/한일장신대학교출판부, 2004), pp. 224-230.
52──── Diane Kessler (ed.), *Together on the Way: Official Report of the Eighth Assembly of the World Council of Churches* (Geneva: WCC Publications, 1999), pp. 179, 183.

 • 신자유주의 시대, 평화와 생명 선교 •

계은행, 국제금융기구, 세계무역기구, 서방교회 등으로 보냈다.

2001년 부다페스트협의회는 동구권 사회주의 붕괴 이후 10년을 평가하는 회의로서 시장 경제의 도입이 경제 성장을 가져오기를 기대했지만 사회 해체를 초래했다고 비판했다. "맘몬을 섬기지 말고 하나님을 섬기라"는 보고서는 국제경제기구들의 압력에 의해 정부가 사회 복지 비용을 삭감하면서 '전 지구적' 자본을 끌어들이기 위해 애를 씀으로써 가난한 자들에 대한 적절한 보호나 지원을 없애고 범죄적이며 투기적 행위에 문을 활짝 열어 놓는데 이는 맘몬 숭배 행위이기 때문에 하나님을 섬기라고 권고하고 있다.[53]

2001년 피지 협의회는 태평양 지역의 상황과 문화를 강조하면서 세계화·지구화의 대안을 제시하는 '희망의 섬'이라는 보고서를 제출했다.

2002년 네덜란드 쇠스터베르크 협의회는 지구 자본에 관심을 기울였다. 이는 지구 자본주의와 신자유주의에서 국제금융기구들이 중요한 역할을 하기 때문이다.

2003년 부에노스아이레스 협의회는 남미 상황을 분석하고 대안을 제시한 「해결책을 찾아 앞으로 나아가자 – 개신 교회는 '참을 만큼 참았다'고 말한다」라는 문서에서 자유 시장 지구화에 대한 반대 운동이 일어나 세계사회포럼이 시작되었고, 교회에서도 이에 대한 대안을 마련해야 한다고 했다. 세계교회협의회는 2002년 이후 여러 차례 세계은행과 국제금융기구와 만나 전 지구적 빈곤과의 싸움, 유엔 밀레니엄 개발 목표의 중

53—— "Serve God, not Mammon", Message from the Joint Consultation on Globalization in Central and Eastern Europe: Responses to the Ecological, Economic and Social Consequences, June, pp. 24-28, 2001, Budapest.

요성에서 공통점을 확인한 반면에, 빈곤에 대한 대안이 성장이라는 것이
이 두 국제금융기구의 변하지 않는 관점임도 확인했다.

2004년 가나에서 열린 세계개혁교회연맹 제24차 총회는 세계 경제와
생태계 정의를 위해 계약을 맺기로 고백하여 '아크라 신앙 고백'을 했
다.[54]

2006년 브라질 포르토 알레그레에서 개최된 세계교회협의회의 총회
는 '인간과 생태계를 경제의 중심에 두는 대안적 지구화를 모색하는 아가
페로의 부름Alternative Globalization Addressing People and the Earth, AGAPE'을 채택
했다.[55] 이 문서는 오랜 과정과 다양한 지역 교회의 의견을 수렴한 중요
한 문서로서 아가페의 도전, 아가페 생명 경제를 위한 탄원, 정의로운 무
역, 정의로운 금융, 변혁적 행동과 대안들을 제시하며, 이런 문서를 채택
하게 된 에큐메니칼 여정의 흐름을 보여줬다는 데 큰 의의가 있다. 그렇
지만 품위 있는 일자리, 해방된 노동, 민중의 살림살이를 6장 마지막 부
분에서 소개하고 있지만 별도의 장으로서 노동이나 생산을 다루고 있지
않은 점이 단점으로 보인다.

이에 대해 우리나라의 생명농업의 여러 사례들[56]과 이주노동자 선교
와 이주민 선교[57] 등이 대안으로 제시될 수 있다고 생각한다.

---

54 —— 박성원, 위의 글, pp. 36-38. 박성원은 아크라 고백의 의의를 교리가 아니라 삶의
문제를 고백의 주제로 삼은 점, 이웃의 고통을 나의 고통으로 안는 신앙 고백, 일치와 정의가
만나는 현장, 남반부 교회의 신학적 입장이 세계 교회의 고백에 중요한 역할을 한 것으로 지적
했다.

55 —— 세계교회협의회 지음, 김승환 옮김, 『경제세계화와 아가페AGAPE 운동』(서울: 한국
기독교교회협의회, 한국기독교생명농업포럼, 2007).

56 —— 아시아기독교협의회, 한국기독교생명농업포럼, 〈제1회 아시아 기독교생명농업포
럼 평가 자료집〉(2006년 11월).

2. 살림의 문화 만들기

살림의 문화의 특징은 노동자의 존엄성을 인식하고 그것을 지키려 한다. 서구인들은 "땅을 정복하라. 모든 생물을 다스리라"(창 1:28)는 하나님의 말씀을 근대 문명의 맥락에서 해석하여 식민지 약탈과 피조물의 파괴를 초래했다. 그러나 이런 오해는 성육신의 신비와 창조 신학을 제대로 이해하지 못한 결과다. 창조와 구원을 연결지어야 한다. 인간은 하나님의 피조물에 대한 청지기로서 노동과 돌봄이 인간으로 하여금 인간되게 함을 깨달아야 한다. 그러나 노동을 통한 진보는 창조와 균형을 이뤄야 한다. 산업화가 진행되면서 서구 교회는 노동자들의 아픔과 고통에 공감하며 산업화의 상처를 감싸지 못함으로써 노동자들은 교회를 떠났다. 19세기 서구 교회의 최대 스캔들은 노동 계급의 상실이었다. 20세기 초까지 교회는 노동자들의 신뢰를 거의 상실했다. 노동자들 대다수가 교회와 성직자에 대해 적대감을 갖거나 부정적이었다.[58] 영국 쉐필드의 위컴 주교는 교회가 노동자들에게 말할 권리를 회복하기 위해서는 여러 세대 동안 침묵해야 할 것을 요청했다.[59]

---

57 —— 황홍렬, "고용허가제 이후 이주민 선교의 과제와 전망", 장신대, 『선교와 신학』 제21집(2008), pp. 221-265.

58 —— Wilbert R. Shenk, "The Culture of Modernity as a Missionary Challenge", in Charles Van Engen, Dean S. Gilliland, Paul Pierson(eds.), *The Good News of the Kingdom: Mission Theology for the Third Millenium* (Maryknoll, New York: Orbis Books, 1993), pp. 194-195.

59 —— E. Castro, "Your Kingdom Come: A Missionary Perspective", in WCC Commission on World Mission and Evangelism, *Your Kingdom Come: Mission Perspectives* (Geneva: WCC, 1980), p. 33.

시장과 권력으로부터 배제된 자들의 정체성을 세우고 공동체를 이루게 하는 것이 살림 문화의 특성이다. 산업화 이후 신자유주의적 지구 자본주의의 도래와 정보사회의 부상으로 국가 권력으로부터 소외되고 시장에서 배제된 인류 대다수의 가난한 사람들은, 시장과 권력을 쥐고 있는 지배자들이 부여한 부정적 이미지를 내면화함으로써 자신의 정체성을 왜곡하거나 부정한다. 그러나 성령님은 그들 안에 있는 하나님의 형상을 회복시키고 예수 그리스도 안에서 새 사람이, 하나님의 자녀가 되게 하신다. 하나님의 나라가 다가온다는 소식이 그들에게 기쁜 소식으로 들리게 하는 것이 교회의 문화 선교적 과제다. 하나님의 나라는 경제·정치·언론·환경을 포함하는 모든 삶의 영역에 하나님의 주권을 세우고 예수 그리스도의 주되심을 선포하는 것이다. 자본주의, 지구화, 정보사회에서 작동하는 경제·정치·언론·문화가 총체적으로 인간의 정체성을 왜곡하거나 부정하고, 공동체를 파괴하고 있지만, 그렇게 정체성을 왜곡하거나 부정하고 공동체를 파괴하는 죽임의 문화와 세력의 정체를 밝히고 그들의 정체성을 세우고 공동체를 세우기 때문에 하나님의 나라는 그들에게 기쁜 소식이 된다.

죽임의 세상 속에서 희생자들을 돌보고 섬기는 것이 살림 문화의 특징이다. 교회는 지구화나 정보사회의 부정적 충격을 최소화하고, 원주민, 농민, 비정규직 노동자, 이주노동자나 난민, 여성, 청년, 장애인, 실직·노숙인, 북한 이탈 주민 등 그 희생자들을 돌보며, 지구화나 정보사회로 하여금 인간과 피조물을 섬기기 위한 길을 찾도록 해야 한다.[60] 뿌리 뽑

<hr>

60——— *Called to One Hope*, p. 28.

  • 신자유주의 시대, 평화와 생명 선교 •

힌 사람들의 생존권을 강력하게 지지하며, 공동체가 그들을 환영하도록 해야 하며 인권과 삶의 질의 개선을 위해 노력해야 한다. 이때 그리스도인들이나 교회는 자신과 다른 것, 익숙하지 않은 것을 배제하려는 문화적 상황 속에서 하나님의 사랑으로 이질적이거나 낯선 것들을 수용하고 언어나 문화, 가치관과 피부 색깔 등이 다른 사람들과 대화할 줄 알아야 한다. 여기서 장애물은 정체성을 이용하여 권력을 획득하거나 경제적 이익을 보려는 '정체성의 정치'다.[61]

인종 차별은 백인들이 자신들을 강하게 결합하고 유색 인종을 희생해 백인의 권력과 이익을 영속화하는 사례다. 반면에 아프리카의 '호의의 경제economy of affection'에서 타자를 수용할 때 모든 사람에게 혜택을 주게 된다. 이런 경제의 논리는 '내가 존재하기 때문에 네가 있고, 네가 존재하기 때문에 내가 존재한다'는 것이다. 각 사람은 타자를 받아들이고 긍정함으로써 풍요롭게 된다. 지역 교회는 문화적으로 인종적으로 다른 사람들에 대한 두려움과 불안함을 극복해야 한다. 이런 두려움은 부분적으로는 무지에서 비롯하고, 부분적으로는 자신의 정체성을 지키는 데서 비롯한다.[62] 그러나 사도행전 10장에 나오는 베드로와 고넬료의 만남처럼 낯선 자, 타자가 하나님의 선교의 도구가 된다. 유대인 중심의 교회가 이방인 중심의 교회가 될 때 유대교의 문화나 관습을 부과해서는 안 된다는 예루살렘 공의회의 중요한 결정이 이런 만남에서 결정적 영향을 받았다.

지구화 시대 경제의 대안을 성경에서 찾아야 한다. 성서의 안식일과

61——— 위의 책, p. 46.
62——— 위의 책, pp. 57-58.

안식년, 희년을 지구화 시대에 맞게 새롭게 읽어야 한다. 안식일·안식년·희년은 모두 출애굽 경험에 근거를 두고 있다. 이스라엘 경제는 모두를 위한 풍요로운 경제를 지향하며, 빈부 차이가 극심한 바로 경제를 거부한다. 만나 경제는 "많이 거둔 자도 남지 않고 적게 거둔 자도 모자라지 않는 경제"(출 16:18)를 지향한다. 희년 경제는 정의를 결여한 종교는 거짓 종교임을 알려준다. 이스라엘 왕국의 멸망과 바벨론 포로기는 하나님과의 계약에 충실하지 못했기 때문이었다. '오병이어의 기적'은 만나 경제의 실현이요, 주의 기도 역시 안식일 경제, 희년 영성으로의 부르심이다. 사도행전의 성령 강림은 특별한 개인들의 영적 체험이 아니라 희년의 성취요, 하나님의 통치의 체험이다.

살림의 문화를 세우기 위해서는 대안적 매스컴의 역할이 매우 중요하다. 대안적 매스컴은 기존 매스컴이 상품화하는 여성이나 판에 박은 듯이 그리는 인종적 소수 그룹, 정체성이 파괴되거나 왜곡되거나 아예 다뤄지지 않는 가난하고 소외된 사람들의 목소리를 다른 사람들에게 들려줘야 한다. 그러기 위해서는 그들의 목소리를 차단하는 국가 권력이나 시장의 부당한 권력 구조에 도전해야 한다.

3. 생명 선교 과제의 세 가지 차원

생명 선교는 피조물의 생명을 살리고 풍성하게 하는 하나님의 선교다. 생명 선교의 주체는 삼위일체 하나님이시고, 목표는 피조물의 생명의 구원과 풍요로움(하나님의 나라)이며, 교회는 그 동역자가 되어야 한다. 교회는 이러한 선교에 참여하기에 앞서서 먼저 하나님과의 올바른 관계를 형성하여 영적 쇄신을 이뤄야 한다. 그리고 교회는 피조물의 생명을 도둑질하는 강도나 절도에 대해 제대로 식별해 물리쳐야 한다. 피조물의 생명을 얻고 풍성하게 하기 위해 필요한 것은 치유와 화해와 통일, 봉사, 대안 경제 체제 수립, 생명 문화 건설, 올바른 교육 등이다. 피조물의 삶은 또한 경제, 살림살이와 밀접한 관련이 있다. 경제oikonomia는 집oikos과 법nomos의 합성어다. 경제는 집안 살림살이를 잘 관리하는 것이다. 결국 피조물의 생명을 회복하고 풍요롭게 하는 것은 경제를, 피조물의 살림살이를 하나님의 뜻대로 펼치는 것이다. 양식은 생명의 기초이고, 인간 존엄성은 생명의 선물이며, 정의는 생명의 규칙이며, 샬롬은 생명의 목표다.[63] 경제economy를 바르게 하는 것은 생태계의 보존ecology과 밀접한 관련이 있고, 이 모든 것들이 교회 일치와 연합ecumenism의 과제다.

지구화 시대 기독교 선교 과제는 세 가지 차원에서 제시할 수 있다.

첫째, 국제적 또는 지구적 차원에서 초국적 금융투기자본을 규제하고 국제금융기구들을 개혁하며 빈국의 외채를 탕감하고, 생물종 다양성을 지키고 생태계를 보존하는 데 협력하며, 전 지구적 차원에서 민주주의를 정착하는 일이다.

둘째, 국가적 차원에서 지구화의 거센 파도를 막아 희생자들을 돌보고, 생태계를 보존하며, 대안적 경제를 만들어 가며, 거기에 적합한 민주 제도를 정착하는 일이다.

셋째, 지역사회에서 지역사회의 가난한 자들을 돌보고, 지역 문화를

63―― S. Wesley Ariarajah, "Time for Fullness of Life for All", in CTC Bulletin, Vol. XVII, No.1, January 2001. pp. 7-10.

살리고 지역공동체의 자립적이며 민주적인 살림살이를 만들어 내며, 지역의 생태계를 보존하는 일이다. 세 가지 과제는 모두 지구적, 또는 국제적, 국가적, 지역 단위의 시민·사회 운동 단체들과 연대하고 협력할 때만이 이룰 수 있는 일이다.

위의 세 과제는 얼마나 여성과 가난한 자들, 소수자들이 생명 선교의 주체가 되는가, 이들에게 공감하는 그리스도인들과 시민·사회 단체들이 세 과제를 시행하는 과정에서 얼마나 상호 배움과 상호 변형을 이루는가, 그리고 지역의 살림의 문화와 살림의 경제에 적합한 문화와 전통을 되살릴 수 있는가에 달려 있다. 이 과정에서 교회는 성서의 안식일·안식년·희년 전통을 지역사회와 국가와 지구의 대안 경제 수립과 생태계 보존을 하는 데 기여해야 하고, 다른 문화와 종교 전통으로부터 성서와 교회를 어떻게 새롭게 볼 수 있는가를 배울 수 있어야 한다.

나가며

이 글은 먼저 죽임의 세력들을 죽임의 경제와 죽임의 문화로 식별했다. 죽임의 경제로서의 신자유주의적 지구 자본주의는 제3세계의 퇴행과 한 국가 내 양극화와 전 지구적 양극화를 초래하고 생태계를 파괴하고 있다. 최근에는 부메랑이 되어 글로벌 금융 경제의 심장부를 강타하고 있다. 인간의 정체성과 공동체를 파괴하는 세력으로 산업화, 자본주의, 신자유주의적 지구화, 정보화 등에 내재하고 있는 죽임의 문화를 규명하려 했다.

생명 선교의 신학적 방향으로는 세계관의 전환을 제시했다. 서구 기계

        • 신자유주의 시대, 평화와 생명 선교 •

적 세계관에서 아프리카 생명 중심적 세계관으로, 서구의 시간 중심적 세계관에서 인디언의 공간 중심적 세계관으로, 여성생태학적 세계관으로의 전환이 필요하다. 생명 선교를 해야 할 주체로서의 생명 교회는 안식일·안식년·희년 공동체로, 삼위일체 하나님의 사랑의 사귐과 생태 신학에 근거하고 있다. 생명 선교의 과제로는 인간의 경제와 생태계를 모두 살리는 살림의 경제를 건설하고, 인간의 정체성과 공동체를 회복하는 살림의 문화를 세워 나가야 한다.

황홍렬

영국 Birmingham 대학교에서 선교신학으로 철학박사(Ph.D) 학위를 받았으며, 현재 부산장신대학교에서 선교학 교수로 재직 중이다. 저서로『제3세계 신학에 나타난 생명사상의 비교연구』(공저, 생각의나무, 2002),『한국민중교회 선교역사(1983-1997)와 민중선교론』(한들출판사, 2004),『한반도에서 평화 선교의 길과 신학: 화해로써의 선교』(예영B&P, 2008) 등이 있다.

생명학적 평화의 비전

통전적 수렴·통합

• 김용복 •

시대의 징조: 평화는 없다

미국은 테러에 대한 전쟁War on Terror을 진행 중이다. 아프가니스탄, 이라크에 전쟁을 일으켰고 한동안 한반도에 전쟁을 일으킬 듯이 군사전략을 정비하고 진행 중에 있었다. 동북아의 상황이 완화될 조짐이 보이지만 기본적인 지정학적, 군사적 경쟁구도는 크게 변하지 않을 전망이다. 이제는 이란과 대결할 태세이고 아프가니스탄에서 전쟁의 강도가 높아 질 전망이다.

한반도는 4대 강국이 처하여 있는 곳이니 언제든지 지정학적인 충돌이 존재하는 지역이다. 한반도와 그 주변에서 전쟁은 현재진행형의 상태에 있다. 한국전쟁 이래 지금도 전쟁 상황인 것이 한반도요, 미국은 북한을 악의 축Axis of Evil 즉 테러 집단을 돕는 국가로 지목하고 있고, 북한과 중국 등을 대상으로 하는 전력은 현재 구축되어 가고 있으며 남한과 일본은 이 관정管井에 편입되어 있다.

평화와 전쟁의 현장

오늘 중동West Asia 의 전쟁은 21세기의 전쟁이자 동시에 평화 현장이라고 생각된다. 거시 역사적 차원에서 보면 문명 간의 전쟁Civilizational Clash이 그곳에서 일고 있다.

① 유태-기독교Judeo-Christian 문명과 이슬람 문명의 충돌이 일고 있는 것이다. 이것은 마치 십자군 전쟁의 재연再燃이 아닌가 하는 생각을 하게 한다.

② 이것은 기독교-로마 제국과 이방민족 간의 전쟁의 재연으로도 생각된다. 이것은 또한 미국이라는 지구 제국Global Empire과 서아시아West Asia 민족들 사이의 전쟁이다.

③ 또 이 전쟁은 미국을 위시한 서방 산업국들이 산업 문명의 원동력인 석유 자원을 위한 쟁탈전이기도 하다.

④ 이 전쟁은 지정학적인 시각에서 보면 지구 제국이 군사적 패권을 실현하는 과정이다.

⑤ 이 전쟁은 최고도의 과학 기술을 기반으로 한 새로운 무기 체제를 형성하는 과정이기도 하다. 미국은 이란에서 새로운 형태의 원자전 감행을 준비하고 있다고 보도되고 있다.

⑥ 이 전쟁은 테러에 대한 전쟁War on Terror이라는 이름으로 새로운 전쟁의 개념 즉, 항시전Permanent War/전면전Total War의 군사 이념Military Ideology을 실현하는 전쟁이기도 한다. 또 이 전쟁은 국지전이 아니라 전 지구적 차원의 총력전쟁Total War이다.

이러한 지구의 상황은 20세기 말 냉전 대립 체제가 무너진 이후 미국이 세계적인 제국으로서 지정학적인 세계 지배와 군사적으로 지구적 패권을 도모하는 사실에 의하여 좌우되고 있다.

지구적 생명 파괴의 현실은 복잡한 구조와 역동성을 가지고 있다. 단순한 차원에서 이해될 수 없다. 우리는 이러한 현실을 다차원에서 조명하고 이에 대한 통전적인 대응 방안을 제시하려고 생각한다.

생명 파괴 현상과 평화

근본적으로 생명 파괴의 세력은 생명 질서 안에 잔존 욕망의 고조와 적자생존 경쟁의 치열성에서 형성된다. 그러나 이 세력에 의하여 생명 질서의 근간인 평화는 다차원에서 파괴되고 있는 현실이다. 이것은 서로 긴밀히 연관된 9가지 시각에서 조명할 수 있다.

1. 상호 갈등적인 존재 양식

(1) 생명 파괴의 소용돌이는 인간-생명-우주 질서를 갈등과 모순으로 인식하고 행동하는 데서 비롯한다. 생명체들은 '약육강식과 적자생존의 존재'로서 상호 갈등적인 존재 양식을 전개한다는 역사관이 근본적인 문제가 되어 있다.

우선 인간 존재는 생존을 위하여 식물을 채취하고 동물을 사냥하고 농업과 산업을 발전시켜 왔다. 이것이 인간의 살림살이였다. 이런 과정에서 인간은 근본적으로 자연 생명체와의 적자생존 관계를 유지하였고, 나아가 다른 인간과의 적자생존 관계를 견지하여 그 생존을 지탱해 왔다.

　　　　　　　　　• 신자유주의 시대, 평화와 생명 선교 •

이 과정은 인구의 팽창과 농업의 발전, 특히 현대 산업의 발전에 따라 격렬하게 진행되었다. 오늘은 근대 산업, 과학 기술의 발전, 지구 시장의 팽창에 의하여 인간 생명 질서가 생명체를 파괴하는 경지에 이르렀다.

여기서 역사관·우주관은 모순과 갈등과 폭력적 파괴의 질서로 인식되었고 적자생존의 논리를 지닌 인간의 탐욕과 힘의 확대 의지는 무한하고 절대적인 것이 되었다. 따라서 다른 생명체뿐 아니라 모든 우주 생명 질서가 정복과 조작의 대상이 되었고, 궁극적 가치도 부정되면서 인간은 모든 것을 지배하고 정복하고 조작하는 절대자로 군림하게 된다. 인간이 스스로 초인간, 즉 트랜슈맨TRANSHUMAN으로 군림하면서 사회 진화론을 우주 질서의 기본으로 규정하는 것이 평화로운 생명 질서를 파괴하는 근원이 된다.

2. 약육강식의 사회관계

(2) 평화·생명 질서의 파괴는 모순과 갈등과 폭력으로 전개되는 약육강식의 사회관계에서 기인한다. 천하가 태평하려면 마음과 몸가짐이 바르고 조화로워야 하며 가정이 평안해야 하고 나라가 평안해야 한다. 생명 질서의 표현인 태평천하의 질서는 지배적·갈등적·모순적 힘의 관계에 의하여 왜곡되고 파괴된다. 이런 인위적 관계 속에 생명체에 대한 폭력이 난무한다. 남녀의 성차별, 빈부의 격차에 의한 빈곤과 기아, 계급 간의 착취 관계, 인종 차별, 종족 간의 갈등, 문화적 우월주의에 의한 갈등, 세대 간의 차별, 힘의 유무에 의한 갈등, 종교적 이념적 갈등 등 첩첩 겹치는 모순과 갈등이 폭력화하면 평화의 질서는 파괴되고 왜곡된다. 이러한

갈등의 복잡한 구조는 이중 삼중으로 겹치게 마련이다. 이것이 내면화되면 사회심리적인 불화와 갈등 그리고 폭력으로 변하게 마련이다.

평화는 사회적인 정의와 화합과 조화가 이루어져야 실현될 수 있다. 평화는 갈등과 폭력이 없는 상태가 아니다. 평화는 인간과 인간, 인간과 생명체 간에 상생의 관계가 풍요롭게 이루어져야 가능하다. 우리는 이런 의미에서 '정의로운 평화'라는 개념을 쓴다.

3. 평화는 정치적이다

(3) 생명·평화의 질서를 파괴하는 주체는 정치적 실체였다. 왜냐하면 정치적인 실체는 권력체이기 때문이다. 정치권력은 물리적 힘을 바탕으로 하여 법적, 도덕적 또는 종교적 권위를 행사하는 능력이요, 힘이다. 전통적인 정치철학은 '덕치주의'(플라톤과 공자)를 표방하였지만 최종적으로는 인위적인 힘을 바탕으로 하여 목표를 달성한다. 특히 근대 자유주의 정치철학(토마스 홉스Thomas Hobbes)은 개체 간의 계약을 전제로 하여 개인의 자유를 보장하고 제어하는 것을 정치적 살림살이로 규정했다. 이 계약의 배후에는 적자생존의 사회철학이 내재해 있다. 인간은 기본적으로 이기적 존재임으로 생존을 위하여 다른 인간이나 생물체를 침해하고 지배한다. 이를 제어하기 위하여 국가권력Leviathan이 필요하다는 정치철학이다. 정치권력이란 역사 이래 전형적으로 권위주의 정치 체제, 전제주의 정치 체제Despotism, 전체주의 체제Totalitarianism, 여러 형태의 독제 체제와 여러 제국 체제, 그리고 오늘날의 지구 제국 체제Global Empire를 이루어 오고 있는 현실이다.

정치권력은 대내적으로는 지배 권력이어서 대안적 정치권력이나 혁명적 세력에 대하여 배타적이다. 따라서 정치적 갈등이 불의, 질서, 억압의 질서를 형성하고 때로는 폭력으로 정치 세력을 제압할 수도 있다. 그러나 정치권력은 대외 관계에 있어서 적대적인 정치권력에 대하여는 전쟁을 감행하거나 무력을 토대로 강압적 외교 관계를 수립하고 지배한다.

이에 반하여 민중이나 시민이나 인민은 참여적이고 민주적인 정치 질서를 희구해 왔다. 이것이 민중적 정치사관이요 민주적 정치철학이다. 이러한 참여 질서가 평화의 근본이 되기 때문이다. 참여민주주의는 모든 사회적 갈등을 정의롭게 그리고 민주적이고 평화적으로 해결하는 정치 질서이기 때문이다.

4. 평화는 문화적 기반을 전제한다

(4) 인간 공동체는 문화 집단이다. 문화는 인간과 자연의 심층적 관계를 기반으로 한다. 동시에 문화는 민족과 종족과 국가에 따라 고유한 것이다. 이로서 우리는 민족들이 다양한 문화적 정체성을 가지고 있다고 말한다. 종족이나 민족들은 그들의 잔존을 위하여 또는 번영을 위하여 힘을 사용한다. 민족들은 약소민족을 억압하고 차별하는 경향을 가지고 있다. 따라서 때로는 종족 전쟁, 민족 간·인종 간의 전쟁이 일어난다. 근대 민족국가들은 문화적 통일성을 보유하고 지탱하려고 하였다. 예를 들면 민족국가는 단일 문화나 또는 지배적인 문화를 토대로 통일된 체제를 이루려고 한다. 이러한 현실은 민족 문화를 토대로 하여 민족의 우월성을 주장하고 다른 민족의 문화를 억압하며, 다른 민족에게 문화적 동화를

강요하며 때로는 문화를 말살하는 경우도 있다. 서양 민족국가들과 서양 식민주의는 서양 문화를 피식민지 국가들에게 강요했으며 원주민의 문화를 억압하고 말살했다. 이처럼 문화적 갈등은 폭력화된다. 식민주의의 문화적 지배를 통하여 문화의 다양성과 다양한 문화적 가치, 감성이 파괴되고 억압되며 문화적 풍요로움과 문화적 정체성은 상실하게 된다. 근대 서양식민지 문화는 아시아와 아프리카, 태평양과 아메리카 지역의 원주민 문화를 와해시켰다. 독일의 나치민족주의나 일본의 군국주의 문화는 제2차 세계대전을 야기하기도 했다. 일제는 우리 민족 문화를 동화하려 했다.

오늘날 지구화된 시장과 지구 제국주의는 세계를 하나의 문화로 변혁 Cultural Transformation or One Dimensionalization하려 한다. 특히 오늘의 세계 정보 커뮤니케이션 질서는, 세계를 전쟁의 파괴 질서로 치닫게 하느냐 아니면 평화 질서를 구축토록 하느냐, 라는 과제를 안고 있다. 그러나 지구 시장과 지구 제국 그리고 지구적 과학기술 체제Global Technocracy는 문화적 패권을 추구하고 있다. 미디어와 커뮤니케이션 체제는 지구 시장과 지구 제국과 밀접히 유착되어 있다. 이것이 생명과 평화의 질서를 위협한다. 본래 문화란 생명의 잔치요 태평성대의 잔치여야 할 것이다.

5. 평화의 종교적 비전은 실종 위기

(5) 종교는 초월적인 가치와 상생의 생존 양식을 가져야 하는데 종교가 각종 갈등 구조와 유착하면서, 그리고 배타적이며 근본주의적인 독단으로 민족 간, 국가 간, 종족 간, 종교 집단 간 갈등을 조장하고 심화하며

폭력적 사태를 야기하여 생명과 평화 질서를 파괴하고 있다.

미국을 중심으로 한 대對 이라크 전쟁과 지구적인 테러에 대한 전쟁은 종교적 성격을 깊이 내포하고 있다. 이것은 기독교 대 이슬람교의 대립의 양상을 보이고 있다. 미국은 걸프전을 '정의로운 전쟁'이라고 종교적인 이름을 부여했다(Augustine 인용의 이론). 여기에 대하여 이라크는 '거룩한 전쟁'이라고 종교적 이름을 부여했다. 기독교 근본주의 세력과 이슬람 근본주의세력은 현재 서아시아의 전쟁 상태를 서로 '악마와의 전쟁'이라는 종교 이념의 전쟁으로 인식하며 행동하고 있다. 종교는 전쟁 이념을 부여하고 있고, 이러한 종교 전쟁의 양상은 전 세계적인 차원의 종교 간의 갈등으로 전개되고 있다.

전쟁이 종교화되는 상황에서는 문명의 충돌이라는 차원뿐 아니라 전쟁의 상대를 전멸할 수 있는 전멸전의 종교적 이념Ideology of Omnicide을 구성하는 것이다. 우주적 생명 질서는 종교 간의 치열한 갈등으로 인하여 파괴되고 있다.

6. 과학기술 체제Technocracy와 생명 질서의 정복과 조작

(6) 현재의 지구 시장과 지구 제국 안에 구조화되어 있는 과학기술 체제Technocracy는 인간이 만든 바벨탑과 같은 것이다. 근대 과학기술 체제는 생명체를, 인식론적으로, 객관적 대상으로 삼아 기계공학적으로 통제하고 조작하고 정복하면서 첨단 과학기술을 무한히 발전시키고 있다. 이는 생명체를 파편화하고 객관화할 뿐 아니라 생명체의 영적·정신적·문화적 실체를 도외시하고, 생명체를 기계적 조직으로 치부하는 것이다.

여기서 생명체의 주체성은 압살되고 만다. 생명체는 스스로 행동하는 기계[Autopoiesis]의 현상으로 보는 것이다. 이것은 인간이 자연과 자연의 생명체를 정복, 통제, 조작의 대상으로 보는 우주적 모순·갈등론, 갈등의 철학을 밑에 깔고 있다.

현대 첨단 과학기술 체제는 3차원적으로 생명 질서를 파괴하고 있다. 지구 경제의 산업화는 자연을 지구 시장 체제와 무한히 성장하는 산업 생산에 편입시켜 자연 자원을 총체적으로 착취하고 있다. ① 거시적인 자연자원뿐 아니라 미시적인 생명체와 자연에 이르기까지 생산과 시장 체제에 종속시키고 있다. ② 근대 산업 체제는 생명 환경의 오염, 지구의 온난화 등 생태계의 생명 질서를 파괴하고 있다. ③ 동시에 첨단 과학기술은 모든 생명체를 전멸시킬 수 있는 첨단 대량살상무기를 개발하고 군사적 과학기술 체제를 구축하여 지구적 군사 체제를 형성함으로써 생명 질서를 궁극적으로 위협하고 있다.

첨단 과학기술은 생명체들의 종의 질서[Species Order]를 교란하고 새로운 종種을 창조하며 심지어는 초인간적 존재를 창조하는 경지에 도달하였다. 우리는 이제 우주적 평화·생명 질서를 추구하기 어려운 상황에 이른 것이다.

7. 산업 문명과 생명 환경 질서의 파괴

(7) 산업 문명은 인간 사회의 잔존(적자생존)을 위하여 자연을 무한히 착취하는 형태로 발전했다. 경제 활동을 통한 이윤의 극대화와 무한한 경제 성장의 추구를 근간으로 하는 지구 시장 경제는 자연 자원을 고갈시

　　　　　　　　　　　• 신자유주의 시대, 평화와 생명 선교 •

키고 있다. 석유를 비롯한 에너지 자원, 삼림을 비롯한 생물적 자원, 지하 자원을 비롯한 자연의 모든 자원의 한계를 무시하고 자연을 무한한 착취의 대상으로 삼고 있다.

이러한 산업 체제는 동시에 생명 환경을 오염시키고 파괴하고 있다. 대기와 수질의 오염, 지구의 온난화, 지질의 독성화 등 생태계 질서에 궁극적 위협을 가하고 있다.

또한 산업 체제는 각종 생명체의 종을 멸종시킬 뿐 아니라 종을 인위적으로 조작·변이시키고 심지어는 생명공학 산업을 통하여 종의 질서를 교란하는 결과를 가져오고 있다.

산업공학은 에너지와 수자원의 통제를 위하여 땜을 무수하게 조성함으로서 생태적 지역 경제를 교란하고 생태계를 조작·파괴하는 경우를 허다히 자행했다. 또 이제는 해양과 해양의 밑바닥, 그리고 우주의 공간과 태양계를 침입하는 등 우주 질서를 지배, 장악하는 결과를 자아내고 있다. 참으로 우주적 생명 질서는 우주적 평화를 기반으로 하지 않고는 생각하기 어렵다.

8. 지구 시장과 생명 질서

(8) 생명 질서를 근원적으로 파괴하는 동력은 지구 시장에 깊이 구조화되어 있는 '경제적 적자생존'의 이데올로기다. 인간은 생존이라는 목적을 위해 자연을 자원으로 하여 인간의 무한한 탐욕을 충족하고, 무한한 경제 성장과 경제 발전을 도모했다. 이것은 이중적 모순을 전제로 하였다. 인간과 자연의 갈등과 인간과 인간의 갈등이다. 이 갈등을 극복하기

위하여 정복하고 통제하고 조작하는 일이 이 인간 경제(살림살이)의 핵이
되어 왔던 것이다.

농경사회에서 근대 산업사회로 진입하면서 이 과정은 더 치열하게 되
었다. 적자생존을 위한 산업 경제의 발전은 식민주의 경제, 자본주의 경
제체제를 지향했고 오늘의 지구 시장을 형성하게 된 것이다. 인간의 모든
삶과 지구의 모든 것을 지구 시장에 종속시키는 경제적 지구화의 이념이
오늘을 지배하게 된 것이다.

지구 시장은 우선적으로 빈곤과 기아를 심화하여 생명과 생명 질서를
파괴하고 있다. 무한한 경제 성장은 빈곤과 기아를 궁극적으로 극복한다
는 허위 메시아니즘을 가지고 있다. 더구나 지구 시장은 식품 생산과 분
배를 시장화하여 이윤을 극대화하고 있다.

지구 시장은 몸의 건강과 질병을 시장화함으로 생명 질서를 위협하고
있다. 인간 생명체의 먹고사는 문제와 깊이 관련된 것이 '몸의 건강'이다.
지구 시장은 건강과 질병을 시장화하여 이윤을 극대화하고 있다. 따라서
지구 시장은 식량 안보를 위협하고 있으며 몸의 안전을 위협하고 있는
체제인 것이다.

그리고 오늘날 지구 시장은 모든 것을 시장화하여 이윤을 극대화하는
과정에서 금융 산업이라는 허구적 경제 체제를 군림시켜 살림살이(생명)
경제를 총체적으로 지배하고 있다. 이 지구 시장을 축으로 하는 자본주의
경제는 자본을 절대적인 존재로 군림케 하고 있다.

이러한 지구 시장은 모든 생명체의 생명을 위협하는 '생명 안전·안보'
의 파괴력으로 작용하고 있다. 생명의 안전·안보의 보장 없이 평화란 있
을 수 없다.

　　　　　　　　　　　• 신자유주의 시대, 평화와 생명 선교 •

9. 제국의 지정학적 지배와 군사적 헤게모니

(9) 미국은 냉전 체제 해체 이후에 지구적으로 지정학적 패권을 행동으로 옮기고 있다. 정치적으로는 유엔을 더욱 미국의 영향 하에 종속시키고 있으며 각종 지역 연맹, 양자 연맹을 통하여 지구적 권력을 강화해 가고 있다. 또한 세계의 경제기구(IMF, World Bank, WTO, G-7 등)들을 미국의 영향 아래에 종속시키고 있다. 이러한 미국의 지구 제국적 지배 Domination of GlobalEmpire는 미국의 지구적 군사 지배 체제와 밀접한 관계를 가지고 있다.

미국은 지구적 제국의 근간으로서 지구적 군사 제패 Global Military Hege-mony를 구축하고 있다(US National Defense Strategy, 2005). 미 제국은 첨단 기술로 군사 전략 체제를 구축하여 이를 방대하게 발전시키고 있다. 또 지구 제국은 첨단 기술을 토대로 첨단 대량살상무기를 개발하고 이를 향상시키기 위하여 엄청난 투자를 하고 있다.

지구 제국은 전쟁의 개념을 항시 전, 총력 전, 전멸 전으로 변화시켰다. 이것은 테러에 대한 전쟁이란 이름으로 자행되었다.

지구 제국의 군사적 패권은 우주·지구·해저 전체를 장악하는 것이다. 동시에 이것은 그 어떤 세력도 지구 제국의 '안위'에 도전하지 못하게 하는 것이다. 이 지구 제국은 자유와 민주주의를 안위한다는 명분으로 우주의 생명 질서를 가장 위협하는 세력이다. 이 군사력과 지적학적인 제패는 그 어떤 세력도 도전하거니 제어할 수 없기 때문이다.

10. 생명학의 수렴 · 통합Convergence의 방법론에서 본 평화의 문제

우리는 위에서 생명·평화의 문제가 단순 차원에서 이해될 수 없고 파편적이거나 축소·환원주의 차원에서 볼 수 없다는 암시를 하였다. 다양한 차원과 요인의 수렴·통합은 단순집합이 아니고 새 지평에로의 진입을 의미한다. 생명·평화를 파괴하는 세력은 방법론적으로 다多 학제적 또는 초超 학제적인 수렴·통합(Multi-disciplinary or Trans-disciplinary Convergence of Diverse dimensions/ levels)의 틀에서 수렴·통합하고 이에 대한 대안적 정책을 마련해야 한다. 이미 지구 시장, 지구 제국 권력과 세력은 과학 기술적인 축을 중심으로 이 방법론을 동원하여 그 세력을 구축하고 있다. National Science Foundation, Convergence of Technologies: Human Enhancement, 2002에서는 생물공학, 정보 통신공학, 나노공학, 인간지능공학, 합성생물학의 수렴·통합을 제청하고 그 시행이 진행되고 있음을 보고하고 있다. 이 과정이 새로 전개되는 '미래의 신문명'을 형성하고 있다. 여기서 미래의 신문명은 메시아적 유토피아가 아니고 디스토피아가 될 전망이 농후하다. 낙관적인 문명이 창조되기보다는 더 비참한 현실의 문명이 될 징후가 강하다는 말이다.

11. 생명학과 생명 신학의 대응

생명 신학은 기독교 신앙을 기반으로 하여 "예수 그리스도는 세상의 생명"이라는 신앙고백을 신학화하는 학문이다. 이 신학은 1983년 세계 교회협의회WCC의 주제에서 강조되어 새로운 초점을 띠기 시작하였다.

이 신학에서 강조한 세 가지 초점이 있었는데, 이는 빈곤과 기아와 질병을 극복하는 정의, 전쟁과 폭력을 극복하는 평화, 그리고 생명 질서 파괴를 극복하는 창조질서를 말한다. 이 세 가지 초점은 생명 운동의 근간이 되었던 것이다.

그러나 에큐메니칼 운동과 기독교는 20세기 후반에 진행되었던 지구화와 지구 시장의 전개 과정, 내전 체제의 해체 이후에 전개되었던 미국의 제국화, 파괴되어 가는 생태계의 존속에 대해 예언자적이며 신앙적인 자세로 그 대안을 제시하지 못했다. 1991년의 캔버라 총회나 하라레 총회, 그리고 포르도 알레그레 총회에서도 정의·평화·창조의 보전에 도전하는 세력에 대해 예언자적인 판단과 신앙고백적인 자세와 현실적인 대안을 제시하지 못했다.

그 중요한 이유 가운데 하나는 세계 기독교의 전체적인 보수화 내지는 근본주의화이며, 이로 인해 에큐메니칼 운동이 진취적일 수 없었다. 여기서 우리는 기독교는 서양 기독교 문명이 포로 상태Babylonian Captivity에 있음을 언급하지 않을 수 없다. 동시에 근대 과학과 기술이 서양 문명의 소산물 중 하나라는 사실로부터 기독교회는 근대 과학과 기술에 대하여 근본적인 대응을 할 수 없었다.

새 패러다임: 생명학(Integral Study of Life: Zoesophia)

근대 서구 신학은 계몽주의 문화에 포로가 되었다. 아니면 계몽주의 철학에 의하여 일반 학문 체계에서 축출되거나 고립되었다. 중세에는 신학이 모든 학문의 '여왕'이었다. 그러나 이제 신학적 담론은 일반 과학과 철학의 담론에서 소외되었으며, '생명 신학'도 신학처럼 일반 서구 학문 체계에서 소외되었다. 또 근대 과학과 철학이 서구 문명 체제에 종속되어 있기에 그 자체가 예언자적인 역할을 하기가 어렵게 되었던 것이다. 따라서 에큐메니칼 신학이 이중적 부담을 가지게 되었다. 이것은 근대 계몽주의 철학이 신학을 일반 학문적 담론에서 소외시켰는데, 이는 일반 학문의 자율성 때문에 신학에 예언자적인 사명을 부여할 수가 없었다. 더 나아가서 근대 학문은 지구화, 지구 제국, 근대 과학기술 체제의 지배 구조에 종속되어 있다는 것이 신학과 일반학의 관계를 어렵게 만든다.

세계교회협의회의 생명 신학Theology of Life은 이러한 한계 때문에 생명 질서의 파괴에 적절하고 창조적인 대응을 할 수가 없었다. 하지만 이제는 대안을 찾을 때이다.

창조적 대응을 하려면, 우선 예수의 생명 운동을 재구성해야 할 것이다. 예수는 갈릴리의 예수로서 로마(바벨론) 제국의 지배 질서를 죽임의 질서로 규명하고 이에 저항했다. 초대 기독교와 그 경전은 로마 제국의 지배 질서에 저항하여 생명 질서를 회복하려는 운동의 소산이라는 사실을 명확히 하여야 할 것이다. 이 운동은 서아시아 초대 예수공동체에서 출발하였다. 우리는 여기서 예수의 생명 운동과 그가 수렴·통합한 종교적 비전들Convergent Religious Wisdoms을 중요시하는 것이다. 그리고 이러한 시각에서 로마에 의하여 제국화된 서방 기독교, 동방 제국에 의하여 제국화된 동방 기독교에 대한 새로운 시각을 수립해야 할 것이다.

1. 예수의 생명 운동: 생명학Zoesophia의 거점

우선 예수의 생명 운동은 그 종교적 깊이에서 보나 역사적 계기로 보나 이론적 포괄성으로 보나 그 실천 운동의 철저함을 볼 때, 오늘 이 시대의 생명학과 생명 운동의 거점임에 틀림없다. 이것을 예수공동체는 신앙으로 받아들였던 것이다. 그리고 철저한 생명 운동을 전개했던 것이다.

서아시아의 땅 갈릴리에서 일어났던 예수 생명 운동의 사건은 ① 유대교 생명의 지혜를 수렴·통합했다. 그러나 기성 유대교 체제(이론과 조직과 생활양식) 안에서 해방되었다. ② 예수의 생명의 지혜는 당시 동방의 여러 종교들이 보유하고 있었던 '생명의 지혜'를 수렴·통합했고 그러나 그들의 한계에 제약되지는 않았다. ③ 동시에 예수공동체는 새로 접한 '생명의 지혜'를 지속적으로 수렴·통합했다. 예수의 생명 운동이 모든 생명의 지혜를 수렴·통합하는 거점이 되었으며 오늘도 이 과정이 지속되어야 한다는 것이다. 일반적으로 말하면 예수의 생명 운동은 시간적으로 과거와 현재 그리고 미래의 생명 지혜들을 수렴·통합하고, 공간적으로 원근의 생명 지혜를 수렴·통합하는 카이로스적인 거점Kairotic Pivot이라고 생각한다. 그리고 이 거점은 시공의 제약을 초월하여 생명 운동의 거점이 된다는 것이다.

따라서 21세기 예수 생명 운동의 거점을 확보하는 일은 역동적이며 창조적이며 카이로스적이어야 한다. 이 거점은 생명의 질서를 새로 창조하는 지혜로서 모든 생명 파괴의 질서(흑암과 혼돈)에 저항한다.

2. 생명학의 거점은 죽임의 세력에 저항하고 새 생명 질서를 창조하는 데서 출발한다

갈릴리의 예수는 로마 제국의 죽임의 질서를 극복하고 새 생명 질서를 창조하는 운동을 전개했다. 우리는 여기서 죽임의 희생체인 모든 생명체의 이야기를 출발점으로 하여 생명 운동을 전개한다. 이것을 우리는 생명전기Zoegraphy라고 칭할 것이다. 생명은 살아 있는 주체이기에 그 이야기가 있다. 생명체는 그 삶의 이야기가 죽임의 세력을 극복하고 생명의 삶을 풍요롭게 하는 것임을 실현한다. 모든 생명체는 주체임으로 스스로 태어나고, 스스로 자라며, 스스로 양육하고, 스스로 치유하며, 스스로 교육하고, 스스로 생명의 의미를 창조하며, 스스로 살림살이를 꾸민다.

모든 생명체는 상생하는 주체다. 생명의 삶이란 상극과 상생의 교차지만 궁극적의 상극은 상생 질서의 한 계기에 불과하다. 이 상생은 인간과 인간 사이에서 공동 생활체를 이루고 인간과 자연 생명체는 공생공존의 질서를 형성하여 상생 공동체Convivial Community를 형성한다. 이것이 생명을 위한 평화의 질서인 것이다.

이러한 생명 질서는 생명체가 결코 객관적 존재로 취급되고, 조작되며, 통제되는 대상이 아니면서, 적자생존의 악순환에 종속되는 존재도 아니라는 것을 말한다. 생명체는 주체로서 온전함을 희구하고, 파편화되기를 거절하며, 풍요로운 상생의 향연을 향하여 춤추면서 행진하여 생명의 축제를 이룬다.

3. 예수의 새 생명 질서의 비전

예수는 새 생명 질서의 창시자다(요한 1장). 예수 운동은 모든 생명체를 이 새 생명 질서에 참여케 하는, 새 생명의 주체를 일으켜 세운다. 또 파괴된 생명 질서를 회복하고, 새로운 생명 질서 속에 생명의 잔치를 개최한다. 그리고 모든 생명체의 참여를 초대한다. 이것이 예수의 샬롬의 질서다(계시 21장). 여기에 창세기의 창조 설화와 이사야의 신천신지의설화가 수렴되어 있다.

내가 세상에 생명을 준다. 나는 부활이요, 생명이다. 나는 생명이다. 이것이 요한의 기록이다. 그리고 요한의 문서들이 증언하는 초점은 생명과 영원한 생명 즉, 죽임을 이긴 생명이다. 이것이 생명의 말씀(지혜)의 수렴·통합의 거점이다.

이처럼 이 생명의 지혜word of life에 대한 증언이 요한문서에서 수렴·통합되고 있으며 창세기 1장~2장의 창조 설화와도 수렴·통합되어 있음을 볼 수 있다. 예수공동체는 이사야 65장과 요한계시록 21장을 수렴·통합한다. 에스겔 37장과 예수 부활의 증언도 수렴·통합된다.

우리는 성경의 생명 지혜에 대하여 이해할 때 예수의 부활과 영원한 생명에 대한 선포를 초점으로 하여 모든 지혜의 흐름과 확장을 수렴·통전하는 해석학Hermeneutics of Convergence이라고 명명하고 싶다.

4. 예수의 새 '생명 질서 운동'

요한계시록은 로마의 질서에 저항하는 사람들에게 창세기의 생명 질서를 약속한다.(Revelation 2:7 To him that overcome will I give to eat of the tree of life, which is in the midst of the paradise of God.) 창세기는 생명 질서를 정원으로 서술한다.

〔창 1:30〕 "땅의 모든 짐승과 공중의 모든 새와 땅 위에 사는 모든 것, 곧 생명을 지닌 모든 것에게도 모든 푸른 풀을 먹을거리로 준다 하시니, 그대로 되었다."
〔창 2:7〕 "하나님이 땅의 흙으로 사람을 지으시고, 그의 코에 생명의 기운을 불어넣으시니, 사람이 생명체가 되었다."

요한은 창세기를 수렴·통합하면서 새 창조 설화를 재구성한다.

〔요 1:1~4〕 "태초에 말씀이 있으셨다. 그 말씀은 하나님과 함께 계셨다. 그 말씀은 하나님이셨다. 그는 태초에 하나님과 함께 계셨다. 모든 것이 그로 말미암아 생겨났으니, 그가 없이 생겨난 것은 하나도 없다. 그의 안에서 생겨난 것은 생명이었으니, 그 생명은 모든 사람의 빛이었다."

예수는 생명이요, 생명의 지혜요, 생명 질서의 태극이다

예수는 새 생명의 계약을 천명한다. 이는 예레미야의 새 계명New Covenant을 수렴·통합하는 것이며(렘 31:31), 에스겔의 비전을 수렴·통합하는 것이다(겔 18:31).

• 신자유주의 시대, 평화와 생명 선교 •

1. 요한, 이사야, 바울의 생명 지혜의 수렴 · 통합

우리는 요한과 이사야와 바울의 생명의 지혜에 대한 수렴·통합을 쉽게 분별할 수 있다. 이 생명의 지혜와 비전은 곧 평화의 비전이다. 생명 질서는 신천신지, 새 하늘 새 땅의 평화다. 이사야 65장 17~21절은 다음과 같이 말한다.

"내가 새 하늘과 새 땅을 창조할 것이니, 이전 것들은 기억되거나 마음에 떠오르거나 하지 않을 것이다. 그러니 너희는 내가 창조하는 것을 길이길이 기뻐하고 즐거워하여라. 내가 예루살렘을 기쁨이 가득 찬 도성으로 창조하고, 그 주민을 행복을 누리는 백성으로 창조하겠다. 예루살렘은 나의 기쁨이 되고, 거기에 사는 백성은 나의 즐거움이 될 것이니, 그 안에서 다시는 울음소리와 울부짖는 소리가 들리지 않을 것이다. 거기에는 몇 날 살지 못하고 죽는 아이가 없을 것이며, 수명을 다 채우지 못하는 노인도 없을 것이다. 백 살에 죽는 사람을 젊은이라고 할 것이며, 백 살을 채우지 못하는 사람을 저주받은 자로 여길 것이다. 집을 지은 사람들이 자기가 지은 집에 들어가 살 것이며, 포도나무를 심은 사람들이 자기가 기른 나무의 열매를 먹을 것이다."

요한계시록 21장 1~5절을 보자.

"나는 새 하늘과 새 땅을 보았습니다. 이전의 하늘과 이전의 땅이 사라지고, 바다도 없어졌습니다. 나는 또, 거룩한 도시 새 예루살렘이 남편을 위하여 단장한 신부와 같이 차리고, 하나님께로부터 하늘에서 내려오는 것을 보았습니다. 그 때에 나는 보좌에서 큰 음성이 울려 나오는 것을 들었습니다. '보아라, 하나님의 집이 사람들 가운데 있다. 하나님께서 그들과 함께 계실 것이요, 그들은 하나님의 백성이 될 것이다. 보아라, 내가 모든 것을 새롭게 한다.'"

또 말씀하셨다. 고린도 후서 5장 17절을 보자.

"누구든지 그리스도 안에 있으면, 그는 새로운 피조물입니다. 옛 것은 지나갔습니다. 보십시오, 새 것이 되었습니다."

기독교 경전 안에서 생명의 지혜는 수렴·통합의 과정을 통하여 통전적으로 하나가 된다. 우리가 주장하는 것은 이 '생명·평화의 지혜를 통합·수렴하는 도道'를 우리의 생명 현장에서 실천하여 예수의 생명 운동을 실천하자는 것이다.

성경은 내적으로 생명이 지혜를 축적하고 수렴·통합하는 과정을 기록하고 있다. 신앙공동체는 구약의 율법(토라), 예언서, 시편, 지혜문학, 중간사, 신약의 복음서, 사도행전, 서신, 계시록을 상호 수렴·통합하면서 읽으면 생명 지혜의 내적 역동성을 발동하게 하면서, 항상 새 차원에 이르게 한다. 동시에 성경 해석 과정은 생명 지혜의 수렴·통합 과정을 신앙공동체가 처해 있는 문화, 종교, 사상, 철학에 외연적으로 수렴·통합하면서 새로운 차원으로 진입하게 한다. 이 과정은 신앙 생명공동체로 하여금 생명 지혜의 출발이요, 거점이요, 태극인 예수를 알파와 오메가로 삼고,

   •신자유주의 시대, 평화와 생명 선교•

카이로스 사건을 오늘 여기에 일으켜 생명을 살리고 죽임의 세력을 극복하여 부활케 하는 운동을 전개하게 한다.

한국의 신앙공동체는 생명의 지혜인 성경을 유불선의 생명 지혜, 한국 문화, 민족종교, 한국 사상과 철학의 지혜와 대화하고 수렴·통합하면서 예수의 생명 지혜를 민족의 생명, 한반도의 생명 질서를 태극으로 삼아 생명 지혜 운동, 생명 운동을 전개하는 과정을 창출하여 왔다. 그러나 이 과정은 서구신학과 현대과학적 사고에 의하여 매몰되어 분별되지 않았다. 다만 결정적인 시기에 역사의 섬광으로 간헐적으로 나타났던 것이다. 삼일운동 때의 기독교, 민주화운동과 통일운동 시기의 기독교운동은 생명 운동의 면모를 보였다고 할 수 있다. 이제는 통전적 생명 운동의 계기에 참여하면서 예수의 생명 지혜와 운동의 오메가 거점Omega Point를 지향해야 할 것이다.

2. 생명·평화 행동의 현장으로서의 한반도

예수의 생명·평화 운동에 참여하는 우리(평화와 상생의 공동체)는 한반도, 동북아, 지구라는 생명 현장에 살고 있다. 이것이 역사적으로 그리고 자정학적으로 우리에게 주어진 카이로스의 지점이다. 한반도는 생명·평화 운동의 지정학적으로 지구적 거점의 하나이다.

오늘 21세기에 한반도는 지구 제국이 거점을 지정학적, 군사적 거점으로 확보하려는 충돌 점Flash Point이다. 지정학적으로 미국을 위시하여 중국·일본·러시아 등 4대 강국, 제국의 역사를 꾸미어 온 세력들이 대립각을 세우고 있는 구심적 지역이다. 역사적으로 보면 19세기 말에서 20세기 초부터 한반도는 세계 강대국들의 충돌 지점이었다. 청일전쟁, 러일전쟁, 제2차 세계대전, 한국전쟁을 치른 곳이다. 오늘도 한반도의 "평화체제를 위하여 소위 6자가 협의하고 있다. 그러나 한반도, 동북아의 평화, 나아가서 세계 평화는 강대국의 평화" 즉 팍스 아메리카나Pax Americana 등이 아니라 "전쟁 희생자인 한반도의 생명체들이 풍요로운 생명 질서를 확보할 수 있는 참 평화"여야 할 것이다.

한국 기독교공동체는 예수의 생명·평화의 지혜를 보유한 공동체로서 한반도의 백성들과 함께 살고 있다. 그들은 생명을 파괴하는 전쟁의 희생자들이며 그들과 공생하는 모든 생명체들도 공동 운명을 지니고 살아왔다.

3. 민족의 생명·평화의 비전

한국 기독교공동체는 한반도와 그 역사 속에 서 있으며 예수의 생명·평화의 지혜를 보지한 공동체임을 스스로 자임하고 믿는다. 이것이 우리 공동체의 신앙고백이다.

이 신앙고백은 먼저 현재 한국 기독교의 역사적 역할을 비판적으로 검증하고 회개해야 한다. 이것은 한국 기독교공동체가 서양의 선교에 의하여 세워지면서 서구 제국화된 기독교와 예수의 생명·평화의 지혜를 혼동하고 전쟁이데올로기에 편입된 점을 참회해야 한다. 한국 기독교는 일제에 의하여 서구 제국의 종교로 취급받았다. 한국 기독교가 민족 독립운동에 참여하였을 때에도 그러한 취급을 받았다. 사실 한국 기독교가 독립운동에 참여함에 있어서도 서구 제국 종교의 성격 때문에 한계를 가졌던 것이 사실이다. 이것은 소위 서구 기독교의 '선교 교회Mission Church'의 한계였다. 한국 기독교는 서구 식민지적 상황에 처하지 않았기 때문에 이점을 명백히 느끼지 못했던 것이다. 그러나 이 서구 제국 종교로서의 성격은 깊은 통찰을 통하여 명백해질 수 있다. 독립운동에 참여했던 민족의 동지들은 이 점을 한국 기독교 지도자들보다 더 명백히 알고 있었다. 이러한 한계는 한국 기독교가 냉전 체제 하에서 쉽게 '반공 이데올로기화'하는 경향과 최근 '제국 종교화'해 가고 있는 차원에서 쉽게 간파된다.

그럼에도 불구하고 예수와 그의 경전은 '생명·평화의 지혜'로 수렴되었고 민족의 염원과 통합되었다. 한국 기독교는 민중의 삶의 현장에서, 그리고 민족의 삶의 현장에서 그들의 수난에 동참하면서 '생명과 평화의 지혜'를 기독교 경전인 예수에 대한 증언을 통하여 터득했다. 그리고 '예수의 생명·평화의 지혜와 비전'을 품고 민중과 민족의 현장에서 생명·평화 운동을 전개했던 것이다. 한국 기독교의 신천신지 신생명 운동이었고 그것이 참 평화의 운동이었다.

4. 포괄적 수렴 · 통합을 통한 통전적 평화 비전의 확대와 심화

한국기독교는 3·1 민족 독립운동에 참여하고 평화 통일 운동에 참여하며 민중·민족 운동에 참여하면서 통전적 생명·평화의 비전과 지혜를 형성해 오고 있다.

역사적으로 보면 한국 기독교는 서구의 틀을 넘어서 불교와 접목하면서 불교의 비전(미륵과 아미타, 그리고 정토 세계)을 수렴하였다. 물론 이것이 얼마나 주체적으로 비판과 평가를 통하여 이루어졌는가 하는 것은 연구 과제다. 그리고 한국 기독교공동체는 유교의 태평성대를 수렴·통합하였다. 그 예는 이벽과 정약용에게서 찾을 수 있다. 그러나 이 역시 아직 연구 과제로 남아 있다. 또 19세기 말 기독교를 동학의 형성 과정에서 피동적으로 동학의 동귀일체同歸一體의 비전에 간접 통합되었다. 이 점 역시 정교한 연구와 분석을 필요로 한다. 그러나 한국 기독교 지도자들은 그들이 남긴 글들을 통하여 보여주듯이 한국 민속 종교와 선仙사상을 깊이 수렴한 흔적을 엿볼 수 있다. 아마도 길선주의 종교 체험 속에서 요한계시록과 한국 민족종교의 유토피아적 요소들은 수렴되고 통합되었다. 이것이 확고히 고증된다면 한국 기독교공동체는 '예수의 생명·평화의 비전과 지혜'를 민족종교의 수렴·통합 과정을 통하여 심화하고 확대하였음이 밝혀질 것이다. 또 한국 기독교는 서구 기독교의 한계를 넘어서 서구의 인권 사상, 평화 사상, 사회주의 철학을 수렴하면서 '생명·평화의 비전'을 확대 심화하려는 운동도 있었다.

3·1 기미독립선언서의 한구절인 '신천신지新天新地'를 예로 들어 보자. 이것은 제국을 저항하는 과정에서 체험된 새 생명·평화의 질서에 대한 비전이 아닌가? 과연 창세기, 이사야, 에스겔, 요한계시록의 비전과 어울리지 않는가? 예수는 이런 비전을 수렴·통합하여 팍스 로마나Pax Romana에 저항했던 것이다. 이러한 저항의 길목에서 이루어지는 수렴·통합은 과거의 반복이 아니라 새 생명·평화 질서의 창조적 과정이라고 할 수 있다.

5. 3차원적인 수렴 · 통합: Convergence for Peace for Life

생명·평화 운동의 현장은 1) 지구 시장과 2) 지구 제국과 3) 과학기술주의 체제의 통합적 권력에 의하여 지배되고 있다. 우리는 한반도의 생명

·평화 운동은 먼저 지구 시장의 지배 즉, 지구화의 소용돌이 속에서 전개되는 한반도와 동북아 경제 질서를 파악해야 할 것이다. 동시에 지구 제국이 동북아의 지정학적 구도를 어떻게 지배하는가 하는 것을 간파해야 할 것이며, 그 내면 구조요 동력인 과학기술 체제가 어떻게 진행되고 있는가를 꿰뚫어 보아야 할 것이다. 또한 이것이 정치·경제·사회·문화·종교에 미치는 영향을 통합적으로 규명하고 이를 통전적으로 이해해야 할 것이다. 우리는 이를 체계적으로 이해하고 분석하고 통합하기 위하여 수렴·통합적인 초 학제간Trans-disciplinary의 전문적 학문이 필요하다. 이것을 우리는 생명학Zoesophia의 비판적 과제라고 부른다.

생명·평화 운동은 예수의 생명·평화의 지혜와 그의 운동을 거점으로, 오늘 지구 체제에 대응할 수 있는 새로운 생명 평화의 비전을 창출하고 다양한 지혜를 수렴·통합하여, 대안적 생명·평화의 새 질서를 제시해야 한다. 한반도에서는 전통 한국 종교(무속, 민족종교, 불교, 유교, 도교, 동학, 기독교)의 생명·평화의 비전과 지혜를 수렴·통합하여야 한다. 그리고 서양의 해방적 비전과 지혜를 수렴·통합하며 세계 각 지역에서 용솟음치는 새 비전과 지혜를 수렴하여 통전적 비전을 형성하며 총합적 지혜를 구축해야 할 것이다. 이러한 수렴·통합의 과정은 다양한 비전과 지혜를 새로운 생명·평화 질서로 통합하는 도약을 의미한다. 이것은 기독교 생명·평화 운동의 원숙한 진로이다.

생명·평화 운동은 지구 체제 현실에 대응하지만 이는 각 지역에서 다양하게 일어나고 있다. 오늘날 수많은 평화 운동, 해방 운동, 생태 운동, 여성 운동, 민족 운동, 민중 운동이 지구 도처에서 각양각색으로 일어나고 있다. 한반도에서도 민족 운동, 민중 운동, 여성 운동, 시민 운동, 평화 운동, 환경 운동 등이 각양각색으로 일어나고 있다. 다양한 운동은 획일적으로 통일될 수 없다. 동시에 이 다양한 운동들이 파편화될 수도 없다. 따라서 단순한 연대를 뛰어넘는 "다양한 운동 간에 수렴·통합을 통한 통전 운동"을 형성해야 할 것이다. 생명·평화 운동은 수렴·통합형 생동 방식을 창출해야 할 것이다. 우리 기독교 에큐메니칼 운동은 이를 '에큐메니칼 수렴·통합Ecumenical Convergence'이라고 부르고 싶다.

나가며

한국 에큐메니칼 공동체는 동북아시아에서 생명·평화 질서의 파수꾼으로서 중국, 일본, 러시아, 미국 그리고 아시아, 아프리카, 남미 등 여러 민족들과 생명·평화 운동의 새로운 거점을 포착하고 지구 제국과 지구 시장의 횡포에 대응하는 역할을 해야 할 것이다. 생명과 평화의 질서는 우리 개인의 몸·가정·지역 공동체에서 출발하여, 국가 사회·동북아시아 지역·아시아 대륙과 지구적 차원에서 논의하고 생각하며 실천해야 할 것이다. 이러한 관제를 위하여 한국 에큐메니칼 운동에게는 카이로스적 현장거점現場據點(시간과 공간)이 주어졌다고 믿는다. 여기서 우리는 예수의 생명·평화 운동을 전개해야 할 것이다.

김용복
미국 Princeton 신학대학교에서 철학박사(Ph.D) 학위를 받았으며 현재 한국생명학연구원 원장과 아태생명학대학원대학교 총장으로 재직 중이다. 저서로는『한국 민중의 사회전기』(한길사, 1987),『지구화 시대의 민중의 사회전기』(한국신학연구소. 1998) 등이 있다.

생명 운동을 통한 평화의 과제

• 정종훈 •

들어가며: 생명 운동이 제기되는 이유

하나님께서는 이 세상의 모든 피조물들을 창조하시고, 그것들의 존재 가치를 인정하셔서서 "보시기에 좋았더라"고 선언하신다. 하나님의 이러한 선언은 창조 직후에만 유효한 것이 아니라 달나라에 왔다 갔다 하는 오늘 이 시대에도 변함없이 유효하다. 하나님은 과거의 원시시대에만 인간의 하나님이셨던 것이 아니라 오늘 이 시대의 우리에게도, 나아가 아직 오지 않은 우리의 미래 세대에게까지도 변함없는 하나님이시기 때문이다.

그러나 하나님이 보시기에 좋았던 이 세상의 피조물들은 오래지 않아 패괴敗壞한 것(썩은 것)으로 나타났다(창 6:11f). 왜냐하면 세상의 혈육 있는 모든 자의 행위가 패괴하였기 때문이다. 우리는 여기서 중요한 사실을 보게 된다. 하나님의 청지기로서 하나님의 보시기에 좋았던 피조물들을 제대로 관리하지 못한 인간의 무책임은 인간을 패괴하도록 했고, 또 인간의 패괴는 이 세상의 패괴를 초래했다는 사실이다. 또한 하나님께서는 이 세상의 피조물들을 패괴할 수밖에 없는 존재로 애당초 창조하신 것이

 • 신자유주의 시대, 평화와 생명 선교 •

아니고 인간 죄악과 무책임의 결과 이 세상의 피조물들이 패괴해졌다는 사실이다.

하나님께서는 패괴해진 이 세상과 인간을 그대로 방관하지 아니하시고 대홍수로 심판하셨다. 그러나 하나님께서는 노아의 방주에서 구원받은 생명들 이외의 생명들을 홍수로써 말살하시기는 했지만, 그 후의 모든 생명을 보존하시기 위해서 생명을 상징하는 피의 보존을 강조하셨다: "고기를 그 생명되는 피가 있는 째로 먹지 말 것이니라. 내가 반드시 너희 피 곧 너희 생명의 피를 찾으리니 짐승이면 그 짐승에게서, 사람이나 사람의 형제면 그에게서 그의 생명을 찾으리라. 무릇 사람의 피를 흘리면 사람이 그 피를 흘릴 것이니 이는 하나님이 자기 형상대로 사람을 지었음이니라"(창 9:4-6). 그러고 나서 하나님께서는 약속의 무지개를 통해 마지막 심판까지는 인간에 대한 모든 심판을 유보하시겠다고 약속하셨다(창 9:8-17).

지금 우리는 노아 당시의 대홍수 심판과 마지막 심판 사이에서 살고 있다. 이것은 마지막 심판까지 우리의 심판이 유보됨으로써 우리에게는 아직 돌이킬 수 있는 은혜의 기회가 주어져 있음을 의미하고, 동시에 은혜의 시간에 돌이키지 않는 자들은 하나님의 마지막 심판에서 영벌의 심판을 면치 못하리라는 것을 의미한다. 오늘 이 시대의 피조물들과 인간들은 폭력과 탐욕, 하나님의 형상의 왜곡으로 인해 하나님께서 보증하신 생명을 말살당하거나 위협받고 있는 실정이다. 제3세계와 제4세계 어린이들의 기아와 영양실조, 수많은 지역에서 자행되는 인권과 정의의 유린, 적군과 아군을 구별하지 않는 대량살상무기인 핵무기의 실험과 개발, 종교의 미명 아래 일어나는 지구 도처의 전쟁들, 마음대로 마실 수 없는 물과 피폐해진 자연 등은 수많은 예 가운데 지극히 작은 일부이다. 그러므로 우리는 오늘 우리의 삶의 자리에서 죽음을 조장하는 세력과 죽음의 현실 앞에서 무관심과 무기력 그리고 무책임으로 일관해서는 안 된다.

생명의 보존과 생명의 증진을 요구하시는 창조주 하나님 앞에서 우리 기독교인들은 반생명의 세력을 제거하거나 저지하는 생명 운동에 참여해야 할 것이고, 패괴해진 인간과 세상을 하나님의 보시기에 좋았던 창조의 원형으로 회복하는 과제를 설정해야 할 것이다. 이를 위해 우리는 생명이 무엇인지, 생명 운동의 운동성이 어디에서 기인하는지, 생명 운동은 어떤 영역을 대상으로 하는지, 생명 운동이 지향하는 평화는 어떤 평화이고 그 평화의 정착을 위해 생명 운동에 참여하는 우리의 자세는 어떠해야 하는지를 논구하려고 한다.

생명과 생명 운동

1. 생명의 의미

이 세상의 모든 피조물들에 생명을 부여하신 분은 창조주 하나님이시다. 생명은 피조물들이 스스로 만들어 내는 작품이 아니라 하나님만이 유일하게 부여하시는 하나님의 숨결이다(창 2:7). 새로운 생명은 기존 생명체들을 통해 외형적으로 생겨나고 있지만 그렇다고 해서 기존 생명체가 생명을 만들어 내는 주체라고 착각해서는 안 된다. 그러한 착각은 하나님께서 보증하시는 생명의 존엄성을 약화시키고, 하나님만이 판단하실 수 있는 생명을 피조물들 임의로 판단하는 하나님에 대한 월권행위로 나타날 수 있다. 하나님께서는 기존 생명체들을 통해 당신의 창조를 지금도 계속 진행하고 계시다는 사실이 인정될 때 하나님의 피조물인 모든 생명은 생명이란 이유 하나만으로도 존재할 가치를 발견할 수 있을 것이다.

모든 피조물들 중에서도 인간은 특별히 하나님의 형상으로 지음받은 생명이다(창 1:26f). 하나님께서는 인간의 존엄성을 보증하기 위해서 당신의 형상을 인간에게 허용하셨고, 그럼으로써 낮아지심의 첫 번째 아픔을 감수하셨다. 인간에 대한 하나님의 사랑은 인간을 당신의 형상으로 만드신 창조 사건에 이미 반영되어 있다. 모든 인간은 예외 없이 하나님의 형상이다. 부자든 가난한 자든, 학식이 있는 자든 없는 자든, 주인이든 종이든, 유대인이든 이방인이든, 건강한 자든 병든 자든, 노인이든 젊은 이든, 어떠한 삶의 정황에 놓여 있는 인간이든 하나님의 형상이란 점에서 그 인간의 생명은 존엄하다. 오늘 현대인들은 가진 자들, 능력 있는 자들, 건강한 자들을 우대한다. 반면에 가난한 자들, 능력이 없는 자들, 병든 자들은 열등한 자로 멸시되는 경향이 있다.[64] 이는 하나님의 형상을 외면한 결과다. 인간에게서 하나님의 형상이 인정될 때에 인간의 존엄성은 극대화될 수 있을 것이다.

성서는 인간의 한 생명을 천하보다 귀한 것으로 선언한다. 이는 다른 피조물들에 대한 인간 우위와 인간 중심적인 사고를 대변하기보다는 인간과 인간의 관계 속에서 인간이 물화되어서는 안 된다는 선언이다. 인간은 인간 위의 인간으로 신격화되어서도, 인간 아래 인간으로 물격화되어서도 안 되는 하나님의 피조물이기 때문이다. 예수 그리스도는 2천 마리

64──── Vgl. W. Huber, *Protestantismus und Protest*, Hamburg, 1987, p. 105. 후버는 오늘의 고도 산업사회를 약자에 대한 배려보다 강자의 추진력이, 희생할 각오보다는 이윤 추구가, 동정보다는 경쟁이 우선하는 사회라 지적한다.

의 돼지 떼보다도 온전한 정신을 지니게 된 한 젊은이의 생명을 우선하신다(마 8:28-34). 그러나 거라사 지방의 주민들은 젊은이의 온전해진 생명을 축하하기보다는 몰사한 돼지 떼 때문에 더 이상의 물질적인 손실이 두려워 예수님을 마을 밖으로 쫓아내었다. 오늘 현대의 물질만능주의도 인간을 위해 존재하는 물질을 주객전도시켜 물질을 쟁취하기 위해 인간을 수단화하고, 인간을 물질과 교환하는 오류를 자행하고 있다. 인간의 생명이 천하보다 귀한 것으로 인정될 때 물질만능의 세계는 타파되고, 목적으로서의 인격은 가능해질 수 있을 것이다.

인간의 생명은 인간의 존재틀Seinsform이다.[65] 인간에게서 생명이 거두어지는 순간 인간은 흙으로 물화된다. 인간을 인간으로 존재하도록 하는 것은 인간의 생명이며, 이 인간의 생명은 자기 운동의 과정 속에 있다. 이때 생명의 자기 운동은 죽음에 이르기까지 끊임없이 이루어진다는 점에서 돌이킬 수 없다. 인간의 생명은 끊임없이 변하는 역사 가운데 존재하기 때문에 어느 시점에서든 생명으로서의 동일한 가치를 부여받아야 한다. 어느 시점에다 인간 생명의 특별한 가치를 부여한다면 그 시점에 이르기 전까지는 인간 생명의 존엄한 가치가 소홀해지고, 그 시점이 지나고 나면 역시 인간 생명의 존엄한 가치가 무시될 수 있기 때문이다. 어린아이는 어른이 되기 위해 성장하는 것이 아니다. 어린아이 자신의 세계가 그대로 인정되어야 한다. 오늘 진학 위주의 학교 교육의 가장 큰 병폐는 각 과정의 고유한 의미를 인정하기보다는 지금의 과정을 다음 과정을 준

65──── M. Honecker, *Grundriß der Sozialethik* (Berlin/ New York, 1995), pp. 79-82.

비하는 전 단계로만 이해하는 데 있다. 반면 노인은 더 이상 정치·경제·사회적인 기여를 할 수 없는 젊은 세대의 무거운 짐으로 이해되어서는 안 된다. 젊은 세대는 이미 수행한 노인의 기여와 그동안의 노인의 경험을 있는 그대로 인정함으로써 노인들의 여생을 살 만한 인생으로 보장해야 한다.

인간의 생명은 개방된 미래 속에서 하나님의 온전하심을 지향하는 근거일 수 있다. 개방된 미래 앞에 있는 인간의 생명은 지금 존재하는 것 이상의 실현 가능성을 함축하기 때문이다. 어제의 인간이 오늘도 지속되고, 오늘의 인간이 내일도 지속된다면 한 번 만난 인간은 두 번 다시 만날 필요가 없다. 한 번 만나 본 것으로 충분하다. 그러나 인간의 생명은 인간을 변화시키며, 그러한 점에서 인간은 날마다 새로운 피조물로 되는 것이다. 이때 하나님의 온전하심을 지향하는 변화가 인간 생명의 의미를 강화할 것이다.

트루츠 렌토르프Trutz Rendtorff에 따르면 누구도 생명을 스스로 부여할 수 없다는 점에서 인간의 생명은 하나님의 선물Gabe이고, 누구도 홀로 살 수 없고 상호 의존하여 함께 살아야 한다는 점에서 인간의 생명은 과제Aufgabe가 된다.[66] 하나님에 의해 주어진 생명을 인정할 때, 자신에 대한 자존심과 타인에 대한 존경이 가능해질 것이다. 그리고 하나님의 선물로서의 생명을 과제로 받아들일 때, 자신에 대한 책임적인 삶과 이웃에 대한 책임적인 배려가 가능해질 것이다.

66—— T. Rendtorff, Ethik: Grundelemente, *Methodologie und Konkretionen einer ethischen Theologie*, Bd. 1 (Stuttgart/Berlin/Köln 1990), pp. 62-92.

2. 생명 운동의 운동성

예수 그리스도는 세상의 생명이시다.[67] 주님께서는 십자가에서 자신을 죽임으로써 모든 인간에게 영원한 생명의 가능성을 허락하셨다. 죄에 짓눌려 멸망할 수밖에 없는 인간이 생명되신 주님을 통해 의롭다 인정됨으로써 인간은 하나님과 교제하게 되었고, 하나님과 교제하는 인간은 하나님의 영의 인도하심 가운데 기쁨과 의미로 가득 찬 생명을 향유할 수 있게 되었다.

그러나 예수 그리스도가 세상의 생명되신 것은 모든 인간에게 동일하게 적용하는 방법을 통해서가 아니라 상대에 따라 달리 적용하는 방법을 통해서 일어났다.

주님께서는 사두개인과 바리새인들에게는 "독사의 자식들아, 회칠한 무덤들아"라고 부르시며 책망하심으로써, 부자 청년에게는 재산을 가난한 자들에게 나누어 주고 따르라 하심으로써, 병든 자들에게는 병을 고쳐 주심으로써, 세리와 창기들에게는 친구가 되어 주심으로써 참생명을 소유하도록 하셨다. 상대에 따라 다소 상반되어 보이는 이러한 방법들은 영원한 대립을 전제한 한쪽만의 당파적인 선택이 아니라 서로 간의 화해를 지향하는 약자 우선의 선택이었다. 그래서 세상의 생명되신 예수 그리스도 안에서 유대인과 이방인, 헬라인과 야만인, 주인과 종 등의 이질적인 관계들이 결국 하나로 연결될 수 있었던 것이다(롬 1:16,

---

67── 한국기독청년협의회 편역, "예수 그리스도 세상의 생명",「세계교회협의회 제6차 총회 보고서」(서울: 1983). 이 책에서 인용한 부분을 본문의 괄호 안에 표시했다.

엡 4:3-6, 고전 12:13).

예수 그리스도는 세상의 생명이라는 고백은 세상의 생명을 위협하는 모든 죽음의 세력에 대결하겠다는 선언이요, 인간의 종교적인 영생을 비롯해서 인간의 삶 전체를 망라하는 그리고 생태계의 존재까지도 긍정하는 선언이다(p. 13). 인간이 생명되신 예수 그리스도를 통해 하나님과 바른 관계를 설정할 때 인간은 하나님의 청지기로서 자연과의 공존 관계를 비로소 바르게 유지할 수 있기 때문이다. 그러므로 자연은 인간이 하나님께 구속되기를 간절히 바라는 것이다(롬 8:19-23).

생명되신 예수 그리스도는 인간 생명의 풍요로움을 보증하신다: "내가 온 것은 양으로 생명을 얻게 하고 더 풍성히 얻게 하려는 것이라"(요 10:10b). 인간이 추구하는 풍요로움은 인간의 사치와 방종을 조장한다(p. 79). 다른 인간의 빈곤을 초래하는 풍요로움이다. 한정된 재화로 인해 다른 인간의 희생을 전제한다. 그러나 예수 그리스도가 보증하는 풍요로움은 재화의 풍요로움이 아니라 인간성의 풍요로움이다. 인간성의 풍요로움은 다른 인간과의 관계에 있고, 다른 인간을 위해 자신을 내어줌에 있다(p. 77). 다른 인간들을 위해 내놓은 보리떡 다섯 개와 물고기 두 마리가 오천 명을 먹이고도 열두 광주리를 남기듯이 말이다.

생명을 부정하거나 무시하는 것은 생명의 주님에 대한 부인이자 부정이다(p. 46). 반면에 생명을 보증하고 증진하는 생명 운동은 생명의 주님에 대한 고백이자 긍정이다. 여기서 우리는 생명 운동의 근거도 예수 그리스도요 생명 운동의 방향도 예수 그리스도임을 알 수 있다. 예수 그리스도로부터 생명을 얻은 자는 생명 운동에 참여하고, 생명 운동에 참여하는 자는 예수 그리스도의 생명을 증거한다. 예수 그리스도는 교회의 생명으로만 제한될 수 없는 세상의 생명이시다. 예수 그리스도의 삶과 죽음 그리고 부활 안에 교회의 미래만 존재하는 것이 아니고 세상의 미래도 존재하는 것이다(p. 50f).

그러므로 기독교인들은 조직적이고도 체계적인 생명 운동을 전개해야 할 것이고, 나아가 생명을 보증하고 증진하는 일이라면 비기독교인들과도 연대해야 할 것이다. 반면에 생명 운동을 거부하는 것은 기독교인들과 교회의 가장 큰 오류 중의 하나요, 책임 회피 중의 하나다. 세상의 생명되신 주님께서는 우리를 통해 지금도 명실상부하게 세상의 생명 되기를 원하시기 때문이다.

3. 생명 운동의 영역

생명 운동은 무엇보다도 생물학적인 생명의 보장으로부터 출발한다. 인간의 생물학적인 생명은 역사적이고 문화적인 그리고 종교적인 삶의 전제조건이다. 생물학적인 생명이 그 존재를 보장받기 위해서는 무엇보다도 절대빈곤에서 해방되어야 한다. 절대빈곤은 하나님의 선물인 인간 생명의 향유를 저지하고, 오히려 하나님의 축복을 저주로 왜곡하기 때문이다. 절대빈곤의 문제는 먼저 국가공동체의 문제요, 동시에 지구공동체의 문제다. 지구공동체가 전 인류의 먹고도 남을 식량을 생산하면서도 지구 한편에서 절대빈곤으로 고통당하고 죽어가는 현실이 존재한다는 것은 인류의 수치이다. 그러므로 생명 운동은 국가 이기주의에 매몰되지 않을 것을 촉구한다. 한편 우리 기독교인들은 생물학적인 생명을 주시는 분도 하나님이시고 거두시는 분도 하나님이시라고 분명히 고백한다. 때문에 기독교인들은 인간의 생물학적인 생명을 인간 임의로 결정하려는 인공 유산, 안락사, 자살 등의 문제를 기독교적인 생명 이해에 근거하여 해명하고 계몽하는 것도 생명 운동의 과제임을 분명히 해야 한다. 생명은 살라고 주신 하나님의 선물로써 하나님께서 거두시는 순간까지 보존해야 하는 인간의 책임이다. 태아가 자기의사를 밝힐 수 없다 할지라도, 죽어가는 환자가 고통스러워 할지라도, 삶의 환경이 죽는 것보다 못할지라도 하나님의 소유인 생명을 인간의 소유처럼 착각하여 종지부를 찍을 때 인간의 생명은 경시되고, 적자생존의 원리가 관철되어 약자에 대한 강자의 모든 불의가 정당화되고 말 것이다.

그러나 인간에게 생물학적인 생명이 삶의 전제 조건이라 할지라도 그것의 지속 자체가 삶의 향유 또는 삶의 찬가일 수는 없다. 우리는 생물학적인 생명을 향유하고 찬미할 수 있도록 살 만한 조건을 갖추어야 한다. 자유와 평등 그리고 박애는 프랑스 혁명 이후 모든 국가와 사회가 지향하는 기본 가치로서 살 만한 조건을 보장한다. 자유로 인해 인간은 결정론으로부터 해방되어 무한한 가능성의 미래를 개방할 수 있고, 평등으로 인해 인간은 수탈과 억압으로부터 해방되어 협력과 공존의 삶을 누릴 수 있으며, 박애로 인해 인간은 자유와 평등의 대립을 극복하고 자발적인 희생과 연대 가운데 삶의 보람을 얻을 수 있다. 이제 기독교인들은 자유와 평등 그리고 박애가 구현되는 삶의 구조를 과제로 설정해야 한다. 살만한 삶의 구조를 우리 삶의 자리에 정착시키는 것은 생명 운동의 중요한 한 부분이다. 민주주의가 정착된 정치, 분배가 정의로운 경제, 특권층과 소외층이 제거된 사회, 모든 성원이 기쁨을 더불어 향유하는 문화는 생명 운동의 다양한 영역들이다. 이때 우리는 삶의 질을 고려할 필요가 있다.

생명은 질적 차이가 없는 동질이지만, 생명이 구사하는 삶에는 질적인 차이가 존재하기 때문이다. 부끄러운 삶도 있고 자랑스러운 삶도 있고, 구차한 삶도 있고 보람된 삶도 있고, 무의미한 삶도 있고 의미 있는 삶도 있고, 거짓된 삶도 있고 진실한 삶도 있다. 수많은 유형의 삶은 우리가 어떻게 살 것인가를 질문하게 하며, 생명 운동은 이 질문을 진지하게 묻고 응답하는 운동이어야 한다.

생물학적인 생명을 위해서 우리는 물질적인 차원을 고려해야 하고, 생명의 살 만한 조건을 위해서 우리는 삶의 구조적인 차원과 비물질적인 정신의 차원을 고려해야 한다면, 영원한 생명을 위해서 이제 우리는 영적인 차원을 고려해야 한다. 예수 그리스도께서는 "사람이 떡으로만 살 것이 아니요 하나님의 입으로 나오는 모든 말씀으로 살 것이라"(마 4:4) 말씀하시며, 돌로 떡덩이를 만들라는 마귀의 유혹을 물리치셨다. 주님은 생물학적인 생명의 유지를 위한 물질적인 차원에 머물기를 원치 않으셨던 것이다. 주님은 생물학적인 생명이 영적인 차원으로 연결될 때 생물학적인 생명은 의미가 있고 더욱 풍성한 생명이 될 수 있음을 인식하셨던 것이다. 그래서 주님은 "너희는 먼저 그의 나라와 그의 의를 구하라. 그리하면 이 모든 것을 너희에게 더하시리라"(마 6:33) 말씀하셨다. 영원한 생명이 없는 자는 이 세상의 것을 모든 것으로 생각하고 이 세상에서 모든 것을 이루고자 한다. 그에게는 이 세상만 보이고 저 세상까지 주관하시는 하나님은 보이지 않는다. 하나님이 보이지 않으니 하나님의 피조물들이 보이지 않는 것은 당연하다. 이 세상의 피조물들은 하나님의 청지기로서 자신과 공존해야 할 존재의 대상이기보다는 다른 사람보다 되도록 많이 독점해야 할 소유의 대상으로 그에게 다가온다. 하나님의 형상인

다른 인간들은 서로 협력하며 더불어 살아야 할 존재가 아니라 자신의 안일과 이기심을 충족할 수 있는 수단으로서 그에게 다가온다. 그러나 영원한 생명이 있는 자는 무엇보다도 하나님 앞에서(coram deo) 존재한다. 그는 시대 조류와 인간의 정욕을 따르지 않고 하나님 앞에서 성결하게 살아간다. 인간 앞에서 완전범죄가 가능하다 할지라도 그는 요셉처럼 하나님의 감찰하시는 눈길을 먼저 본다: "내가 어찌 이 큰 악을 행하여 하나님께 득죄하리이까"(창 39:9b). 그의 이웃은 하나님의 사랑의 대상이자 자기책임의 대상이고, 세상은 하나님의 피조세계이자 상호 의존의 세계로 그에게 다가 온다. 영원한 생명의 소유 여부가 이처럼 큰 차이를 가져온다면, 복음의 증언이야말로 생명 운동의 일환이다. 그러므로 교회의 정체성을 규정하는 Martyria(복음의 증언), Koinonia(공동체 내의 삶), Diakonia(세상에서의 섬김) 중에서[68] 근본은 복음 증언에 있음을 우리는 명백히 해야 하고, 세상 사람들로 하여금 세상의 생명이자 복음이신 예수 그리스도로 인해 지금 여기에서 이미 영생의 기쁨을 누리며 살도록 우리는 삶 전체로 복음을 증언해야 할 것이다. 진정한 생명 운동은 바로 여기에 있다.

생명 운동과 평화

생명 운동이 궁극적으로 지향하는 것 중의 하나가 평화다. 평화가 없

---

[68] Th. Strohm, *Diakonie und Sozialethik. Beitrage zur soziale Verantwortung der Kirche* (Heidelberg 1993), p. 128.

을 때 생명은 말살되거나 위협받는다. 평화는 생명을 보증하기 때문에 생명 운동은 평화를 과제로 한다. 그러므로 생명 운동은 평화 운동이고, 평화 운동은 생명 운동이라 할 수 있다. 그렇다면 평화가 의미하는 것은 무엇인가?[69]

희랍 시대는 소도시 국가들이 영토 확장과 세력 확장을 위해 끊임없이 전쟁을 일으켰다. 하나의 전쟁이 끝나면 잠깐의 휴식 후에 또 다른 전쟁이 시작되었다. 전쟁으로 이어지는 시대에 평화Eirene는 전쟁과 전쟁 사이의 휴지기를 의미했다. 그러나 이 휴지기로서의 평화는 전쟁의 산물을 추스르는 시기이자 새로운 전쟁을 준비하는 시기였다.

로마 시대는 제국 로마가 주변 세계를 정복하여 어느 정도 지배권의 평정을 이룬 시기였다. 하나의 권력 중심이 형성되었기에 외형적인 전쟁은 부재Abwesenheit했다. 주변 약소국들은 모든 불의와 수탈 구조로 고통당함에도 불구하고 감히 로마의 지배 질서에 도전할 수 없었다. 강자에 의한 평화 팍스 로마나Pax Romana(오늘 이 시대는 팍스 아메리카나)는 폭력적으로 강요된 질서로서의 평화를 의미했다.

구약성경에는 평화를 의미하는 단어로 샬롬Schalom이 등장한다. 이 단어는 육체와 영혼의 전체 인간, 그 인간이 사는 공동체와 자연환경 그리고 모든 제반 관계들을 포괄하는 구원과 안녕을 의미한다. 샬롬은 함께 사는 모든 존재들이 생활에 필수적인 것들을 충분히 소유하고, 광범위한 대화의 지평 내에서 생명을 충분히 누리는 상태로서 시냇가의 나무가 시

69—— W. Huber/ H. R. Reuter, *Friedensethik* (Stuttgart/ Berlin/ Köln 1990), pp. 27-45.

     • 신자유주의 시대, 평화와 생명 선교 •

절을 쫓아 과실을 충만하게 맺는 것을 연상케 한다. 그러므로 샬롬은 정의, 기쁨과 뗄 수 없다(시 85:11).

신약성경에는 평화가 희랍어 에이레네Eirene(화평)로 표현되어 있기는 하지만 구약성경의 샬롬의 내용을 함축하고 있다. 신약성경의 평화는 언어 이상의 의미로 육체적인 치유의 실질적인 실현이자 하나님 나라의 선취이기도 했다. 예수님께서 열두 해를 혈루증血漏症으로 고생하던 여인에게 "평안히 가라 네 병에서 놓여 건강할지어다"(막 5:34)라고 말씀하셨을 때 여인은 건강해졌을 뿐 아니라 하나님 나라의 기쁨을 선취하며 하나님 나라에 대한 새로운 소망을 갖게 되었다. 신약성경의 평화에는 구약성경의 샬롬에 값없이 주어지는 선물인 하나님 나라의 의미가 가미된다. 하나님의 나라는 정치적 변혁 프로그램으로 도달할 수 없는 하나님의 전적인 선물이다. 그러나 이 선물을 선취하는 기쁨과 소망은 죄의 연루로부터의 해방과 모든 원수 관계의 지양 그리고 비폭력의 사회변혁적 실천을 실행하도록 지금 여기에서 작용하는 것이다.

위에서 우리는 평화를 전쟁의 휴지기로서의 평화, 지배 질서로서의 평화, 삶의 형태로서의 평화 그리고 선물로서의 평화에 대해 살펴보았다. 이 네 유형의 평화는 질적으로 서로 다른 내용을 의미하지만, 오늘 이 시대를 살고 있는 현대인들에게는 새로운 의미로 재해석될 필요가 있다고 여겨진다.

지구 도처에서 전쟁과 폭력이 끊이지 않는 오늘 우리는 전쟁과 폭력을 중지시켜 일단은 휴지기로서의 평화에 도달해야 한다. 그리고 휴지기로서의 평화를 지속적인 평화로 대체해 가야 한다. 현대는 국가 간에 그리고 국가 내의 계층 간에 갈등과 적대의식으로 인해 잠재적인 전쟁과 폭력 가운데 고통받고 있다.[70] 우리는 강자의 지배 질서로 평화가 왜곡되어 있는 상태를 평화의 지배 질서 속에 모두가 공존할 수 있는 상태로 바꾸어 가야 한다. 그리고 모든 기독교인들은 완전한 평화의 나라, 하나님의 나라를 소망하는 가운데 지금 여기서 그 평화를 선취하며, 하나님의 나라에 근사한 자기 삶의 자리가 되도록 모든 노력을 기울여야 한다. 그리할 때 우리는 정의에 근거한 평화를 기쁨으로 누리며 만끽하게 될 것이다.

그러나 평화를 도모한다는 미명 하에 전쟁과 폭력을 수용하는 일은 결코 용납할 수 없다. 생명 운동이 평화를 지향하는 것은 평화가 생명을 보증하기 때문인데, 평화를 도모한다며 전쟁과 폭력으로 생명을 살상한다면 이는 가치 전도이기 때문이다. 평화는 평화를 통해 증진되고 도달된다. 평화를 통한 평화의 길이 돌아가는 늦은 길인 것처럼 보이지만 실제로는 가장 빠른 길임을 생명 운동은 인식해야 할 것이다: "오늘의 평화윤리는 평화의 이름 아래 있는 부정의의 합법화도, 국가 안전 보장의 이름 아래 있는 정치적 억압도, 부정의에 대한 투쟁의 이름 아래 있는 비폭력적 행위의 과소평가도 배제하는 가운데 평화의 길이 모색되어야 한다."[71]

<hr>

70——— Vgl. U. 두흐로/ G. 리드케, 손규태/김윤옥 역, 『샬롬』(서울: 한국신학연구소, 1989). 이 책은 파괴된 피조물의 현실, 인간의 억압받는 현실, 민족들 간의 분쟁의 현실을 제시한 후에 피조물의 해방과 인간의 정의 그리고 민족들 간의 평화를 성서적으로 조망한다. 그리고 오늘 이 세계에서 교회의 역할을 모색하고 있다.

71——— W. Huber/ H. R. Reuter, *Friedensethik*, p. 129.

나가며: 평화를 위한 생명 운동 참여자의 자세

생명 운동은 구호적인 차원에 머물러서는 안 된다. 살아 있는 생명은 운동할 수밖에 없다. 생명 운동에 동참하지 않는 인간은 생물학적인 생명은 있으나 영원한 생명을 아직 소유하지 못한 생명이다. 기독교인들은 영원한 생명을 세상의 생명이신 예수 그리스도를 통해 부여받았다. 그러므로 우리는 영원한 생명, 풍요로운 생명을 부여하시는 예수 그리스도의 방법을 생명 운동의 방법으로 채용해야 한다.

예수 그리스도는 나와 너, 우리 모두를 살리기 위해 십자가에서 돌아가신 속죄의 주님이시다. 자신의 생명을 살리기 위해 너의 생명을 죽이거나 위협하는 것은 극단적인 이기주의요, 자신의 생명을 포기하고 너의 생명도 포기하도록 유도하는 것은 비극적인 동반 자살이요, 나도 살고 너도 살자고 하는 것은 파괴된 자연세계 속에서 현대인이 뒤늦게 발견한 공존의 인식이다. 그러나 우리의 주님은 인류를 살리기 위하여, 그리고 그 인류의 생명을 풍요롭게 하기 위하여 십자가의 죽음을 수용하심으로써 인간들의 일상적인 삶의 방식을 초극하셨다. 그분은 당신의 진리를 십자가의 죽음으로 보여주신 진리 자체이셨다: "한 알의 밀이 땅에 떨어져 죽지 아니하면 한 알 그대로 있고 죽으면 많은 열매를 맺느니라. 자기 생명을 사랑하는 자는 잃어버릴 것이요 이 세상에서 자기 생명을 미워하는 자는 영생하도록 보존하리라"(요 12:24-25).

오늘 물질주의와 이기주의에 물들어 있는 현대인들이 새로운 생명을 경험하고 새로운 세계관으로 전이할 수 있는 길은 너를 살리기 위해 십자가에서 돌아가신 주님의 방법을 기독교인들이 채택하고 보여줄 때 가능할 것이다. 이처럼 생명 운동은 내 안에 사는 예수 그리스도를 근원으로 해서 너 안에 있는 예수 그리스도를 지향할 때 의미 있는 운동이다.

생명 운동은 자신을 자랑하고 요구하는 운동이 아니라 스스로 타인을 존경하고 섬기는 사랑의 운동이다. 바울은 우리에게 이렇게 권면한다: "형제들아 너희가 자유를 위하여 부르심을 입었으나 그러나 그 자유로 육체의 기회를 삼지 말고 오직 사랑으로 서로 종노릇하라"(갈 5:13).

종교개혁자 루터도 같은 맥락에서 이렇게 고백한다: "기독교인은 자신 안에서 살지 않고 그리스도와 그의 이웃 안에서 산다. 그렇지 않으면 그는 기독교인이 아니다. 기독교인은 그리스도 안에서는 신앙을 통해 살고, 이웃 안에서는 사랑을 통해 산다"(M. Luther). 그렇다. 생명 운동은 예수 그리스도를 통해 풍요로워진 나의 생명을 너의 생명의 풍요로움을 위해 비우는 운동이다. 그러나 비우고, 비우고 또 비울 때 오히려 자신도 풍요로워지는 운동, 그것이 생명 운동인 것이다.

끝으로 생명 운동은 자기 삶의 구체적인 자리에서 이루어 내야 한다. 자신이 실행할 수 있는 자그마한 일부터 지금 시작해야 한다. 아들 선호의 가부장적인 구조를 깨뜨리자. 하나님의 선물인 자식들을 자신의 한풀이 대용의 소유물로 삼지 말자. 아들이든 딸이든 하나님의 형상으로 지음받아 자신의 길을 걸어가야 하는 인격체임을 인정하자. 생명보다도 물질주의를 조장하는 문화적 풍조를 깨뜨리자. 언론매체의 오류를 편지나 전화로 항의하자. 미덕으로 치장되는 소비를 거부하자. 그리고 우리의 생물학적인 생명을 지원하는 환경과의 공존을 도모하자. 식기를 닦거나 빨래를 할 때 세제 사용을 줄이자. 환경에 부담을 주는 기업의 제품을 불매하자. 이제 우리는 편안한 물질주의적인 삶보다는 생명을 풍요롭게 하는

  • 신자유주의 시대, 평화와 생명 선교 •

생명 운동의 삶을 통해 기어이 평화의 삶에 도달하도록 노력해야 할 것이다. 모두의 충만해진 생명을 통해서 하나님과 인간 사이, 인간과 인간 사이 그리고 인간과 자연 사이의 진정한 평화는 머지않아 정착하게 될 것이다. 하늘에는 영광, 땅에는 평화, 찬미 예수!

※ 이 글은 대한예수교장로회총회교육부 편, "그리스도께서 주신 생명과 평화", (서울: 한국장로교출판사, 1996), pp. 188-200에 실린 글을 재수록했다.

정종훈

독일 Goettingen 대학교에서 기독교윤리로 신학박사(Dr. theol.) 학위를 받았으며, 현재는 연세대학교 연합신학대학원 기독교윤리 교수로 재직 중이다. 저서로는『기독교사회윤리와 인권』(서울: 대한기독교서회, 2003),『정치 속에 꽃피는 신앙』(대한기독교서회, 2004),『기독교 사회운동, 어떻게 할 것인가?』(서울: 장로교출판사, 2006),『생활신앙으로 살아가기』(서울: 대한기독교서회, 2007) 등이 있다.

생태 위기와 환경 선교

● 조용훈 ●

들어가며

오늘날 지구 생명공동체는 전 지구적 생명 위기 속에 있다. 지역적으로는 대기 오염, 수질 오염, 토양 오염 그리고 사막화로 위협받고 있다. 한편, 지구적 차원에서는 지구 온난화, 오존층 파괴, 생물종 다양성의 소멸과 감소로 위협받고 있다. 지구화(세계화) 경제가 진행되어 가면서 인간의 생명만이 아니라 자연 생태계 전체가 위협을 받고 있다.

선교란 예수 그리스도의 생명의 복음을 증언하는 행위다. 위기 속에 있는 생명체에게 구원의 소식을 전하는 일이다. 창세기 6장에서 9장에는 대홍수라는 생태 위기로부터 인류와 지구를 구원하도록 노아가 부름을 받는다. 노아는 방주를 지어 인류만이 아니라 모든 호흡하는 생명체를 보전하라는 하나님의 명령을 받는다. 오늘날 교회는 지구 생태 위기의 현실 속에서 생명을 구원해야 할 선교적 책임을 하나님에게 받고 있다. 따라서 21세기 생태 위기 속에 살아가는 교회는 생태학적 책임을 자각하고, 예수 그리스도의 돌봄과 치유의 사역을 실천해야 한다. 더 나아가 교회는 종말론적인 하나님 나라(사 11장)의 선취자로서 지구적 샬롬을 추구하고 실험해야 한다. 교회는 환경 파괴적이며 반생명적인 세속 문화에 대한 하나의 대안공동체로서 이 사회에 비전을 제시할 수 있어야 한다. "태초에 하나님이 천지를 창조하시니라"로 시작되는 구약성서를 읽을 때마다, "전능하사 천지를 만드신 하나님 아버지를 내가 믿사오며"라고 우리의 신앙을 고백할 때마다 우리는 하나님의 창조에 대한 선교적 책임을 의식하고 다짐하게 된다.

환경 선교의 신학적 토대와 실천 과제

1. 모든 피조물의 구원과 복지에 관심하는 하나님

모든 선교는 하나님의 선교로서 하나님의 구원 행위를 나타낸다. "성서의 창조 이야기가 인간의 구원에만 관심을 갖는다"라는 환경론자들의 비판과는 달리, 창조 이야기에 나타난 하나님은 인간의 구원만이 아니라 모든 피조물의 구원과 복지에 관심하는 분이다. 창조 이야기의 관심은 자연에 대한 인간의 지배가 아니라, '인간과 자연세계 전체에 대한 하나님의 사랑과 돌봄'이다. 시편 136편 1절에서 9절의 해석과 관련하여 내쉬 J. A. Nash가 주장하는 대로, 창조의 과정 자체가 하나님의 사랑의 행위이며, 모든 피조물은 하나님 사랑의 결과다.[1]

사랑의 하나님은 인간을 축복하셨을 뿐만 아니라 물고기와 새들도 축

1—— J. A. Nash, *Loving Nature. Ecological Integrity and Christian Responsibility*, (Abingdon Press, 1991), p. 95.

복하셨다: "하나님이 그들에게 복을 주어 가라사대 생육하고 번성하여 여러 바다 물에 충만하라. 새들도 땅에 번성하라(창 1:22)." 사랑의 하나님은 인간과 똑같이 여타의 생물들도 돌보신다. 하나님은 짐승과 새를 포함하여 모든 생명체의 먹을거리에 관심하는 분이다: "땅의 모든 짐승과 하늘의 모든 새와 생명이 있어 땅에 기는 모든 것에게는 내가 모든 푸른 풀을 식물로 주노라(창 1:30)." 창조주께서는 사람들에게 경작을 통해 얻게 되는 곡식과 과일을 주신 반면에, 동물과 새들에게는 땅에서 저절로 생겨나는 식물들이 할당되었다. 말하자면 같은 삶의 공간인 지구상에서 서로 생존 영역이 구분됨으로써 둘 사이의 갈등 없이 최적의 생존 조건을 만들어 주셨다. 물론 인간의 타락과 하나님의 홍수 심판 후에 이런 인간과 동물 사이의 평화로운 관계는 깨지고 만다. 왜냐하면 하나님께서 인간들에게 들짐승과 새와 바닷고기를 인간의 식물食物로 허락하셨기 때문이다: "땅의 모든 짐승과 공중의 모든 새와 땅에 기는 모든 것과 바다의 모든 고기가 너희를 두려워하며 너희를 무서워하리니, 이들은 너희 손에 붙이웠음이라. 무릇 산 동물은 너희의 식물이 될지라. 채소같이 내가 이것을 다 너희에게 주노라(창 9:2-3)." 하지만 이 경우에도 여전히 인간에게는 제한 규정이 부과된다. 즉, 생존을 위해 동물을 잡아먹을 수 있지만 동물의 피까지 먹어서는 안 된다(창 9:4). 왜냐하면 피는 생명의 상징으로서, 그것이 인간의 권한 아래 있는 것이 아니라 하나님의 권한 아래 있기 때문이다. 그러므로 인간은 동물을 잡더라도 그 피는 반드시 땅에 흘려 버려야만 한다.

어찌되었건, 자연세계에 대한 하나님의 사랑과 관심은 인간의 타락 이후에도 조금도 변함이 없다. 하나님은 홍수 심판이 끝난 후 노아와 계약을 맺으실 때, 자연세계와도 함께 언약을 맺으신다. 말하자면 노아와 맺은 하나님의 언약은 인간과 자연 모두를 포괄하는 '우주론적 언약'이다: "하나님이 노아와 그와 함께한 아들들에게 말씀하여 이르시되, 내가 내 언약을 너희와 너희 후손과 너희와 함께한 모든 생물 곧 너희와 함께한 새와 가축과 땅의 모든 생물에게 세우리니, 방주에서 나온 모든 것 곧 땅의 모든 짐승에게니라. 내가 너희와 언약을 세우리니, 다시는 모든 생물을 홍수로 멸하지 아니할 것이라. 땅을 멸할 홍수가 다시 있지 아니하리라(창 9:8-11)."

물이 마른 후에 구름 속에 나타난 무지개는 하나님과 인간을 포함한 모든 피조세계 사이에 맺은 계약의 징표로서, 평화의 상징이며 동시에 탄식하는 모든 자연세계를 위한 희망의 징표가 된다. 그럼에도 불구하고 바르트K. Barth를 비롯한 서구 전통신학자들은 이러한 우주론적 계약 대신에 아브라함 계약이나 시내 산 계약, 혹은 다윗 계약 등에만 관심함으로써 성서의 언약 사상을 인간학적으로 축소하는 잘못을 저질렀다.

대홍수 후에 맺은 하나님의 우주론적 계약 이외에도 성서에는 자연세계에 대한 하나님의 사랑과 관심을 나타내는 구절들이 많이 나타난다. "비록 원수의 나귀라 하더라도 엎드러지게 되면 그냥 버려두지 말고 돌보아 주어야 한다(출 23:5)." "어미 새가 새끼나 알을 품고 있을 때, 어미 새와 새끼를 함께 잡는 것은 안 된다(신 22:6)." 시편 36편 6절에서 시인은 하나님을 가리켜 '사람과 짐승을 보호하여 주시는 분'으로, 그리고 시편 145편 9절에서는 여호와를 '만유萬有를 선대하시며 그 지으신 모든 것에 긍휼을 베푸시는 분'으로 묘사하고 있다. 예수님께서도 하나님을 '공중의 새와 들에 핀 백합화까지 돌보시는 분'(마 6:26-28)으로 표현한다.

특히, 시편 104편 10절에서 29절에는 모든 피조물을 돌보시는 하나님을 자세히 서술하고 있다. 모든 존재는 지극히 미미한 것으로부터 고등생물에 이르기까지 각자의 기능과 고유한 위치를 가지고 있으며(14절: 가축을 위한 풀과 사람의 소용을 위한 채소를 따로 자라게 하심), 하나님의 관심과 돌보심 가운데 존재한다: "여호와께서 샘을 골짜기에서 솟아나게 하시고 산 사이에 흐르게 하사, 들의 각 짐승에게 마시우시니, 들 나귀들도 해갈하며, 공중의 새들이 그 가에서 깃들이며, 나뭇가지에서 소리를 발하는 도다. 저가 그 누각에서 산에 물을 주시니, 주의 행사의 결과가 땅에 풍족하도다. 저가 가축을 위한 풀과 사람의 소용을 위한 채소를 자라게 하시며 땅에서 식물이 나게 하시고 … 여호와의 나무가 우택에 흡족함이여 곧 그의 심으신 레바논 백향목이로다. 새들이 그 속에 깃을 들임이여, 학은 잣나무로 집을 삼는도다. 높은 산들은 산양을 위함이여 바위는 너구리의 피난처로다 … 젊은 사자가 그 잡을 것을 쫓아 부르짖으며 그 식물을 하나님께 구하다가 해가 돋으면 물러가서 그 굴혈에 눕고 … 주의 지으신 악어가 다 그 속에서 노나이다. 이것들이 다 주께서 때를 따라 먹을 것을 주시기를 바라나이다. 주께서 주신즉 저희가 취하며, 주께서 손을 펴신 즉 그들이 좋은 것으로 만족하다가, 주께서 낯을 숨기신 즉 저희가 떨고 주께서 저희 호흡을 취하신 즉 저희가 죽어 본 흙으로 돌아가나이다."

여기서 우리는 하나님이 사람만이 아니라, 들 나귀와 공중의 새와, 가축들과 산양과 너구리와 젊은 사자들의 먹을거리에도 관심하시고 그들의 거처를 돌보시는 분임을 분명히 알 수 있다. 그리고 인간은 창조의 면류관이나 절대 지배자로서 그려지는 것이 아니라, 오히려 자연세계의 평화를 깨뜨리는 위험스런 악인으로 그려지고 있다(35절: "죄인을 땅에서 소멸하시며 악인을 다시 있지 못하게 하실찌로다").

이런 배경에서 구약학자 베스터만C. Westermann은 성서의 창조 이야기에 단지 인간만이 아니라 해와 달, 온갖 짐승들과 생물들이 언급되고 있다는 점에서 "단지 인간의 하나님으로만 이해되는 하나님은 더 이상 성서의 하나님이 아니다"고 말한다.[2]

2. 약자의 돌봄과 해방에 관심하시는 예수님

예수님의 선교사역은 가난하고 억눌린 자들에 대한 관심에서 시작된다. 예수님의 나사렛 회당 설교(눅 4:18-21)는 예수님의 선교에 있어서 성령 체험과 가난한 자, 억눌린 자 그리고 소외된 자를 해방시키는 정의를 위한 행동이 어떻게 상호 연관되고 있는가를 잘 보여주고 있다.

자연 생태계야말로 우리 시대의 새로운 약자요 가난한 자다. 변화된 우리 시대의 사회적 정황에서 약자에 대한 돌봄과 정의에 대한 예수님의 가르침은 이제 자연세계에 적용되어야 한다. 왜냐하면 오늘날 자연세계야말로 과학기술을 지니고 있는 힘 있는 종種인 인간에 의해 지배와 억압과 착취 때문에 생존에 위협을 받는 약자들이기 때문이다.

한스 요나스H. Jonas의 주장대로, 인류가 최첨단 과학기술로 자신을 무장하기 이전 시대에는 자연에 대한 인간의 침해가 표면적이었으며, 자연의 확고한 균형 상태를 파괴하기에는 인간의 힘이 너무나 무기력했다. 따라서 그 시대에서는 자연세계가 결코 인간의 윤리적 책임의 대상이 될

2—— J. A. Nash, 위의 책, p. 99.

수 없었다. 그 당시 자연에 대해 인간이 필요로 하는 것은 윤리가 아니라 다만 영리함과 발명의 재능뿐이었다.[3] 하지만 이제 상황이 바뀌어 인간은 최첨단 과학기술로 무장하여 한 순간에 지구 전체를 박살낼 수 있을 정도로 강력한 힘을 소유하게 되었다. 따라서 이제 자연세계는 인간의 특별한 관심과 돌봄을 필요로 하는 연약한 존재로 다루어져야 하며, 인간의 윤리적 책임의 대상으로 생각되어야만 한다. 마치 어머니가 갓난아이에 대하여 무한 책임을 느끼듯이 인간은 자연에 대한 책임을 자각하여 돌보고 배려해야 한다. 인간과 자연세계 사이에서 정의를 실현하는 일은 인간보다 한없이 약한 존재인 자연세계에 대한 편듦option for nature을 통해 가능하다.

3. 환경 지킴이로서의 인간

성서는 인간과 자연이 공동의 출처인 흙에서 나왔고, 타락과 구원에 있어서 공동의 운명을 지니고 있다는 사실을 말한다. 그럼에도 불구하고 성서의 창조 이야기는 인간이 다른 피조물과는 달리 특수한 지위를 지닌 존재임을 말하고 있다. 이런 인간의 특수 지위는 인간이 동물들에게 이름을 지어주었다는 이야기(창 2:19-20)에 잘 나타나 있다. 당시 고대 근동 지방에서 이름이란 인격이었고, 따라서 이름을 짓는다는 행위는 곧 그 존재에 대한 지배를 의미했다.

3──── H. Jonas, 이진우 역,『책임의 원칙: 기술 시대의 생태학적 윤리』(서광사, 1994), pp. 25-28.

피조세계 안에서 인간의 특수 지위가 보다 분명하게 드러난 것은 인간이 '하나님의 형상imago dei'으로 지어졌다는 창조 이야기다(창 1:26-28). 전통적 창조 신앙에서는 하나님의 형상 개념을 인간이 동물과 다른 점, 즉 인간의 정신적이고 도덕적인 능력에서 찾았다. 그리고 이러한 인간의 우월성은 자연세계에 대한 인간의 지배권을 정당화하는 것으로 사용되었다. 하지만 오늘날 구약 성서학자들은 이 개념을 존재론적으로가 아니라, 관계론적으로 해석하면서, 피조세계에 대한 인간의 책임적 행동으로 해석할 것을 주장한다.[4] 예를 들면, 구약학자 볼프H. W. Wolf는 하나님의 형상 개념을 하나님의 '대리 지배인'으로,[5] 폰 라트G. von Rad는 '하나님의 전권자Mandatar Gottes'로,[6] 알트너G. Altner는 '살림하는 사람Haushalter'로[7] 해석한다. 로마서 8장 18절 이하에 나오는 대로 고통과 신음 가운데 있는 피조물들이 나타나기를 고대하는 존재는 바로 '하나님의 아들들', 즉 왜곡되거나 타락하지 않은 온전한 하나님의 형상이다.

피조물 중에서 인간만이 유일하게 하나님의 형상으로 창조되었다는 것은 자연세계에 대한 인간의 지배권을 의미한다기보다는, 인간이 하나님을 대리하여 하나님의 뜻인 창조와 정의, 그리고 사랑을 모든 피조세계에 펼쳐야 한다는 의미이다. 이런 하나님의 전권자로서의 모습을 가장

4—— 천사무엘, "구약성서에 나타난 생명 신학", 강원돈 외, 『생명 문화와 기독교』(한들출판사, 1999), p. 161.

5—— H. W. Wolf, 문희석 역, 『구약성서의 인간학』(분도출판사, 1976), p. 275.

6—— G. von Rad, *Das erste Buch Mose (Genesis),* 11.Aufl. (Göttingen, 1981), p. 39.

7—— G. Altner, *Natuervergessenheit. Grundlagen einer umfassenden Bioethik* (Darmstadt, 1991), p. 86.

잘 볼 수 있는 사건이 창세기 6장에서 9장에 나오는 노아의 모습이다. 하나님은 노아에게 방주를 지어 대홍수 심판의 위기에 있는 생태계의 생명을 보전할 것을 명하신다. "혈육 있는 모든 생물을 너는 각기 암수 한 쌍씩 방주로 이끌어 들여 너와 함께 생명을 보존하게 하되, 새가 그 종류대로, 가축이 그 종류대로, 땅에 기는 모든 것이 그 종류대로 각기 둘씩 네게로 나아오리니 그 생명을 보존하게 하라. 너는 먹을 모든 양식을 네게로 가져다가 저축하라. 이것이 너와 그들의 먹을 것이 되리라(창 6:19-21)." 하나님의 명령에 따라 노아는 홍수 심판에 직면하여 생존의 위기에 직면한 생물들을 구원하기 위해 방주를 만들었다.

한편, 신약성서에 나타나는 하나님의 형상 개념은 이러한 창조질서에 대한 인간의 청지기직에 대해 더 강력하게 암시하고 있다. 그리스도는 하나님의 형상이요 통치권의 참 모형이다(고후 4:4; 골 1:15). 그런데 그리스도의 삶의 방식은 '사랑의 삶'이다(엡 5:1-2). 따라서 사랑은 하나님의 형상의 본질이기 때문에 그리스도인의 과제는 이러한 하나님의 사랑을 자연세계와의 관계에서 반영하는 데 있다.[8]

그리고 하나님의 형상이신 그리스도의 또 다른 삶의 방식은 '화해자로서의 삶'이다. 화해자로서 그리스도는 인간만이 아니라 모든 피조세계를 하나님과 화해시키셨다(고후 5:19; 골 1:19-20). 따라서 그리스도인 역시 이러한 화해의 사역을 자연세계와의 관계에서 실현하도록 힘써야 한다.

창세기 2장 15절에는 자연세계에 대한 청지기로서의 인간의 역할을 '정원사'로서 묘사하고 있다: "여호와 하나님이 그 사람을 이끌어 에덴동

8──── J. A. Nash, 위의 책, p. 105.

산에 두사 그것을 다스리며 지키게 하시고." 여기서 사용된 히브리어 아바드abad와 샤마르samar는 돌봄의 의미가 내포된 단어다. 아바드는 '경작한다'는 뜻을 가지고 있으며, 샤마르는 '보호한다'는 뜻을 가지고 있으며 생명나무에 이르는 길목을 지키는 그룹들의 역할과 관련하여 사용되고 있다(창 3:24). 말하자면 에덴동산은 경작되어야 할 뿐만 아니라, 훼손과 파괴로부터 보호되어야 하는 것이다.[9]

요약하면, 인간은 비록 다른 생물체들과 마찬가지로 자연세계에 속한 하나의 종種에 불과하지만, 하나님의 형상을 지닌 존재로서 생물체들 가운데 유일하게 하나님께 책임적으로 응답할 수 있다. 그래서 인간은 하나님에게 세상을 돌보고 다스리라는 위탁을 받았으며, 그 책임을 제대로 감당할 때에만 비로소 하나님의 형상이 될 수 있다. 말하자면 인간은 하나님 앞에서 자연세계에 대해 책임을 지는 하나님의 대리자요 청지기다. 인간은 주제넘게 자신이 자연세계의 주인인 양 행세함으로써 자연세계를 파괴하고 동시에 하나님 앞에서 교만의 죄를 지어서도 안 되지만, 그렇다고 하여 자신의 능력과 역할을 과소평가함으로써 하나님의 종이 아니라 자연세계의 종으로 전락해서도 안 된다. 그리스도인의 환경 선교적 책임은 환경 보전을 위한 윤리적 책임을 통해 실현된다.

4. 환경 선교를 실천하는 녹색 교회

녹색 교회란 우주를 사랑하시고 구원하시는 하나님의 선교에 대한 교

9—— 구경국, 『그리스도교 환경 윤리』(가톨릭대학교출판부, 2000), pp. 105-106.

회의 응답이다. 생태 위기 시대에 교회는 하나님 신앙에 기초하여 생태학적 책임을 자각하고 우주적 평화를 실현하기 위해 노력하는 환경 선교적 신앙공동체다. 녹색 교회는 생태학적 재앙에 앞서 인간과 자연의 생명을 유지하기 위해 방주를 지어야 했던 노아와 같이 지구 생태 위기 앞에 놓인 인간과 지구를 구해야 할 선교적 책임을 자각한다.

전통적으로 교회는 케리그마, 디다케, 코이노니아 그리고 디아코니아라는 네 가지 차원의 사역을 담당하고 있다. 환경 선교를 실천하는 녹색 교회는 이 네 영역에서의 생태학적 재해석과 실천을 요청받고 있다.

첫째, 환경 선교는 예배와 설교를 통해 실천되어야 한다. 기독교에서 전하는 복음은 인간의 영혼만이 아니라 전인의 구원을 전제한다. 오늘날 인간 생명은 자연 생태계의 파괴와 더불어 심각한 위기 상황 속에 있다. 한 예로, 환경 호르몬은 내분비 교란 물질로서 인간의 생식 관계를 파괴하여 인간이라는 종의 미래를 위협하고 있다. 노아와 맺은 하나님의 구원의 언약은 노아와 그 가족만이 아니라 모든 피조물을 포함하고 있다: "내가 내 언약을 너희와 너희 후손과 너희와 함께한 모든 생물 곧 너희와 함께한 새와 육축과 땅의 모든 생물에게 세우리니 방주에서 나온 모든 것 곧 땅의 모든 짐승에게니라(창 9:10)." 그런 배경에서 녹색 목회는 창조 질서의 보전에 대한 설교를 포함해야 한다.

한편, 우리는 성만찬을 통해 하나님의 임재와 내재를 경험하게 된다. 성례전에서 우리가 흔히 먹고 마시는 떡과 포도주가 신령한 그리스도의 몸과 피가 된다는 고백은 정신과 육체를 엄격히 구분하고 육체에 대한 정신의 우위성을 말하는 전통적인 이원론적 세계관을 극복할 수 있는 신학적 토대를 제공한다. 정신과 물질 이원론은 물질적인 것을 악마화하거

　　　　　　　　· 신자유주의 시대, 평화와 생명 선교 ·

나, 육체성·신체성·물질성을 무시하여 결국 물질세계로써 자연에 대한 정신적 존재인 인간의 지배와 정복을 정당화한다. 그러나 이러한 이원론적 세계관은 본래 기독교적인 것이 아니라 플라톤적이라 할 수 있다. 기독교는 '몸의 부활'을 말함으로써 신체성의 중요성을 강조한다. 성만찬에서 하나의 물질인 빵과 포도주는 그리스도의 살과 피로 생각되며, 동시에 거룩한 것으로 고양된다. 여기서 우리는 육체성과 신체성에 대한 신학적 긍정을 보게 된다.

둘째, 환경 선교는 교회 교육을 통해 실천되어야 한다. 오늘날 환경 교육의 필요성이 시급히 대두되고 있으나 우리나라의 공교육은 입시 위주로 진행되고 있어 교회나 사회의 역할이 중요하다. 모든 교육이 그렇지만 환경 교육 역시 빠를수록 좋다. 학교나 교회는 물론 가정에서 어릴 때부터 부모가 시범을 보이는 환경 교육이 필요하다. 그런 의미에서 환경 교육은 주일학교 교육에 국한되어서는 안 되고 성인 교육 차원에서 이루어져야 한다.

교회에서 기독교적 세계관에 기초한 환경 교육이 실효를 거두기 위해서는 교육 내용이나 학습 방법에 변화가 있어야 한다. 환경 교육의 내용은 기독교 창조론을 중심으로 구성할 수 있을 것이다. 그리고 교육의 방법은 이론보다는 현장 중심이 좋을 것이다. 생활 속에서 일어나는 환경문제에 대한 인식과 작은 실천을 위한 노력이 중심이 되어야 한다. 동시에 환경문제가 지구적 차원의 문제임을 인식시킴으로써 지구적으로 생각하되 지역적으로 행동할 수 있게 만드는 교육이어야 한다.

셋째, 환경 선교는 코이노니아를 통해 실천되어야 한다. 하나님은 관계적 존재로서 삼위일체 가운데 그 관계적 존재됨이 가장 분명한 형태로 나타난다. 인간의 삶 역시 관계를 통해서 이루어진다. 하지만 죄는 모든 관계를 파괴한다. 죄는 인간과 하나님, 인간과 자아, 인간과 이웃, 인간과 자연 사이의 관계를 파괴한다. 교회의 친교는 그리스도인들 사이에서의 친교만으로 제한되어서는 안 되고 인간과 자연 사이의 관계로까지 확장되어야 한다. 교회 안에서 그리스도인 사이에서의 친교는 예배 후 식사나 가정에서의 만남, 기타 공동체 활동들을 통해 이루어진다. 주일학교에서 주는 간식은 어린이 건강에 많은 문제를 지니고 있는 과자나 사탕이 아닌 건강한 먹을거리를 찾아야 하겠다. 모든 식탁은 소박해야 하며, 가능하면 제철 음식으로 차리고, 음식물 쓰레기를 남기지 않도록 해야 한다. 한편, 주일학교를 비롯해서 남녀선교회 등 수많은 단체들이 야외 활동은 물론 교회 내 모임에서도 가능하면 일회용품 사용을 줄여야 한다. 자연 속에서 이루어지는 각종 수련회나 활동들은 그리스도인과 자연 사이의 관계를 회복하는 계기가 되도록 꾸며지고 진행되어야 한다.

마지막으로, 환경 선교는 봉사 행위를 통해 실천되어야 한다. 오늘날 목회는 개인의 영혼만이 아니라 인간 전체, 그리고 각 개인을 포함하고 있는 지역사회에 대한 관심으로 확대되어야 한다. 그리고 지역사회의 현안 중에서 가장 중요한 현안으로 떠오르고 있는 것이 환경문제다. 지역교회가 위치해 있는 지역사회의 환경문제로 지역민이 피해를 입거나 고통을 당할 때 마땅히 교회가 문제의 해결을 위해 헌신해야만 한다. 한편, 환경문제로 인해 지역 간 그리고 지역 내 이해 집단 사이에 갈등이 생겨나고 있어 갈등 중재자로서 교회의 지역사회적 역할이 더욱 중요해지고 있다. 지역 환경문제에서 지도력을 행사하기 위해선 교회가 지역의 환경문제에 대한 인식을 높이고 방향을 제시하고 때로는 갈등을 중재할 수 있는 전문가적 능력을 함양해야 한다. 이를 위해서는 환경 선교에 관심하고 능력을 겸비한 교회의 전문조직과 지역교회 간 역량을 강화할 수 있는 초교파적 조직체도 필요하다. 그럴 때에만 교회가 사회에 보다 효과적인 섬김의 사역을 감당할 수 있게 될 것이다.

에큐메니칼 운동으로서 환경 선교

1. 지구적 차원의 생태 위기

1) 지구 온난화

이른바 '온실 효과'로 인한 지구 온난화 현상은 지구 환경문제 가운데 가장 큰 관심사가 되고 있다. 온실 효과에 기여하는 기체들 중에서 가장 큰 부분을 차지하는 것은 이산화탄소인데, 다른 기체들에 비해 단위질량 당 온난화 효과는 적지만, 그 방출량이 많은 까닭이다. 대기 중의 이산화탄소 양의 증가는 광합성 작용을 통해 이산화탄소를 재 흡수할 숲이 줄어드는 데서 한 원인을 찾을 수 있다. 오늘날 삼림은 상업용 목재 생산·목축·땔감·화전 등으로 말미암아 급격히 축소되고 있다. 현재 지구의 삼림면적은 약 42억 헥타르로 농경사회 이전과 비교할 경우 약 3분의1로 감소했다.[10] 대기 중 이산화탄소의 증가는 석탄·석유·천연가스 등 화석연료의 과다 사용에도 그 원인이 있다. 특히, 산업혁명 이후 화석연료의 사용

10——— 월드워치연구소 엮음, 이승환 역, 『지구환경과 세계경제 1』(도서출판 따님, 1993), p. 150.

이 급증하면서 대기 중의 이산화탄소의 양도 함께 증가했는데, 산업혁명 이전에 280ppm 정도에 머물렀던 대기 중의 이산화탄소 농도가 1990년에는 353ppm으로 증가했으며, 앞으로도 계속 상승하여 2075년에는 500~600ppm에 도달할 것으로 전망되고 있다.[11]

메탄은 이산화탄소에 비해 약 20배 정도 강력한 효력을 지닌 온실가스로 알려지고 있다. 1991년 현재 메탄의 대기 중 농도는 약 1.7ppm이며, 매년 1.5퍼센트 정도의 비율로 증가하고 있다. 대기 중 메탄의 증가 역시 인간의 경제 활동에 그 원인이 있는데, 주로 대규모의 가축 사육이나 쌀 재배로 발생한다.[12]

지구 온난화로 인한 기후 변화가 앞으로 생태학적으로 어떤 영향을 미칠지 아직도 불확실하다. 이는 대기 중 온실기체의 축적으로 인한 온실효과를 직접적으로 조사하고 연구하기가 어렵기 때문이다. 어느 곳에 비가 더 내리고 어느 곳이 더 건조해질지 현재의 지식과 기술로는 예측이 어렵다. 하지만 온난화로 인해 해수면이 상승하리라는 사실만은 의문의 여지가 없다. 만약 현재의 산업화 추세가 계속된다면 대기 중에 축적되는 이산화탄소와 그 밖의 온실기체는 2030년에 이르면 산업화 이전 수준의 2배가량이 될 것이고, 따라서 지표의 평균온도는 지금보다 섭씨 1.5~4.5도가 상승할 것이다. 그럴 경우 해수면은 현재보다 25~140센티미터 상승할 것이다.[13] 만일 온난화가 가속되어 그린랜드나 남극의 빙하가 녹게 되면 해수면의 상승폭은 더 증가할 것이다. 실제로 그린피스가 낸 한

11—— 최병두, 『환경사회이론과 국제환경문제』(서울: 한울, 1995), p. 189.
12—— 구경국, 위의 책, pp. 37-38.
13—— WCED, 조형준·홍성태 역, 『우리 공동의 미래』(서울: 새물결, 1994), p. 219.

   • 신자유주의 시대, 평화와 생명 선교 •

보고서에 따르면 미국 알래스카 주 남동부에 있는 베링 빙하가 금세기 동안 면적이 130Km^{3}나 녹았다고 한다. 그런데 이 같은 현상이 계속되어 해수면이 50센티미터가 높아질 경우 마셜 제도 내 마주로 환초의 80퍼센트가 물에 잠기고 방글라데시의 17퍼센트, 네덜란드의 6퍼센트 그리고 이집트의 1퍼센트가 각각 침수될 것이다.[14]

그 외에도 지구 온난화 현상은 양극 지역과 적도 간의 기온 차이에 의해 움직이는 대기의 열기관atmospheric heat-engine의 속도를 늦추게 되어 지구의 강우 조절 메커니즘에도 예측 불가능한 영향을 미치고, 곡물과 산림의 경계선을 현재보다 높게 만들 것이다. 그리고 기후 변화로 말미암은 대양의 기온 상승은 해양 생태계에 예기치 못한 영향을 미치게 될 것이 분명하며, 잦은 기상 이변으로 인한 각종 재해를 예상할 수 있다.

2) 오존층 파괴

오존층 파괴 문제는 1970년대 초 성층권을 비행하는 초음속 항공기 개발 계획과 관련하여 처음 제기되기 시작했으며, 곧 이어 염화불화탄소CFCs에 의한 오존층 파괴의 심각성도 알려지게 되었다. 그 뒤 1984년에 남극 상공에서 오존층 구멍이 확인되었는데 지금은 남극 상공만이 아니라 적도 지방을 제외한 남·북반구의 중위도 및 고위도 지역에서도 관측되고 있다. 세계기상기구WMO에 의하면 남극 상공의 오존층 구멍은 유럽대륙 크기의 2배에 달한다고 하며, 한 유엔보고서에 따르면 지금까지 전체 오존층의 30~40퍼센트가 파괴됐다고 한다.[15]

14──《조선일보》, 1997년 7월 29일.

오존은 고도 20~40킬로미터 사이의 성층권에 가장 많이 분포한다. 성층권에서 오존은 끊임없이 만들어지고 파괴되는데, 주어진 환경 조건에서 형성되는 속도와 파괴되는 속도가 일정하여 언제나 동적인 정상 상태를 이룬다. 그런데 이러한 정상 상태가 염화불화탄소와 같은 기체들의 촉매작용에 의해 파괴될 수 있다. 특히 공업용 세척제·에러로졸 스프레이의 분사제·에어컨이나 냉장고의 냉매·플라스틱 발포제 등으로 사용되는 프레온 가스가 오존층 파괴의 핵심 원인으로 알려지고 있다.

오존층 파괴로 말미암은 자외선의 증가는 여러 가지 환경문제를 일으킨다. 첫째, 성층권의 오존은 생물에 해로운 자외선, UV-B를 차단하고 흡수하는 천연 필터와 같은 역할을 하기 때문에 오존층이 1퍼센트 감소하면, 지구에 도달하는 유해한 자외선UV-B은 2퍼센트가량 증가하게 된다. 미국 환경청EPA의 추정에 의하면 오존이 1퍼센트 감소하면 피부암의 발생률은 약 3퍼센트씩 증가한다.[16] 그리고 자외선의 증가는 백내장과 같은 안眼질환을 유발하는데, 오존층 1퍼센트가 감소하면 백내장 발생률은 0.6퍼센트 증가한다고 한다.[17] 둘째, 오존층 파괴로 식물이 자외선에 완전히 노출될 경우 DNA가 손상되어 기형이 나타나고, 작물의 수확량도 줄어든다. 이는 식물이 자외선에 대해 여러 가지 민감한 반응을 보이는데, 특히 상추·토마토·콩·면화 같은 종류가 큰 영향을 받는다. 그리고 바다에서는 플랑크톤·게·새우·어린 물고기와 같은 작은 수중 생물에 해

15── 《동아일보》, 1996년 9월 15일.
16── 이창복, "환경의 위기", 시민환경연구소 엮음, 『환경의 이해』(환경운동연합 출판부, 1993), p. 57.
17── 코스모스피어 편집부 편, 『지구환경총람』(도서출판 코스모피어, 1992), p. 34.

를 미쳐 수중 생태계의 먹이 사슬이 위협을 받게 된다.

3) 생물종 다양성 소멸 및 감소

오늘날과 같은 지구상의 생물종 다양성은 오랜 기간에 걸쳐 이루어진 것으로 인류의 생존에 대단히 중요하다. 생물종은 인류의 식량이나 생활에 필요한 원료를 제공할 뿐만 아니라, 생태계 물질 순환의 평형을 유지하는 기능도 한다. 그리고 다양한 생물종은 경제적으로 농업, 의학 및 공업의 발달에 중요한 토대가 되고 있다. 실제로 현재 조제되고 있는 모든 약 처방의 절반가량이 야생 생물로부터 원료를 얻고 있다. 그 밖에도 생물종은 기름·수지·염료·살충제 등 화학공업의 중요 자원이 되고 있다. 그뿐만 아니라 다양한 생물종은 생태학적으로 기후의 안정이나 물의 저장, 토양 및 목초지 보호 등의 기능도 한다. 따라서 이같이 중요한 생물종 다양성이 소멸한다는 것은 결국 인류 생존의 위협이 그만큼 커진다는 의미가 된다.

현재 지구상의 생물종의 수가 얼마나 되는지는 정확히 추측할 수 없지만 대략 3천만 종 정도로 추정되고 있다. 그 가운데 약 200만 종 정도가 파악되고 있는데, 그중 75만 종이 곤충이고 4만1천 종이 척추동물이고, 25만 종이 식물이라고 한다.[18] 하지만 인구와 경제 활동의 급속한 증가로 말미암아 생물종 다양성이 빠른 속도로 감소하고 있다. 열대림과 기타 서식처의 파괴로 인해 세계적으로 매일 최소한 140종의 동·식물이 사라지고 있으며, 1년에 최소한 5만 종이 멸종하고 있다.[19] 앞으로 생물종의

18——— 코스모스피어 편집부 편, 위의 책, p. 96.

멸종 속도는 더욱 빨라져서 20년 안에 전체 생물종의 5분의1 정도가 사라질 것으로 전망되고 있다. 예전에는 평균적으로 일 년에 한 개의 종만이 자연적으로 사라졌다. 하지만 지금은 거의 매일 한 개 이상의 종이 멸절되고 있으며, 21세기에는 한 시간에 한 개 이상의 종들이 멸종할 것으로 추측된다.[20]

야생 동·식물의 멸종 요인으로는 서식지의 파괴, 무분별한 남획, 외래종의 영향 그리고 먹이 부족 등을 들 수 있다. 지구적 차원에서 무엇보다 중요한 요인은 열대림의 파괴다. 왜냐하면 열대림 면적은 총 지구 지표면의 7퍼센트에 불과하지만 전 세계 생물 가운데 절반 이상이 이곳에 서식하고 있을 만큼 생물종이 풍부한 지역이기 때문이다. 한 예로 열대지역의 담수에 사는 곤충의 수는 온대지역보다 306배가 많으며, 수목 역시 기타 지역보다 훨씬 더 풍부하다. 북미 북동 지역에서는 1헥타르 당 10~30종의 수목이 서식하는 데 비하여, 열대림에는 1헥타르 당 40~100종이나 서식하고 있다. 특히 보르네오 열대림의 15헥타르의 면적에는 700여 수종이 서식하고 있는데 이것은 북미 전 지역을 다 합한 숫자와 맞먹는 수치다.[21] 그러나 유감스럽게도 한때 15~16억 헥타르에 달했던 열대림이 개발과 남벌로 인해 지금은 약 9억 헥타르만 남아 있으며, 그 마저도 매년 약 760~1천만 헥타르씩 훼손되고 있다.[22]

19—— 최병두, 『환경사회이론과 국제환경문제』(서울: 한울, 1995), p. 191.
20—— 구경국, 위의 책, p. 33.
21—— 코스모스피어 편집부 편, 위의 책, p. 96.
22—— WCED, 위의 책, p. 191.

　　　　　　　• 신자유주의 시대, 평화와 생명 선교 •

4) 지구 환경문제의 사회·정치적 특성

지구 환경 위기가 국제적 사회문제인 이유는 환경 위기로 인해 상대적으로 득을 보는 국가가 있는 반면에 손해를 보는 국가도 있다는 사실에 기인한다. 예컨대 온실 효과로 인한 기후 변화가 전 지구적 문제라고 하지만 가장 큰 피해를 입는 것은 저개발국, 그중에서도 빈민 계층일 것이다. 서구의 산업 국가들이 전 세계 인구의 4분의1밖에 안 되면서도 전 세계 자원의 4분의3을 소비하면서 환경문제를 일으키지만 그 피해의 대부분은 가난한 나라의 가난한 계층이 받는다는 점이 문제다. 한 예로, 온실 효과에 따라 해수면이 올라갈 경우, 이집트의 나일 강 유역의 삼각주에는 경작지의 5분의1이 침수되어 1천만 명 이상의 환경 난민이 발생할 것이며, 방글라데시 9천만 인구의 25퍼센트가 살고 있는 지역의 6분의 1을 덮치게 될 것이다. 섬 국가들의 피해는 훨씬 더 심각할 것인데, 특히 국가 전체가 산호초로 되어 있고 가장 높은 지점이 해발 4미터에 불과한 마셜 제도, 토케라우, 투발루, 몰디브 등의 섬나라가 국가 존망의 위기에 빠지게 될 것이다.[23] 이처럼 타국의 경제 활동이나 소비 활동으로 인해 해수면이 상승하여 국가가 없어지는 사태가 발생한다면 그것은 세계 평화에 심각한 장애 요인이 될 것이다.

환경문제와 국제 경제의 관련성은 외채 문제를 통해서도 확인할 수 있다. 과중한 외채 압력에 시달리는 저개발국은 어쩔 수 없이 환경을 파괴하게 되는데 이것은 결국 지구 전체 생태계에 위협이 된다. 한 예로, 채무국의 열대림 파괴는 지구 온난화에 영향을 주고 있다. 브라질의 아마존

23——— 졸고, 『기독교환경윤리의 실천과제』(대한기독교서회, 1997), p. 205.

강 유역에서는 1966~78년 사이에 800만 헥타르의 열대림이 벌채되었으며, 나이지리아의 경우에는 겨우 6.4퍼센트만 남게 되었고, 에티오피아 역시 국토의 절반 이상이 열대림이었으나 지금은 2.5퍼센트만 남게 되었다. 이 외에도 외채 상환 압력에 시달리는 채무국들은 야생동물 및 어업 자원을 과도하게 남획함으로써 지구상 생물종의 감소와 멸종이라는 전 지구적 환경문제를 일으킨다.[24]

2. 에큐메니칼 선교 과제로서 환경문제

1) 지구적 에토스의 형성

환경 대재앙의 위기 앞에서는 이데올로기도, 계급도, 정치적 동맹이나 체제도 부차적이 된다. 구소련 외상 세바르드나제E. A. Shevardnadze가 1988년 가을 유엔 총회에서 행한 현실은 이러한 진실을 잘 반영하고 있다: "환경 대재앙의 위기 앞에 이념적으로 양극화된 대립이 무슨 소용이 있겠는가? 경제권이나 군사 동맹, 체제의 차이에 따라 생명권을 분할할 수는 없지 않은가! 모든 나라가 하나의 기후 체계를 공유하고 있는 것은 엄연한 현실이고, 어떤 한 나라가 자국만을 지킬 수 있는 독자적인 환경 방위선이라는 국경을 만들 수 없다는 것은 자명한 사실이 아닌가?"[25]

이러한 지구적 차원의 생명 위기 현상에 따라 환경 선교는 인류의 공동선을 증진하고, 지구적 차원의 보편적 가치에 따라 행동하고 책임지는

24—— 졸고, 위의 책, p. 211.
25—— 졸고, 위의 책, pp. 208-209에서 재인용.

    • 신자유주의 시대, 평화와 생명 선교 •

'지구적 에토스Weltethos'를[26] 형성하는 데 관심을 둬야 한다. 이제 새로운 지구적 차원의 윤리의식 없이는 지구화를 통한 하나의 새로운 세계가 가능하지도 않을 뿐만 아니라, 지금의 세계를 평화롭게 유지하기조차 어려울 것이다. 따라서 환경문제에 대한 접근도 지역적 관점에서 벗어나 지구적 차원으로 확대되어야 한다. 환경문제는 지구적으로 생각하고 행동하는 지구적 시민 의식을 요청한다. 그럼에도 불구하고 경제 영역에서 지구화는 빠르게 진행되는 반면에 그것을 조정하고 통제할 만한 정치적 영역에서의 지구화나 지구적 에토스의 형성은 이보다 훨씬 느리게 진행되고 있다.

일찍이 한스 큉H. Küng은 『세계윤리 구상』(1990)이라는 책에서 지구적 에토스의 중요성을 역설했다. 여기서 그는 이전 시대의 '차별의 윤리', '모순의 윤리', 그리고 '투쟁의 윤리'를 넘어서는 새로운 세계윤리가 필요함을 강조하면서, 몇 가지 기본 원칙을 다음과 같이 말하고 있다:[27]

1. 자유만이 아니라 정의도 보장하는 '사회적'인 세계 질서의 수립이다. 즉, 온 인류가 동등한 권리를 소유하고 연대성 안에 공존하는 사회를 만들어야 한다는 것이다.
2. 문화의 정체성만이 아니라 다원성을 보장하는 '다원적'인 세계 질서의 수립이다. 이를 위해서 민족적·인종적·문화적 차별과 배척을 극복해야 한다.

26—— H. Küng, *Weltethos für Weltpolitik und Weltwirtschaft* (München, 1997), pp. 132-133.
27—— H. Küng, 안명옥 역, 「세계윤리 구상」(분도출판사, 1992), pp. 141-144.

3. 형제애만이 아니라 자매애도 강조하는 '동반자적'인 세계 질서의 수립이다. 교회와 사회 안에서 남성과 여성의 관계를 '지배와 억압의 관계'에서 '동반자적인 동등과 협력의 관계'로 바꾸어야 한다.

4. 국가 간의 분쟁을 극복할 뿐만 아니라 복지사회를 구현할 수 있는 '평화적'인 세계 질서의 수립이다. 일체의 군비 경쟁과 폭력을 극복하고 군사 문화를 타파해야 할 것이다. 더 나아가 각 민족의 인간다운 삶을 위한 복지 구현에 연대함으로써 보다 적극적인 평화를 이루어야 한다.

5. 생산성만이 아니라 환경과의 연대성도 강조하는 '환경친화적'인 세계 질서의 수립이다. 지구화된 세계에서의 생존은 인간과 자연 생태계 모두를 포함하는 것이어야 한다.

6. 종교에 대한 관용만이 아니라 일치가 가능한 '에큐메니칼적'인 세계 질서의 수립이다. 교회 안에 있는 온갖 형태의 분리, 교회들 사이 그리고 종교들 사이의 불신과 적개심을 극복할 수 있어야 한다.

2) 환경문제 해결을 위한 에큐메니칼 협력

지구적 차원에서 생겨나는 환경문제는 더 이상 어느 한 국가나 지역만의 문제가 아니다. 따라서 그 해결책도 특정한 종파나 종교의 경계를 뛰어넘는 에큐메니칼 협력과 참여를 필연적으로 요청한다. 어원적인 차원에서도 에큐메니칼ecumenical 운동과 생태ecology 운동 모두는 그 어원이 동일한 그리스어 오이코스oikos에서 왔다. 오이코스란 우주 전체를 한 가정의 살림살이로 생각하고 다루는 개념이다. 환경문제 역시 세계를 한 가정의 살림살이처럼 생각하고 접근할 때 해결될 수 있는 문제다. 지구적 차원에서 원인과 결과를 갖는 환경문제는 그 해결책을 마련하기 위해

　　　　　　　　　• 신자유주의 시대, 평화와 생명 선교 •

필연적으로 국가 간, 종교 간, 그리고 같은 종교 내 교파 간의 대화와 협력을 요청한다. 그런 의미에서 환경 운동은 에큐메니칼 운동일 수밖에 없다.

일찍이 우리나라에서도 1993년 5월 31일 각 종파의 종교인들이 모인 한국종교인평화회의에서 〈환경윤리 종교인 선언〉을 선포했다. 거기에서 우리나라 종교인들은 환경문제와 관련하여 다음 네 가지를 선언했다:[28] 첫째, 물질의 집착에서 벗어나 정신적 풍요를 소중히 여기는 삶이 되어야 합니다. 둘째, 인간 중심적인 사고에서 벗어나 자연과의 조화를 먼저 생각해야 합니다. 셋째, 지역에 한정된 생각에서 벗어나 범세계적 사고로 전환해야 합니다. 넷째, 우리 세대만의 생각에서 벗어나 후손의 삶을 함께 생각해야 합니다.

나가며

21세기 전대미문의 지구적 생명 위기 현실에 직면한 교회는 인류의 생명만이 아니라 자연 생태계의 생명의 구원까지 포함하는 환경 선교를 요청받고 있다. 구원의 대상이 과거 인간의 영혼에서 확장되어 인간 전체, 나아가 자연 생태계 전체로 확대되어야 한다. 이러한 환경 선교는 인간의 영혼만이 아니라 피조세계 전체의 구원에 관심하시는 하나님의 선교에 기초한다. 약자를 돌보고 해방하시는 예수님의 선교 관점에서 볼 때 우리 시대의 새로운 약자라고 할 수 있는 자연 생태계를 선교의 대상으로 포함

28——— 한국종교인평화회의, 『종교와 환경』(한국종교인평화회의, 1993), pp. 7-8.

해야 한다. 이러한 하나님 신앙과 그리스도 신앙에 기초하여 모든 신앙인은 생명을 돌보고 가꾸는 청지기가 되어야 하며, 교회는 생명 문화를 창조하고 하나님 나라의 샬롬을 선취하는 환경 선교의 공동체가 되어야 한다. 이제 교회의 환경 선교는 전 인류와 전 지구 생명공동체를 포함하는 진정한 의미의 에큐메니칼 운동이 되어야 한다.

조용훈

독일 Bonn 대학교에서 기독교윤리로 신학박사(Dr. theol.) 학위를 받았으며, 현재 한남대학교 기독교학과 기독교윤리 교수로 재직 중이다. 저서로는 『기독교 환경윤리의 실천과제』(대한기독교서회, 1997), 『지구화 시대의 기독교』(대한기독교서회, 1999), 『동서양의 자연관과 기독교 환경윤리』(대한기독교서회, 2002), 『기독교 대학의 정체성』(보이스사, 2004) 등이 있다.

생명 선교를 위한 대안적 성서해석

광우병 담론을 중심으로

• 박흥순 •

들어가며

경제적 이익과 효율성을 최우선의 가치로 여기는 신자유주의 시대에 하나님의 창조질서와 생명 가치에 주목하는 것은 시대를 역행하는 일인지 모른다. 하지만 성서의 가르침을 삶의 기준으로 정하고 살아야 하는 기독교인이라면 당연히 이익과 효율을 앞세우는 경제 가치를 거스를 수 있는 용기가 필요하다. 사회적 약자와 소외된 사람들의 인권과 목소리에 주목하는 것은 '과부와 고아'와 같은 낮은 곳에서 살아가고 있는 사람들을 우선적으로 편애하시는 하나님의 말씀을 청종聽從하는 것이다. 한국 사회가 최근에 경험한 신자유주의의 영향 가운데 하나가 바로 미국과의 자유무역협정을 둘러싼 미국산 쇠고기 수입 문제였다. 효율성을 무엇보다 중요시하는 신자유주의의 경제적 관점에 대해서 성서에 근거한 적절한 기독교적 대응을 고찰할 필요가 있다. 이 글의 목적은 '광우병 담론'에 대한 과학적 정보나 지식을 제공하려는 것이 아니라 '생명 가치'를 최우선의 가치로 여기는 성서 가르침에 근거한 대안적 관점을 고찰하려는 것이다. 이 글에서는 첫째로 한국 사회의 '광우병 담론'에 관한 일반적 이해

 • 신자유주의 시대, 평화와 생명 선교 •

를 살펴볼 것이다. '광우병 담론'이 '경제 가치'에 근거한 '인간 탐욕'의 결과에서 비롯되었다는 것을 지적하는 동시에 다양한 '대안적 관점'을 제시하고자 한다. 둘째로 '광우병 담론'을 위한 '성서의 대안적 관점'을 고찰함으로서 '생명 가치'에 근거한 생태지향의 실천을 제안하고자 한다. 이 글은 '광우병 담론'을 과학적 관점이 아니라 '해석학적 시각'을 통해서 고찰함으로써 성서해석에 기초한 기독교의 비판적 성찰을 제안하는 것이다.

한국 사회의 '광우병 담론'

1. 광우병에 관한 일반적 이해

'광우병 담론'은 미국산 쇠고기 수입과 인간광우병에 관해서 비판적으로 성찰할 기회를 제공하고 있다. '광우병mad cow disease'은 처음으로 영국의 농가에서 발견되었고 그 파장이 전 세계에 미쳤다. 1986년 영국에서는 소들이 이상한 행동을 하며 죽어 갔고, "소의 뇌신경 조직을 침범하는 병"[1]이 원인이라고 진단되었다. 영국에서 발견된 광우병 걸린 소의 증상을 살펴보면 다음과 같다.

소들의 초기 증세는 비틀거리며 침을 흘리고 귀에 경련을 일으키는 것이었다. 그 다음 단계에서 소들은 패닉 상태에 빠지더니 이를 갈면서 다른

1—— 홍창의, "광우병 이야기", 『살림』 통권 147권(2001년 4월), p. 52.

가축들을 공격했다. 그리고 예외 없이 죽어 갔다. 영국 축산업자들은 이 증세를 광우병이라고 불렀다. 이 증세는 현재 공식적으로 소의 뇌질환 bovine spongiform encephalopathy(뇌세포에 스펀지 같은 구멍이 뚫리는 소과의 질병), 혹은 줄여서 BSE라고 부른다.[2]

소들이 이상한 증세를 보이고, 뇌 기능을 상실하며 결국 죽게 되는 광우병이 영국에서 급격하게 증가했다. 광우병 발병 이후 영국뿐만 아니라 유럽과 전 세계가 커다란 충격에 휩싸였다. 소들이 미친 증세를 보이며 죽어가는 원인 가운데 하나로 지목된 것은 '스크래피scrapie[3]'라는 병으로 죽어가는 양들이었다. '스크래피'에 감염된 양이 광우병의 발병과 관련이 있다는 사실은 영국 축산업계의 사료 정책에 대한 성찰로 연결되었다. 왜냐하면 영국 축산 농가에서 "소를 키울 때 단백질을 보충하기 위한 방법으로 양의 부산물(여기에는 내장, 뇌, 척수, 뼈 등이 포함된다)을 갈아서 먹이고는 했는데, 스크래피에 감염된 양의 부산물을 먹은 소들에서 광우병이 발생한 것"[4]이라고 추정하고 있기 때문이다. 광우병의 발병 원인 가운

2—— 피터 몬타그, "미국 소, 결코 안전하지 않다", 『월간 말』 통권 185호(2001년 11월), p. 166.

3—— 광우병은 스크래피와 매우 흡사한 증세를 보이고 있다는 사실에서 파급 효과는 충격적인 것이었다. 이행은 스크래피를 다음과 같이 정의하고 있다. "스크래피는 2백 년 전 스페인에서 처음 발견됐고 유럽의 많은 나라에서 발견된다고 현재 보고되고 있지만, 주로 영국에서 발견되는 풍토병이다. 이 병에 걸린 양은 자신의 몸을 긁거나 비빈다. 그 결과 털이 빠지고(긁는다는 뜻의 'scratch'에서 이 병의 이름이 유래) 광우병에 걸린 소와 같은 신경마비 증상을 일으킨다." 이행, "대책없는 광우병: 인류의 새로운 재앙인가", 『과학동아』 통권 125호(1996년 5월), p. 105.

4—— 최석민, 『초대하지 않은 손님, 전염병의 진화』(서울: 프로네시스, 2007), pp. 130-131.

　　　　　• 신자유주의 시대, 평화와 생명 선교 •

데 하나는 초식동물인 소가 동물성 사료를 통해서 사육됨으로써 자연계의 질서를 거역한 결과에서 비롯된다는 것이다.[5] '스크래피'에 감염된 양의 부산물을 소의 사료로 사용했기 때문에 양에서 발병했던 '프리온 질병'이 소에게 전염되어 광우병이 발병하게 되었다는 것이다.[6] 박상표는 '변형 프리온 단백질'의 위험성에 관해서 다음과 같이 설명한다.

광우병 유발인자로 주목받고 있는 변형 프리온 단백질은 단백분해효소에 분해되지 않으며, 열·자외선·화학 물질에 강한 저항성을 가지고 있다. 변형 프리온 단백질은 살코기뿐만 아니라 통뼈까지 타서 재가 되어 버리는 600℃의 고온에서도 병원성이 전혀 소실되지 않는다. 또한 시체를 담가두는 강력한 발암물질인 포르말린에도 죽지 않으며, 상당 수준의 자외선을 쬐어도 살아남는다. 변형 프리온이라는 괴물은 0.001g만으로도 인간광우병을 옮길 수 있다.[7]

'변형 프리온 단백질'은 광우병의 유발인자로서 미세한 분량으로도 사람에게 치명적일 수 있다. '변형 프리온 단백질'의 심각성은 인간광우병을 유발할 뿐만 아니라 '백신이나 치료약'[8]이 전혀 없다는 사실에서 발견

5—— 배재근, "광우병과 음식물쓰레기의 자원화", 『폐기물 자원화』 제9권 제1호(2001), p. 142.
6—— 임소형, "광우병 그 정체를 밝힌다: 두 얼굴의 단백질 프리온", 『과학동아』 통권 218호 (2004년 2월), p. 94.
7—— 박상표, "이윤에 눈멀어 광우병 위험에 눈감는 청맹과니들", 『월간 말』 통권 255호 (2007년 9월), p. 77.
8—— 배재근, 같은 논문, p. 142.

할 수 있다. 광우병이 발병한 지 10년 후에 광우병에 걸린 쇠고기를 먹고 인간광우병에 걸려 사망한 첫 희생자가 보고되었다.[9] 광우병이 처음 발병한 이래 광우병이 인체에 해롭지 않다고 주장해 왔던 영국 정부는 광우병이 인간에게 전염된다고 인정하게 된다.[10] 광우병과 인간광우병의 발병 원인을 고찰하면서 주목해야 할 것은 영국 정부가 영국 국민들을 향해서 '거짓말'을 한 것이 아니라 "당시(1989)의 최신 '과학' 연구 보고서의 조언에 충실"[11]했다는 사실이다. 2007년 6월 30일을 기준으로 인간광우병 판정을 받은 후에 사망한 사람은 203명이다.[12] 아직까지 광우병의 발병 원인이나 감염 경로에 대한 과학적이고 의학적인 연구 결과가 나오지 않은 상황에서 광우병과 인간광우병에 대한 낙관적 태도를 보이는 것은 매우 위험하다. 특히 한국인은 광우병 위험 부위를 식재료로 사용하기 때문에 광우병에 노출될 경우 인간광우병 발병 가능성이 높다는 전문가의 지적에 귀를 기울일 필요가 있다.[13]

2. 광우병과 인간의 탐욕

영국에서 처음으로 발병한 광우병과 인간광우병은 인간의 '교만과 탐

9—— 임소형, 위의 글, p. 96.
10—— 유상준, "광우병 소라도 살코기는 괜찮다고?", 『월간 말』 통권 212호(2004년 2월호), p. 4.
11—— 유상준, 위의 글, p. 4.
12—— 박상표, "한국은 광우병 안전지대가 아니다", 『환경과 생명』 통권 53호(2007년 가을), p. 238.
13—— 최승일, 정병훈, 김용선, "한국의 크로이츠펠트 야콥병 발생 현황 및 관리정책 개발", 『한국의료학회지』 제27권 제1호(2005), p. 87.

욕'[14]의 결과라는 비판을 피할 수 없다. 과학적 지식에 대한 맹신과 경제적 이윤에 눈이 먼 탐욕의 결과가 광우병과 인간광우병이라고 지적하는 것은 적절하다. 광우병과 인간광우병의 발생은 '자본주의적 탐욕'[15]에서 비롯된 것으로 창조질서를 거스른 행위다. 경제적 가치를 우선적으로 생각하는 '인간의 탐욕'이 제거되지 않는 한 '변종 프로테인 프리온 같은 괴물의 출현'[16]이나 '제2, 제3의 광우병'[17] 발생을 막을 수 없을 것이다. 박종운은 '인간의 탐욕'이 창조질서를 파괴하는 행위라고 다음과 같이 설명하고 있다.

'광우병'은 소를 빨리 자라게 하기 위해, 먹을 수 없는 부위를 버리는 비용을 줄이고 사료로 재활용하기 위해, 소에게 소를 먹이기 시작하면서 발생한 '미친 소' 병이다. '소'는 원칙적으로 초식동물인데 동물성 사료를 먹여서 키우고 그 사료에 소의 동족인 소가 포함(교차오염의 가능성 포함)되어 있으니, 마치 사람이 사람을 잡아먹는 꼴이 된다. 이러한 동물성 사료를 오랜 기간 먹게 되면 제아무리 순한 소라도 미치지 않을 수 없고, 그 결과 단백질에 이상이 생겨 '변형 프리온'이 발생하게 된다. 이것은 명백하게 하나님의 창조질서를 파괴하는 것이다. 생태계의 질서를 교란

---

14 —— 유시민, "광우병-교만과 탐욕에 내린 재앙", 『월간 말』 통권 119호(1996년 5월), p. 85. 유시민은 교만과 탐욕을 "과학에 대한 인간의 교만과 이윤 추구에 대한 무절제한 탐욕에 내린 자연의 형벌"이라고 요약하고 있다.

15 —— 유시민, 위의 글, p. 89.

16 —— 유시민, 위의 글, p. 89.

17 —— 권영삼, "인간 탐욕의 절정, '광우병 신드롬'", 『빛과 소금』 통권 195호(2001년 3월), p. 34.

하는 것이다. 인간의 탐욕은 생태계의 교란을 가져오고, 하나님의 창조 질서를 파괴하며, 그에 대한 대가를 결국 인간도 치르게 된다.[18]

경제적 효율성을 최우선적으로 추구하는 신자유주의의 '경제 가치'는 창조질서의 '생명 가치'를 무시한다. 그리고 결국 '인간의 탐욕'으로 만들어진 광우병과 인간광우병으로 인해서 생태계의 질서를 파괴하고 혼란에 빠지게 한다. 광우병과 인간광우병의 원인이 '인간의 탐욕'과 관련이 있다는 사실을 보여주는 대표적인 사례는 바로 '동물성 사료의 사용'이다. 영국에서 광우병의 원인을 조사한 결과 "단기적으로 쇠고기의 생산성을 높이려는 의도에서 양과 소의 사체를 사료로 사용했기 때문"[19]이라는 사실이 확인되었다. 이윤이나 경제적 효율성을 높이기 위해서 창조질서를 거역하며 동물성 사료를 사용하는 것이 '광우병 담론'의 핵심적 쟁점 가운데 하나다. 리차드 로즈Richard Rhodes는 동물성 사료의 사용이 '인간의 탐욕'을 표현해 주는 대표적인 사례라고 말한다.

영국을 비롯한 다른 많은 나라(미국도 포함된다)는 단백질 사료의 대안으로 폐가축 처리장에서 나오는 육골분 사료를 사용한다. 육골분 사료란 보행 불능 소나 질병 진단을 받지 않고 죽은 양 등 죽은 가축의 사체를 갈고, 찌고, 말려서 가공한 사료다. 따라서 소(그리고 양, 돼지, 닭)는 더 저렴한 우유와 고기를 생산하기 위해 육식동물이 된 것이다.[20]

---

18 —— 박종운, "광우병 공포의 본질과 교훈", 『복음과 상황』 제212호(2008년 6월), p.145.
19 —— 한국도시연구소 환경연구부/한국공간환경학회 환경분과, "위험사회와 광우병 사태: 패러다임 전환을 위한 성찰적 근대화의 과제", 『환경과 생명』 통권 27호(2001년), p. 116.

 • 신자유주의 시대, 평화와 생명 선교 •

　　단기간에 생산성을 높이기 위해서 초식동물에게 동물성 단백질을 공급함으로써 '동족식욕'[21]의 잔혹함을 보여준 사례가 바로 광우병이다. 경제적 이윤을 최우선의 가치로 여기는 한 광우병을 근본적으로 차단하기는 어렵다. 엄청난 경제적 손실과 인명 피해를 당한 후 영국에서는 동물성 사료 사용을 전면 금지했고 광우병과 인간광우병의 발병 원인을 차단할 수 있었다.[22] 하지만 지금 한국 사회의 '광우병 담론'의 핵심 쟁점은 미국산 쇠고기가 여전히 '동물성 사료'를 사용하고 있다는 사실에서 찾을 수 있다. 미국산 쇠고기 수입에 대한 논란이 고조되고 있는 시점에 '광우병 국민대책회의' 전문가 자문위원회는 미국의 사료 정책을 다음과 같이 비판하고 있다.

　　미국은 현재 병들어 죽은 소, 일어나지 못하는 앉은뱅이 소를 모두 렌더링 처리하여 돼지와 닭의 사료를 가공하고 있으며, 심지어 광우병 특정 위험물질도 제거하지 않고 그대로 사료를 만들고 있다. 얼마 전에 앞으로 1년 후에 시행하겠다고 미국 관보에 게재한 사료조치는 30개월 이하에서는 앉은뱅이 소라도 광우병 위험물질을 전혀 제거하지 않고 사료의 원료로 사용할 수 있다. 30개월 이상에서는 뇌와 척수만 제거하고 나머

20──── 리처드 로즈, 안정희 역, 『죽음의 향연: 광우병의 비밀을 추적한 공포와 전율의 다큐멘터리』(서울: 사이언스 북스, 2006), p. 234.

21──── 박상표는 같은 동족이 서로 잡아먹는 동족 식육을 다음과 같이 설명한다. "쿠루, CJD, 스크래피, 전염성 밍크 뇌종TME, 광우병BSE 등은 모두 뇌에 스펀지처럼 구멍이 숭숭 뚫리는 공통점이 있었다. 그리고 또 하나, 잔혹함에 의해 탄생한 질병이라는 공통점이 있었다." 박상표, "한국은 광우병 안전지대가 아니다", p. 234.

22──── 임소형, 위의 글, p. 96.

지 광우병 특정위험 물질은 모두 사료의 원료로 사용할 수 있다. 따라서 미국의 '강화된' 사료 조치는 결코 광우병 교차 오염을 막지 못한다. 게다가 미국은 축산업자들의 로비에 밀려 사료 조치를 강화한 것이 아니라 오히려 약화시켰을 뿐이다.[23]

미국산 쇠고기의 안전성 문제는 '동물성 사료'의 사용 여부가 핵심적 쟁점이다. 20년 전 이미 광우병이 발병했던 영국에서는 전면적으로 '동물성 사료'의 사용을 금지했다. 하지만 미국은 "산업화, 세계화, 개방화한 식품 시스템"[24]을 앞세워 경제적 이윤과 효율성을 위한 정책을 최우선적 실시하고 있다. 미국은 소에게 동물성 사료를 먹이고 있기 때문에 '교차 오염의 가능성'[25]이 여전히 남아 있고 광우병과 인간광우병의 발병 가능성도 상당하다. 결국 경제적 이익을 앞세운 '인간의 탐욕'은 초식동물에게 '동물성 사료'를 먹이는 일도 서슴지 않고 생태계를 파괴하고 있다. 경제적 가치를 우선하는 '인간의 탐욕'을 극복하기 위해서 우선적으로 실행해야 할 과제는 엄격한 사료 정책을 통해서 창조질서를 거역하는 '동물성 사료'의 사용을 전면적으로 금지하는 제도적 장치를 마련하는 것이다.[26]

광우병과 인간광우병의 발병 원인이 '인간의 탐욕'과 연관이 있다는 또

23—— www.pressian.com/scripts/section/article.asp?article_num=6008060515 5709

24—— 한국도시연구소 환경연구부/한국공간환경학회 환경분과, 같은 논문, p. 117.

25—— 박종운, "광우병 공포의 본질과 교훈", 『복음과 상황』 제212호(2008년 6월), p. 143. 박종운은 교차 오염의 가능성을 "돼지나 닭이 쇠고기가 섞인 동물성 사료를 먹고, 그 돼지나 닭을 다시 소가 먹을 가능성"이라고 설명하고 있다.

26—— 홍창의, 위의 글, p. 60.

다른 사례는 공장식 축사를 사용하는 것이다. 공장식 축사는 동물을 공산품으로 여기고 대량 생산을 목적으로 사육하는 것을 의미한다.[27] 소를 포함한 모든 동물은 '인간의 탐욕'을 채워 주는 "영혼 없는 상품"[28]으로 전락하였다. '인간의 탐욕'을 보여주는 공장식 축산의 폐해에 관해서 박병상은 다음과 같이 지적한다.

소 역시 좁은 축사에 최대한 몰아넣는 것이 보통이다. 비육우의 경우 그 정도가 심해 아예 밧줄로 묶어 놓기도 한다. 지방이 근육 사이사이에 퍼지는 고급 육질을 얻어 내기 위해서는 비육우의 운동량을 최대한 줄여야 하기 때문이다. 또한 우유와 고급 육질을 빨리 얻으려면 젖소는 저연령기에 임신해야 하고, 비육우는 몸집을 가능한 빠르게 불려야 한다. 이렇게 하려면 소들에게 호르몬을 주입해야 한다. 어떤 경우는 '유아기'에 호르몬 주사를 맞은 비육우가 뼈가 채 아물기도 전에 몸무게가 느는 바람에 발목이 부러져 주기도 한다.[29]

대량 생산을 위한 공장식 축사는 '동물성 사료'의 사용과 밀접한 연관이 있다. 동물을 '상품'이나 '공산품'으로 여기는 미국의 축산업은 '동물성 사료'를 사용하여 생산성과 효율성을 높이고 결국 '인간의 탐욕'을 극

---

27 —— 이유진, "유전자조작 콩 먹을래? 광우병 소고기 먹을래?", 『중등 우리교육』 통권 198호, 2006년 8월호, p. 87.

28 —— 프란츠 알트, 『프란츠 알트의 생태적 경제기적』(서울: 양문, 2004), p. 146.

29 —— 박병상, "광우병은 자본이 낳은 프랑켄슈타인", 『월간 말』 통권 212호(2004년 2월), p. 135.

대화시키고 있다. 공장식 축사와 '동물성 사료'를 사용한 "과학축산"[30]
은 '인간의 탐욕'이 생태계의 질서를 무너뜨린 대표적인 사례라고 할 수
있다.

3. '광우병 담론'을 위한 대안적 관점들

1) 사전 예방의 원칙

한국 사회의 '광우병 담론'에 대한 첫 번째 대안적 관점은 "사전 예방의
원칙precautionary principle"[31]이다. 광우병과 인간광우병에 관한 과학적 증
거가 불확실하다고 할지라도 인간에게 미칠 위험의 가능성이 있을 경우
에 사전에 예방하고 주의 조치를 취하는 것을 의미한다. 다시 말해서 과
학적 지식이나 증거를 지나치게 의존하기에 앞서 위험 요소를 제거하고
대안을 찾으려는 노력을 요구하는 것이다. 환경과 생명의 관점에서 위험
이나 위협을 예방하기 위한 '사전 예방의 원칙'은 다음과 같이 정의할 수
있다.

사전 예방 원칙은 불확실성 속에서 미래에 상당한 위험이나 위해가 발생
할 가능성이 존재하는 경우에는 신중한 태도로 특정 행동을 진행하지 않
는 것이 합리적이라는 입장을 견지한다. 이 원칙은 또한 의사 결정자는
발생하는 위해로부터 환경과 미래 세대를 보호하기 위해서 과학적 확실

30——— 박병상, 『녹색의 상상력』(서울: 달팽이 출판, 2006), p. 164.
31——— 박상표, "한국은 광우병 안전지대가 아니다", p. 236.

　　　　　　　　　　　　· 신자유주의 시대, 평화와 생명 선교 ·

성보다 우선하여 행동해야 한다는, 매우 직관적이고 간단한 생각이다. 이는 불확실성이 존재하는 경우에는 위험의 회피가 의사 결정에 있어서 의 규범이 되어야 함을 요구하는 것이다. 과학적 증거보다 우선하여 행 위하는 데에는 사전 예방을 위해 특정한 개발 방식을 철회하고자 하는 의 지가 포함된다.[32]

한국 사회의 '광우병 담론'은 미국산 쇠고기의 안전성과 건강권에 대한 불신에서 비롯되었다. 미국산 쇠고기 수입 문제의 핵심적 쟁점은 미국산 쇠고기가 광우병의 위험에 노출되고, 인간광우병을 유발시킬 가능성에 대한 '불확실성'에서 비롯된다는 것이다. 광우병이 처음 발병했을 때 영 국정부와 상당수의 과학자들은 광우병이 인간에게 위협이 될 수 있는 가 능성을 알리지 않았기 때문에 엄청난 피해를 자초했다.[33] 따라서 한국 사 회의 '광우병 담론'에 대한 비판적 성찰은 '사전 예방의 원칙'에서 출발할 필요가 있다. 광우병 위험에 대한 '불확실성'이 존재하는 현실에서 시간 이 지나면 결코 원상으로 되돌릴 수 없다는 문제의식이 요구된다. '광우 병 담론'과 관련된 '불확실성'을 해결할 수 있는 방법 가운데 하나가 "이 력추적시스템Traceability"[34]을 의무적으로 도입하는 것이다. 미국산 쇠고 기 수입과 관련해서 '이적추적시스템'을 도입하는 것은 "소의 출생지와 나이를 확인"[35]함으로써 소의 생산 관련 정보를 적절하게 확보할 수 있다

32—— 한국도시연구소 환경연구부/한국공간환경학회 환경분과, 위의 논문, pp. 118-119.
33—— 한국도시연구소 환경연구부/한국공간환경학회 환경분과, 위의 논문, p. 115.
34—— 박상표, "미친 소, 미친 정부, 미칠 것 같은 국민들", 『월간 말』 통권 244호(2006년 10월), p. 87.

는 사실에서 의의가 있다. 하지만 한국 사회에서 쟁점이 되고 있는 미국산 쇠고기의 위험에 대한 '불확실성'은 "위험 커뮤니케이션risk communication"[36]의 문제와 관련이 있다. 한국 사회의 '광우병 담론'에 대한 대안 가운에 하나는 바로 '불확실성'을 국민들에게 올바로 알리고, 의사소통을 시도함으로써 최선의 대책을 세우려는 노력이다. 광우병이 처음 발병했을 때 영국 정부가 신속하고 정직하게 대처하지 못한 결과 엄청난 피해를 경험했던 사실을 인식하고, 미국산 쇠고기 수입과 관련해서 한국 정부는 광우병과 인간광우병의 '불확실성'이 지니는 문제를 국민과 공유하려는 노력이 요청된다. 광우병과 관련한 일본 정부의 대처 방식은 한국 사회에 대안적 관점을 제공한다.

정부가 광우병 위험을 감수하더라도 국익을 위해 어쩔 수 없이 미국산 쇠고기를 수입해야 한다면, 최소한 미국산 쇠고기의 안전성에 관한 모든 정보를 솔직하게 공개해야 한다. 일본 정부는 자국 국민들이 미국산 쇠고기에 대해 불안해하자 각종 공청회, 토론회, 설명회를 통해 안전성과 관련된 위험정보를 공개했다. 일본 농림수산성 홈페이지에는 식품안전에 관한 의견 교환, 소비자 간담회 내용이 자세하게 기록돼 있다. 미국산 쇠고기 수입과 관련한 의견교환 내용을 살펴보면, 2006년에만 30차례의 정부 주최 간담회가 있었다. 간담회에서는 상황파악에 도움이 되는 모든 자료가 공개되며, 정부의 관련부처 핵심 공무원들과 전문가들이 모

<hr>

35—— 박상표, 위의 글, p. 87.
36—— 한국도시연구소 환경연구부/한국공간환경학회 환경분과, 위의 논문, p. 114.

 • 신자유주의 시대, 평화와 생명 선교 •

두 참석해 국민들에게 위험 정보를 솔직하게 설명한다.[37]

정부 주최의 간담회와 공청회를 통해서 광우병과 인간광우병에 대한 모든 정보를 설명하고 공개하는 것은 정부의 공공성 측면에 있어서 매우 적절하다. 광우병에 대한 과학적 증거나 의학적 지식의 '불확실성'을 인식하고 정부와 전문가 집단이 국민들과 의사소통함으로써 대안을 찾으려는 노력은 필수적이다.

2) '경제 가치'에서 '생명 가치'로

한국 사회의 '광우병 담론'을 대한 두 번째 대안적 관점은 '경제 가치'에서 '생명 가치'로의 인식의 전환을 요청하는 것이다. 광우병의 문제는 '환경(생태)문제'[38]라는 사실을 인정하고, 경제적 이윤을 넘어서 생태적 연계성의 시각에서 성찰할 필요가 있다. '환경' 혹은 '생태'의 관점에서 광우병 문제를 고찰해야 하는 까닭은 광우병의 발병 원인이 생태계 질서를 교란한 결과이기 때문이다. 따라서 광우병과 인간광우병 문제에 대한 대안적 관점은 "생명과 건강, 환경과 생태, 식품 안전과 검역주권"[39]에 주목하는 생명지향적 가치라고 할 수 있다. '경제 가치'에서 '생명 가치'로 인식을 전환하기 위해서는 "인간이 자연의 주인이 아니라 더불어 살아가야 한다는 겸허한 마음가짐"[40]이 필요하다. 경제적 효율성이 인류의

37—— 박상표, "미친 소, 미친 정부, 미칠 것 같은 국민들", p. 82.
38—— 한국도시연구소 환경연구부/한국공간환경학회 환경분과, 위의 논문, p. 105.
39—— 박상표, "한국은 광우병 안전지대가 아니다", p. 242.
40—— 박병상, "획일화된 세상이 잉태하는 비극들: 생명공학을 둘러싼 최근 동향에 대한

'생명', '생태'와 '환경'보다 결코 우선할 수 없다. '광우병 담론'을 위한 대안적 관점은 "생태학을 경제의 하부단위"[41]라고 인식하려는 '경제 가치'를 '생명 가치'로 전환하고자 시도할 때 가능한 것이다.

생명 가치를 경제 가치보다 중시해야 한다. 오늘날 경제 가치가 일체 인간 생활의 중심이 되고 나아가 숭배의 대상으로까지 발전하여 생명 가치를 압도하고 있는 듯하다. 생명 가치보다 경제 가치를 먼저 생각하는 물질지상주의적 사고는 우리 사회의 치명적 문제이며 큰 병폐의 근원이라 할 수 있다. 경제 가치가 생명 가치를 앞서게 될 때 생명은 파괴되어 종국적으로 죽음만이 남게 될 것이다.[42]

'생명 가치'로 시각을 전환한다는 것은 '광우병 담론'을 생명의 관점으로 바라보는 것이다. 한국 사회의 핵심 쟁점으로 부각되고 있는 '광우병 담론'은 "건강한 생명을 위해 건강한 음식을 나누어 먹는 일"[43]을 실천하는 것에서 출발해야 한다.

단상", 『환경과 생명』 통권 39호(2004년), p. 112.
41──── 프란츠 알트, 위의 책, p. 157.
42──── 김영선, "죽음의 역사를 생명의 역사로", 『신앙세계』 통권 426호(2004년 1월), p. 43.
43──── 박병상, 위의 책, p. 167.

 • 신자유주의 시대, 평화와 생명 선교 •

'광우병 담론'에 대한 기독교의 대안적 관점

1. '광우병 담론'에 대한 기독교적 관점

미국산 쇠고기 수입 문제와 관련해서 '광우병 담론'에 관한 기독교적 관점을 고찰할 필요가 있다. 한미 쇠고기 재협상을 촉구하는 국민들의 요구에 대해서 한국 교회의 보수적 목회자들은 '광우병 담론'이 부정적 여론형성이라고 주장한다. 미국산 쇠고기 수입 반대와 재협상을 요구하는 촛불집회 참여자들을 향해서 "실체 없는 광우병 바이러스에 감염되어 두려움과 공포의 패닉"[44]에 의한 행동이라고 평가절하하고 있다. 광우병과 인간광우병의 '불확실성'에 대한 신중한 비판에 대해서 "광우병 괴담"[45]이라고 주장하면서 한미동맹의 결속을 더 확고히 해야 한다고 주장하기도 한다. 한국 사회의 '광우병 담론'을 바라보는 한국 교회의 보수적 목회자의 관점은 생명의 관점을 간과하는 측면에서 비판을 받고 있다.

앞에서 지적했던 것처럼 광우병과 인간광우병에 관한 과학적 증거나 의학적 정보가 불확실한 경우 신중한 판단이 요청된다. 그뿐만 아니라 대량생산을 위해서 '동물성 사료'의 사용 문제와 공장식 축사 문제에 대한 기독교적 대응은 한국 사회의 '광우병 담론'에 대한 성서적 관점을 제안하기 위해서 매우 중요하다. '광우병 담론'에 관한 첫 번째 기독교의 대응은 하나님의 창조질서에서 바라보는 것이다. 이미 알려진 것처럼 광우

44—— http://www.kukinews.com/mission/article/view.asp?page=1&gCode=all&arcid=0920902912&code=23111212.

45—— http://www.cbs.co.kr/Nocut/Show.asp?IDX=829659

병은 생태계의 질서를 거슬러서 생긴 질병이다. 광우병의 발병 원인이 "동물성 단백질을 전혀 대사하지 못하는 되새김질 동물에게 동물성 사료를 갈아서 곡물 사료와 함께 투입함으로써 생기는 질병"[46]이기 때문이다. 한국 교회와 기독교인이 "모든 피조물이 하나님의 것"[47]이라고 고백한다면 '동물성 사료'를 먹이고 사육한 미국산 쇠고기 수입을 지지한다는 것은 이해할 수 없는 행동이다. 김재일은 광우병에 대한 낙관적 태도를 보이는 한국 교회와 목회자들을 향해서 다음과 같이 외친다.

창조 섭리를 모르면 차라리 설교를 하지 말든지, 예화를 들지 말라! 오직 말씀만 전하라! 광우병은 아무리 확률이 낮더라도 인간의 이기심이라는 축산 기술이 쌓은 바벨탑이다. 아무리 확률이 낮더라도 그것이 하나님의 창조 섭리에 벗어난 것이라면 아니라고 말할 수 있어야 한다. 광우병으로 죽은 사람이 있냐고? 그것은 바벨탑을 쌓다가 죽은 사람이 있냐고 묻는 것과 같다. 성서에는 나오지 않지만 아마도 그러한 탑을 쌓으나 민중을 수없이 죽었고, 야훼는 그 탑과 피라미드를 쌓는 민중을 해방시키신 분이다.[48]

미국산 쇠고기 수입과 광우병 문제를 정치적 혹은 경제적 논리로 바라

46── 김재일, "광우병은 축산 기술이 쌓은 바벨탑", 《뉴스엔조이》, 2008년 5월. http://www.newsnjoy.co.kr/news/articleView.html?idxno=24800.
47── 박근원, "창조질서의 보전과 교회의 과제", 『기독교사상』 통권 369호(1989년 9월), p. 87.
48── 김재일, 위의 글.

보는 대신에 창조질서의 관점에서 인식할 수 있는 기독교인이라면 '인간 중심주의'의 상징인 '바벨탑'과 유사하다는 것을 쉽게 알 수 있다. '경제 가치'가 아니라 '생명 가치'에 주목하는 창조질서의 관점으로 바라본다면 '광우병 담론'에 대한 기독교적 대안을 찾게 될 것이다.

'광우병 담론'에 대한 기독교의 둘째 관점은 금지조항과 관련한 구약성서의 본문에 주목하는 것이다. 구약성서에 세 번(출 23:19; 34:26; 신 14:21) 소개되는 "새끼 염소를 그 어미의 젖으로 삶아서는 안 된다"는 금지조항의 말씀을 중심으로 전성민은 두 가지의 해석학적 흐름을 다음과 같이 정리한다.

첫째는, 인도주의적인 입장에 근거한 해석이다. 어미의 젖으로 그 새끼를 삶은 것은 너무나 비인도적인 행위라 하나님께서 금지시키셨다는 것이다. 둘째는 고대 근동의 문헌에서 이와 매우 유사한 풍습에 대한 기록이 발견된 이후, 이 행위는 풍요를 위한 우상 숭배적 관습이었기에 금지시키셨다는 해석이다.[49]

비인도적인 행위로서의 금지조항은 결국 하나님의 창조질서를 거역하면서 동물성 사료로 사육하는 태도를 지적하는 것이다. 또한 우상 숭배적 관습이란 경제적 풍요를 맹목적으로 추구하는 경제 논리를 비판하는 것이라고 할 수 있다. 결국 광우병 위험에 노출되어 있는 미국산 쇠고기를

---

[49] 전성민, "염소 새끼를 어미의 젖으로 삶지 말찌니라", 《뉴스엔조이》, 2008년 5월. http://www.newsnjoy.co.kr/news/articleView.html?idxno=24809.

수입하기로 한 결정은 하나님의 창조질서를 거역하는 것인 동시에 경제적 이윤 추구를 위한 맹목적인 우상 숭배의 태도라고 지적할 수 있다.

'광우병 담론'에 대한 기독교의 세 번째 관점은 '생명의 밥상'에서 바라보는 것이다.[50] 마가복음에는 헤롯의 생일을 축하하기 위해서 고관들, 로마 제국의 장군들 그리고 주요 인사들을 초청해서 온갖 진수성찬을 차려 놓고 잔치를 하는 자리에서 세례 요한을 치형하는 '죽임의 밥상'이 소개된다. 진리와 정의를 외치는 세례 요한을 무력으로 굴복시키고 목을 베어 참수시키는 헤롯의 밥상은 '죽임의 밥상'의 대표적인 모습이다(마가복음 6:14-29). 반면에 볼품없는 떡 다섯 덩어리와 물고기 두 마리로 오천 명이 함께 나누는 오병이어의 식탁이 소개되고 있다. 비록 거친 음식을 나누고 있지만 민중들을 사랑하는 예수를 통해서 '생명의 밥상'이 소유doing를 넘어서 존재being의 가치를 인식하는 것이라고 강조하고 있다(마가복음 6:30-44). '생명의 밥상'이 갖는 의미에 대해서 정경호는 다음과 같이 설명한다.

참으로 살맛나는 밥상을 예수님께서 베푸신 것이다. 예수님의 밥상은 화려한 옷을 입지 못했어도, 좋은 음식은 없이 그저 보리떡과 생선뿐이었어도 모두가 기뻐하고 모두 함께 즐기고 있는 생명살림의 밥상임을 우리는 알 수 있다. 이러한 생명의 밥상은 곧 하나님 나라의 모습이요, 우리가 만들어 가야할 생명살림의 밥상이다. 이는 한마디로 자기의 것을 자

<hr>

50—— 정경호, "생명의 밥상", 《기독공보》, 2008년 5월 16일.
http://www.kidokongbo.com.

 • 신자유주의 시대, 평화와 생명 선교 •

기 주머니에만 넣지 않고 다른 사람들과 나누는 잔치, 곧 나눔의 밥상일 때 가능한 것이다.[51]

모두가 함께 즐기며 기뻐할 수 있는 생명의 밥상과 살림의 밥상이 되기 위해서는 경제적 이윤이나 이기적인 태도를 넘어서 나눔과 존중의 정신을 회복해야 한다. 정부나 기업이 경제적 이윤과 효율성을 극대화하려고 시도하는 것은 '죽임의 시각'이다. 기독교가 생명을 살리는 생명의 종교라고 한다면 생명을 살리는 일에 주목해야 할 것이다.[52] '생명 가치'를 지향하는 기독교적 관점은 생명이 "상호 보존과 돌봄의 관계"[53]에서 비롯한다는 사실을 인식하고 '생명의 밥상'을 위한 장기적인 대책을 마련해야 한다.

한국 사회의 '광우병 담론'에 대한 기독교적 대안은 '창조질서'와 '생명'으로 요약할 수 있다. '경제 가치'를 지향하는 '인간의 탐욕'에 저항하고 삶의 전반에서 '생태지향의 신앙 자세'를 실천하며 사는 것이 기독교적 대응이라고 할 수 있다.[54]

---

[51] —— 정경호, 위의 글.

[52] —— 김상득, "창조질서 보존을 위한 교회의 사명", 『신앙세계』 통권 426호(2004년 1월), p. 37.

[53] —— 김영선, 위의 글, p. 44.

[54] —— 박근원, 위의 논문, p. 93. 저항적 응답이란 "창조질서를 파괴하고, 지구를 하나님의 선물이라기보다는 우리 소유의 대상으로 생각하며 피조물과의 조화와 친교를 통한 보전이 아니고 그것을 파괴하는 모든 세력에 대항"하는 것이다.

2. '광우병 담론'에 대한 대안적 성서 해석

한미 쇠고기 협상과 광우병 문제는 정치-경제적, 사회-문화적 그리고 종교적 관점을 모두 고려해서 논의되어야 한다. 생명 존중의 기독교적 관점에서 마가복음의 본문(막 5:1-20)을 비판적으로 성찰하고 대안을 찾고자 한다. 마가복음 본문은 예수께서 이방 지역인 거라사 지역으로 갔을 때 악한 귀신에 사로잡힌 사람을 만나고 치유하는 내용을 소개하고 있다.

첫째로 미국산 쇠고기 수입 문제와 '광우병 담론'은 세계화와 신자유주의 정책으로 고통을 받고 있는 사람들의 시각에서 바라볼 필요가 있다. 무덤에 머물면서 쇠고랑과 쇠사슬에 묶여 살고 있을 뿐만 아니라 악한 귀신에 속박되어 살고 있는 사람에 주목해야 한다. 악령 즉, '악한 숨결'에 속박된 사람이 무덤에 있다는 것은 "비정상적인 정신 상태를 단적으로 표현"[55]해 주는 것이다. '악한 숨결'에 속박되어 비참하게 살고 있는 사람은 군사적 폭력과 제국주의 지배 아래에서 고통 받는 사람을 상징하는 것이다. 무덤에서 비참하게 살고 있는 사람을 속박하는 '악한 숨결'은 '군대Legion'[56]라는 이름의 막강한 존재였다. '악한 숨결'에 사로잡힌 사람은 '인격체'가 아니라 '군대'라는 '로마의 군사적 단위'[57]로 그 자신을 밝히고 있는 사실에 주목해야 한다. 로마제국의 '군대'를 상기시켜 주는 '악

---

[55]—— 김광수, "예수의 귀신축출 사역의 사회·정치적 이해: 마가복음 5:1-20", 『복음과 실천』 제23집(1999년), p. 79.

[56]—— 레기온은 로마군의 사단을 지칭하는 용어로 4천에서 6천의 병력을 가리킨다. 강요섭, 『복음의 시작 길의 건설』(천안: 한국신학연구소, 1991), p. 100.

[57]—— 강요섭, 위의 책, p. 100.

한 숨결'은 결국 속박과 억압 그리고 착취를 상징하고 있는 것이다. '악한 숨결'을 상징하는 존재에 대한 이와 같은 언어적 선택은 그가 살고 있는 지역의 정치적인 상황을 추정하게 한다. 로마인이 군사적 힘을 이용해서 점령하고 속박하고 착취하고 있는 정치-경제적 현실을 반영하는 것이다.[58]

　　마가복음에 등장하는 무덤에서 살고 있는 '군대'라는 이름의 '악한 숨결'에 속박되어 있는 사람의 모습은 한국과 미국의 자유무역협정FTA의 전제조건으로 타결된 미국산 쇠고기 수입 재개 그리고 미국 경제에 과도하게 편중된 한국 경제의 구조를 회상시켜 준다. '군대'라는 이름의 '악한 숨결'에게 속박된 사람은 "로마 제국의 거대한 군사적 점령과 그에 수반되었던 경제적 수탈을 통해서 비인간화된 삶을 대표한다"[59]고 할 수 있다. 마가복음의 예수 당시에 로마 제국의 통제 아래에 있었던 이스라엘과 갈릴리 지역처럼 한국 사회와 기독교는 미국의 경제와 종교적 영향력 아래에 있다. 경제적 이윤과 효율성과 같은 '경제 가치'를 우선적으로 선택하는 미국의 신자유주의 정책의 속박을 적절하게 인식할 필요가 있다. 미국이 기독교적 세계관에 의해서 움직이는 나라라는 환상에서 벗어나야 한다. '군대'라는 '악한 숨결'은 사람들의 생명을 속박하고 억압하고 심지어 죽도록 만들었던 것처럼 광우병과 인간광우병이라고 불리는 '악한 숨결'이 사람들의 생명을 위협하는 것을 경계해야 할 것이다. 세계화와 신자유주의의 '악한 숨결'을 내뿜는 미국의 의도를 적절하게 파악하기

58―― Joachim Gnilka, *Das Evangelium nach Markus*, 번역실 역, 『마르코복음(I). 국제성서주석』(서울: 한국신학연구소, 1985), p. 262.
59―― 강요섭, 위의 책, p. 100.

위해서 기독교적 대안에 주목해야 하는 것이다.

둘째로 광우병의 위험 가능성을 외면하려는 사람들이 있는 것을 발견할 수 있다. 마가복음의 본문에서 '군대'라는 이름의 '악한 숨결'에 속박되었던 사람이 회복되었던 것을 받아들이지 않는 사람들이 있었다. 사람의 회복과 살림보다는 '이 천 마리의 돼지 떼'에 주목하는 사람들이다(막 5:14, 17). '생명 가치'보다 '경제 가치'를 우선적으로 생각하는 사람들은 한 사람의 생명이나 건강보다 경제적 이익이나 효율성을 극대화하고자 노력한다. 마가복음에 등장하는 사람들은 '악한 숨결'의 속박에서 벗어난 사람의 '회복'보다 돼지 떼의 죽음이라는 경제적 '손실'을 먼저 생각하는 사람들이다.[60] '경제 가치'로 미국산 쇠고기 수입을 바라보는 사람들, '인간의 탐욕'으로 생태계 질서를 파괴하는 사람들, 과학 정보와 의학 지식의 '불확실성' 속에서 '생명 가치'를 우선적으로 인정하지 않는 사람들이 모두 이와 같은 사람들이다. 인간 회복의 중요성을 인식하는 사람들이라면 한국 사회의 '광우병 담론'에 대한 성서적 대안에 주목할 것이다.

이천 마리의 돼지 떼가 희생당한 것에 대해 도덕주의자들은 난색을 표명한다. 그들은 악령을 추방하여 사람을 고쳐 주는 일이 선행인 반면에 그 선행을 위하여 이천 마리의 돼지 떼를 희생시킨 경제적 손실이 일어났다는 것이 문제라고 이해한다. 그럼에도 불구하고 그러한 경제적 손실까지도 예수의 인간 회복을 위해서는 어쩔 수 없이 감수해야 한다는 점을 마가는 솔직하게 서술하고 있다고 보아야 할 것이다.[61]

60—— 김광수, 위의 논문, p. 90.
61—— 강요섭, 위의 책, pp. 101-102.

미국산 쇠고기 수입과 광우병의 문제는 한국과 미국의 동맹 관계와 같은 '정치적 관점'에서 바라볼 수 없다. 미국 정부는 막강한 축산업계의 이익을 대변하는 동시에 경제적 이윤과 효율성을 극대화하는 '경제 가치'의 입장에 서 있다는 사실을 인식해야 한다. 신자유주의 정책에 경도된 미국 정부와 기업은 '악한 숨결'에 속박된 사람의 회복보다 돼지 떼의 경제적 손실을 우선적으로 생각하는 사람들이다. 만약 한국 정부와 한국 교회가 '악한 숨결'에 속박되고 억압된 사람들의 회복에 관심을 갖는다면 '경제 가치'보다 '생명 가치'의 시선으로 '광우병 담론'을 인식하게 될 것이다.

셋째로 한국 사회의 '광우병 담론'은 억압과 속박에 대적하는 예수의 '저항의 정신'으로 바라볼 필요가 있다. 예수의 사역은 생명과 회복을 위한 '해방의 실천'에 있다. '악한 숨결'에게 속박된 사람을 해방하는 예수의 정신은 "인간을 비인간화하는 모든 종류의 불의하고 억압적 세력으로부터의 해방 사역"[62]과 밀접한 관계가 있다. '군대'라는 이름을 갖고 막강한 힘을 휘둘렀던 '악한 숨결'은 억압·착취·속박 그리고 죽음으로 이끌지만, 예수는 '악한 숨결'을 '거룩한 숨결'을 통해서 회복시키고 생명을 제공한다. '군대'라는 이름을 가진 귀신은 돼지 떼로 들어가서 바다에 빠져 결국 죽고 '악한 숨결'에게 속박되었던 사람은 치유된다는 사실에서 '광우병 담론'의 해법을 발견해야 할 것이다. '광우병 담론'에 대한 성서적 대안을 찾으려 할 때 세계화와 신자유주의의 정치·경제적 관점을 능가하는 '생명지향의 가치'에 주목해야 한다. 생명을 지향하는 '해방의 예수 정

---

[62]── 김광수, "예수의 귀신축출 사역의 사회-정치적 이해: 마가복음 5:1-20", 『복음과 실천』 제23집(1999년), p. 65.

신'은 사회적 약자와 피조물에 대한 관심과 배려로 확장되어야 한다.

마가가 제시하는 예수의 악령 축출 이야기의 주제는 바로 '인간 해방' 또는 '인간 회복'이라고 결론지어 말할 수 있을 것이다. 다시 말해서 종교적 제도나 정치·경제적 억압과 착취를 대표하는 거인들의 악한 숨결에 의하여 잃어버린 본래적 사람됨을 회복시키고 그 억압적 세력으로부터 자유케 해주었다는 내용을 이 이야기들은 제시해 준다.[63]

예수의 정신은 사회적 약자와 소외 계층에 대한 돌봄뿐만 아니라 불의에 대한 저항과 생명을 위한 실천적 참여이다. '광우병 담론'을 예수의 회복과 해방의 정신으로 다시 읽어 내면서 한국 사회의 사회적 약자와 소외 계층의 회복을 우선적으로 주목하는 성찰적 실천이 요구된다.

나가며: 생명 선교를 위한 비판적 성찰

신자유주의의 가치관에 영향을 받고 있는 한국 사회와 한국 교회를 위해서 생명 존중의 기독교의 시각과 대안적 성서 해석을 고찰하는 것은 매우 중요하다. '광우병 담론'을 적절하게 성찰하기 위해서는 경제적 효율성의 관점이 아니라 '살림의 정신'에 기초한 성서적 통찰에 주목해야 할 것이다.

첫째, 천하보다 귀한 '한 사람의 생명'을 소중하게 여기는 창조질서에

63—— 강요섭, 위의 책, p. 102.

주목하는 성서 해석을 제안해야 할 필요가 있다. 사람은 하나님의 '생명의 숨결'을 통해서 살아가는 존재라는 인식이 요구된다. '광우병 담론'에 대한 성서의 대안은 '경제 가치'를 우선하는 '악한 숨결'에 대항해서 '생명 가치'를 우선하는 '거룩한 숨결'을 제안하는 것이다.

둘째, 생태적 질서를 거스르는 반생명적 행위에 대해서 생명, 안전, 환경과 생태를 위한 과학적이며 의학적 정보를 제공해야 한다. '광우병 담론'의 핵심적 쟁점은 초식동물인 소를 '동물성 사료'로 사육하는 공장식 대량생산 방식이라고 할 수 있다. 따라서 가축에 대한 반생명이고 비인도적인 행위에 대한 즉각적 중단을 요구하는 실천이 필요하다.

셋째, 경제적 이윤을 우선적으로 생각하는 미국 정부의 신자유주의 경제관에 대한 올바른 인식이 요구된다. 미국 정부가 자국민의 이익과 이윤을 위해서 총력을 기울이는 신자유주의 정책의 수호자라는 비판적 시각에서 기독교적 대안을 제시해야 한다.

넷째, '악한 숨결'을 뿜어내며 사람들의 생명을 위협하는 자본주의, 세계화와 신자유주의와 같은 '죽임'의 도전에 맞서서 공존과 배려 그리고 해방의 정신에 기초한 '거룩한 숨결'의 '생명 살림'의 '예수의 저항 정신'을 세심하게 고찰할 필요가 있다.

끝으로 '광우병 담론'과 같은 생명과 환경 관련 연구에 적극적으로 동참함으로써 사회적 약자와 소외 계층의 목소리를 대변하고, 관심과 배려를 지속해야 한다.

생명 존중의 정신을 인정하는 기독교인이라면 광우병이 하나님의 섭리를 거역한 '바벨탑'과 같은 도전이라는 것을 쉽게 인식할 수 있다. 경제적 효율성을 극대화함으로써 '경제 가치'를 우선하는 신자유주의의 경제관에 대항해서 '생명과 살림'의 목소리를 대변하는 실천이 대안적 성서의 관점이라고 할 수 있다.

생명 선교를 위한 대안적 성서해석을 통해서 신자유주의 시대를 살아가는 기독교인은 한국 사회의 가장 낮은 자리에서 신음하고 고통을 당하는 사회적 약자와 소외된 사람들의 목소리에 주목할 것을 인식해야 할 것이다. 성서에 근거한 기독교의 가치는 경제적 효율성에 근거한 경제가치를 능가하는 생명 존중의 가치인 것이다.

※ 이 글은 성균관대학교 인문과학연구소 편,『인문과학』제42집(2008년 8월)에 실린 글을 수정 보완한 것이다.

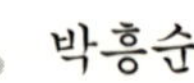 박흥순

영국 Birmingham 대학교에서 성서신학으로 철학박사(Ph.D) 학위를 받았으며, 현재 (사) 참된평화를만드는사람들 연구실장으로 재직하면서 숭실대학교와 성공회대학교에 출강하고 있다. 저서로는『포스트콜로니얼 성서해석』(예영 B&P, 2006),『마이너리티 성서해석』(예영 B&P, 2006) 등이 있다.

  • 신자유주의 시대, 평화와 생명 선교 •

생명과 평화의 관점에서 바라본 농촌 선교

• 한경호 •

들어가며

바야흐로 '생명과 평화'의 시대이다. '생명과 평화'는 이제 시대정신의 핵심적 위치를 점하고 있다. 그만큼 '생명'이 심각한 위기에 처해 있고 '평화'가 파괴되고 있다는 반증일 것이다. 경제적 삶의 수준이 향상됨에도 불구하고 어찌하여 그에 반비례하여 생명과 평화의 세상은 점점 멀어지고 있는 것인가?

돌이켜보면, 우리는 지난 근대사 100년 동안의 고난의 역사 속에서, 앞으로도 지속적으로 성취해 나가야 할 시대적 중심 가치들을 집단적 체험을 통해 발견해 왔다. 일제저항기 때는 '민족'을, 6·25 전쟁 및 지금까지의 분단 체제를 통해서는 '평화'를, 4·19 혁명과 5·16 군사쿠데타 이후 30여 년간 지속된 군사독재정권 하에서는 '정의'와 '민주'를, 그리고 군사독재 기간에 이루어진 산업화 과정 속에서는 '민중'과 '생명'을 역사 속에서 구현해야 할 중요한 가치로 체득했다.

1960년대에는 '민주'가, 1970년대 이후 1980년대까지는 '민주'와 '민중'이 시대정신의 중심에 있었다. 1990년대에 들어오면서 점차 '생명'이 그 자리를 차지하기 시작했다.[1] '민주'와 '민중'은 정치적, 사회경제적 모순의 극복을 위한 투쟁 과정에서 형성된 중심적인 사회 가치였다. 그러나 아직 인간 중심의 역사 내적인 한계에 놓여 있었다. 다른 생명체의 존재까지 인간 역사 속의 동반자로 인식하지 못했다. 반면, '생명'에 대한 인식은 산업화·도시화가 진행되면서 함께 일어난 광범위한 생태계 파괴로 형성된, 인간 및 생명 존재의 위기의식에서 비롯되었으며, 역사 내적인 인식을 생명계 전체의 시각으로 확대하여 인간의 존재 위치를 '생명'의 관점에서 바라보도록 하고 있다. 인간 사회 내부의 문제의식에서 인간과 자연 생태계를 모두 포괄하는 총체적인 문제인식을 갖게 한 것이다.

동시에 '생명'의 위기에 대한 인식은 그 구조적인 뿌리가 나라 안에 있는 것이 아니라, 강대국의 권력과 거대 자본들의 탐욕에 의해 추진되고 있는 신자유주의 경제 세계화의 반反 생명성과 불의不義한 성격에 있음을 알게 했고, 따라서 정의에 기반한 '평화'의 세상을 이루는 것이 생명의 위기를 극복하는 일임을 깨닫게 하였다. '생명과 평화'의 문제는 국가의 경계를 넘어서는 전 지구적인 과제라는 점에서 과거의 국소적 운동과는 그 성격을 달리하고 있다.

물론, 중심 되는 사회적 의제는 그 방점傍點이 이동하더라도 그것은 상호 연속선상에 놓여 있다. 사실, 민중과 생명은 공업 중심의 도시화가 낳은 쌍생아라 할 수 있다. 산업화와 도시화 과정에서 농민·노동자·도시

1——— 물론 '생명'이 거론되기 시작한 것은 1970년대 말부터였다. 원주의 무위당 장일순 선생에 의해서였다. 그러나 당시는 유신치하였던 관계로, 이후에는 광주항쟁으로 인해 사회운동 진영으로부터 외면당하여 사회적 의제로 크게 부각하지 못했다. 그러나 소수의 뜻 있는 분들의 활동에 힘입어 '한살림 운동'으로 자기규정을 하면서 1980년대 중반부터 실천으로 옮겨지기 시작했고 지금은 가장 큰 대중적 생명 운동 단체로 성장했다.

빈민 등 민중의 문제가 발생했고, 그 현상을 극복하기 위해 사회과학적인 이해와 대처가 필요했다. '민중'은 역사의 주체로 인식되었고, '민중'을 둘러싼 사회 모순을 정치·경제적 투쟁을 통하여 극복하려고 하였다. 아직도 이 과정은 진행 중이다. '생명' 또한 산업화와 도시화 과정에서 생성된 사회적 의제다. 산업화와 도시화는 인간에게 편리와 풍요를 가져다 준 반면 수많은 생명체들을 희생시켰으며 나아가 생태계 파괴로 인간의 생존조차 위협하게 되었다. 그 결과, '생명'에 대한 인간의 책임이 대두되었다. 따라서 '민중'과 '생명'은 함께 가야 하는 운명을 지니고 있다. 'grassroot'(民, 草)는 인간 역사 속에서도 바탕이며 생태계를 떠받치고 있는 밑바닥 토대다. '민중' 없는 역사를 생각할 수 없고 '풀' 없는 생태계를 상상할 수 없다.

이 시대는 '민중'이 '민주'정신을 토대로 '정의'롭고, '생명'을 살리는 '평화'로운 공동체를 꿈꾸며 열어가야 하는 시대다. 이 점에서 농민의 존재와 농업은 매우 중요하다.[2] 농민과 농업 그리고 농촌이야말로 그 오랜 역사적·문화적 전통에 있어서나, 민중 정신과 생명 정신을 함께 자연스럽게 통전시킬 수 있다는 점에서나, 그리고 새로운 미래의 생명문화적 삶의 양식을 비전으로 제시하면서 실천할 수 있는 현장이라는 점에서 가

2—— 농민의 경우 전통적인 지주–소작인 간의 모순은 오늘날 산업화와 농촌 사회의 붕괴로 거의 존재하지 않지만, 노동자들의 경우 노동과 자본 간의 모순은 아직도 넘어서야 할 대표적인 사회적 의제로 남아 있다. 노동 현장에서의 핵심 주제는 임금과 복지다. 아직 '생명'의 문제는 운동의 중요 이슈로 인식되고 있지 않아 보인다. 생명농산물을 노동자들의 공동 식재료로 구입하는 일조차 주요 의제로 채택되지 못하고 있다. 반면, 농민의 경우는 생명 농업 운동을 통하여 현실적인 어려움을 극복하려는 노력들이 전국적으로 전개되고 있다. 물론, 그 목적이 주로 소득 증대에 있지만 그와 더불어 '생명'에 대한 인식의 변화가 동반되고 있다.

장 중심적인 위치에 있다고 볼 수 있다. 농사와 문화는 원래 하나다. agri + culture인 것이다. 농사 없이는 문화도 없다(Without agriculture, no culture).

최근 공업 중심의 도시 문명에 회의를 느끼고 농촌으로 돌아오는 귀농자들의 행렬이 계속 이어지고 있는 것은 무엇을 말해 주는가? 이것은 오늘의 도시 문명과 그 지향하는 가치 즉, 돈 중심, 물질 중심, 그것을 쟁취하기 위한 살벌한 경쟁, 너와 나의 철저한 대립적 관계 등에서 비롯되는 비인간적인 사회가 자신의 삶에 행복을 가져다주지 못할 것이라는 성찰에서 비롯된바, '인위의 도시'를 탈출하여 '자연 생태의 농촌'에서 생명과 조화를 이루며 평화로운 삶을 열어 보려는 개인적인 소망이면서 동시에 '사회적 현상'이다. 더 이상 갈 곳이 없다. 농촌 외에는….

농경 생활의 본 모습과 오늘의 농업

농사는 어떻게 시작되었는가? 자연이 주는 것을 따먹기만 하던 수렵 채취의 시기인 구석기 시대를 지나 신석기 시대에 들어와 인간은 도구를 만들 줄 알고, 종자를 심어 다시 재생산하는 기술과 지혜를 습득하면서, 한곳에 정주定住하여 사는 농경적인 삶을 시작했다. 토지를 개간하여 양식을 생산하고, 주변의 야생동물들은 순치馴致하여 가축화하면서 일정한 삶의 공간을 확보하고, 주변의 생태계와 조화를 이루는 가운데 농경적인 삶은 영위되었다. 자연에 순응하면서 동시에 자연이 주는 도전을 노동으로 극복하면서 자연스런 생태공동체적인 삶을 영위한 것이다.

땅은 '생명'을 기르고 양육하는 거대한 그리고 따뜻하고 부드러운 어머

니의 품이었지, 재화로 여겨지는 '부동산'이 아니었다. 힘들여 생산한 농
산물은 건강한 삶을 지속하기 위한 양식이었지, 돈을 벌기 위해 파는 '상
품'은 아니었다. 이웃은 더불어 협력하고 노동하며 살아가는 공동체적 존
재였지, 싸워서 누르고 이겨야 하는 '경쟁'의 대상은 아니었다. 교육은 건
전한 가치관의 올바른 사람을 양성하기 위한 것이었지, 개인의 출세를
위한 통로는 아니었다. 올바른 삶을 살기 위한 가치 중심, 생활 중심의
교육이 근간을 이루었다. 의료 및 제약 기술은 '돈'을 벌기 위한 목적보다
는 사람을 살리는 데 주목적이 있었다. 오늘처럼 그 기술이 발달하지는
못했으나 자연에서 채취한 치료제로 만족했고, 질병에 지면 그것을 운명
으로 알고 세상을 떠났다. 병원에 가서 큰돈을 들여 고치면서까지 목숨을
이어가지 않았다. 농사를 이윤 추구의 도구로 삼거나 농산물을 '돈'으로
여기는 자본주의적 '경제' 개념은 거의 없었던 것이다.

자연에 순응하며 생태공동체 속에서 살아오던 농경적인 삶은 자본주
의 경제체제의 도입과 힘든 노동에서 벗어나 '편리'와 '풍요'를 누리고 싶
어 하는 인간의 한없는 욕망으로 인해, 그리고 그것을 뒷받침한 과학기술
의 발달에 힘입어 오늘의 공업 중심의 도시 문명을 건설하기에 이르렀다.
농자천하지대본農者天下之大本은 사라지고 농경적인 삶은 '농업'이라는 산
업적 범주 속에 갇힌 채 경제적 생산력의 점진적 축소로 그 본래의 위치
를 상실하고 말았다. '생명과 평화의 공동체적 삶', 그 자체였던 농경 생
활은 사라지고, 오직 '상품'을 생산하여 돈을 벌기 위한 수단적 위치로 전
락하고 만 것이다. 농업은 경제적 하부단위로 밀려났고 농민은 생산의
도구로 비인간화되었다.

농민들도 자본주의 체제에 편입되면서 전통적인 농심農心은 황폐되어

이기적이고 자기중심적인 농민으로 변했다. 이농으로 인한 노동 인력의 절대적인 부족과 농기계의 전국적인 보급은 공동체적인 품앗이를 빼앗아갔고, 이에 따라 노동을 공유하고 나누는 노동공동체로서의 삶은 붕괴되고 말았다. 무엇보다도 '땅'에 대한 인식과 토지 제도의 변화는 심각한 문제다. 경자유전耕者有田의 원칙이 무너졌고, 농지로써의 본래적 가치로부터 일탈하여 자본의 논리에 의해 '물건'으로 취급당하고 있다. 농법 역시 많은 변화가 있었다. 전통 농법은 증산 위주의 관행 농법이 정책적으로 보급되면서 화학 농약과 화학 비료에게 그 자리를 내주었고, 이제는 농약과 화학 비료 없이는 농사를 지을 수 없다는 인식이 팽배해 있다. 물론 농약과 화학 비료 중심의 농법은 농민들에게 일정 정도 '노동량'을 절감시키는 '편리함'과 병충해 및 잡초 방제를 통한 증산이라는 '풍요'를 가져오긴 했다. 그러나 이 편리와 생산 증대는 한계가 있으며[3] 그 농법의 지속은 생산자, 작물 및 가축, 땅, 소비자 모두의 생명에 위해危害를 가한다는 결론에 이르게 되었다. 전통 농법은 오랜 기간 경험을 통해 축적된 것으로 그 역사성을 소중히 여겨야 한다. 특히, 종자의 경우는 수천 년간 그 지역의 기후와 풍토에 알맞게 유전적으로 고정된 것이기 때문에 단순히 증산과 효율의 가치로 무시하면 안 된다. 지역 농업의 지속가능성을 잃어버릴 가능성이 높기 때문이다.

오늘날 농민들의 삶은 피폐해졌고 많은 고생에도 불구하고 남은 것은 부채와 골병뿐인 상황이 되었다. 특히, 신자유주의에 의한 경제 세계화

---

3 —— 농업은 자본과 노동을 투하하면 기하급수적으로 생산이 증가하는 공업과 달리, 아무리 그것을 투하해도 더 이상 생산이 증가되자 않는 속성을 지니고 있다. 일정한 수준으로 증산은 되지만 그 정점을 지나면 오히려 감소하는 수확체감의 법칙이 작용하는 것이다.

가 추진되면서 세계무역기구WTO가 출범하고, 국가 간의 자유무역협정 FTA이 전 세계적으로 이루어지면서 초국적 거대 자본과 강대국의 경제 침탈은 우리나라뿐만 아니라 세계의 농업과 농민에게 무자비한 타격을 가하고 있다.[4] 최근 이루어진, 이루어지고 있는 한·칠레, 한·미, 한·EU 자유무역협정과 앞으로 계속 추진할 계획인 여러 나라와의 FTA는 한국 농업을 완전히 붕괴시키고 철저한 자본주의적 소수의 농민만을 양성하게 될 것이다. 그렇게 되면 우리 민족의 삶은 정말 행복해질까? 농민들의 생활은 만족할 만할까? 불행히도 그렇지 못할 것이라는 것이 우리의 생각이다. 세계의 거대 농산 기업들이 농업을 장악하게 되면 그것은 대규모의 단작, 유전자 조작 종자의 개발, 종자의 독점, 대량 생산과 무역이 중심을 이루게 된다. 대규모의 단작은 대량의 화학 농약과 비료의 사용으로 인한 토양의 사막화를 초래하고, 유전자 조작 종자의 개발과 보급은 생태계 교란과 인체에 대한 치명적인 위해危害의 가능성을 배제할 수 없으며, 종자의 독점은 제3세계 소농들의 종자 보존 기능을 박탈하고 종자 선택의 자유를 빼앗게 되고, 무역량의 증가는 장거리 수송에 따르는 막대한 에너지를 소비하게 될 것이다. 무엇보다 농업의 해외 의존도가 높아지면 식량주권이 약화되어 정치적 독립성을 상실하게 될 것이며, 농민들은 거대 농산 기업에 종속되거나 그 흐름에 편입되어 농업에 대한 자주성과 주체성을 잃어버리게 될 것이다. 한마디로 경제적 빈곤의 심화와 건강

4——— 한 나라의 거대한 면적을 한 가지 작물만 심어서 단작monoculture체계를 갖추고 화학 비료와 농약을 대량 사용하면서 생산하여 전 세계에 팔아 이윤을 챙기는 거대 곡물 자본들의 행태는, 그 나라의 전통적인 농업 체계를 무너뜨리고 다수의 농민들을 농업 노동자로 전락시키고 있다. 인도의 경우 목화 농민들의 자살률이 증가하고 있는데 이는 미국에서 값싼 목화가 수입되어 인도산 목화의 소비가 둔화되고 있기 때문이다.

 • 신자유주의 시대, 평화와 생명 선교 •

및 생명에 대한 위협이라는 값비싼 대가를 치르게 될 것이다.

이러한 흐름에 대한 대안은 전 세계의 소규모 농장의 보존과 활성화다. 인류가 지속가능한 삶을 영위하기 위해서는 소규모 농장을 귀하게 여기고 보호해야 한다. 소농은 세계 식량 안보의 핵심이요, 대규모 단작보다 생산성과 자원 보존성이 높은 농사다. 전통적이고 생물 다양성을 지닌 소규모 농장들은 지속가능한 모델이며, 유전자 조작 생물체가 없는GMO-free 농 생물 다양성의 성소聖所이다. 뿐만 아니라 지구 온난화를 방지하여 지구를 식히는 기능을 갖고 있다.[5] 따라서 한국 사회의 지속가능성을 담보하고 농민들의 삶을 지탱해 나가기 위해서는 소수의 대농 중심을 강요하는 경제 세계화의 방향과 반대로 소농 중심의 농업 정책으로 돌아가지 않으면 안 될 것이다. 한 사회의 지속가능성은 농업의 지속가능성을 떠나서 불가능하다는 사실을 속히 깨달아야 할 것이다.

오늘의 삶의 지속가능성

현재 세계의 산업과 경제는 석유화학 에너지에 의해 유지, 발전되고 있다. 우리나라 역시 그렇다. 우리나라의 경제 규모는 세계 10위이고 석유 소비량은 세계 7위라고 한다. 한반도 남단의 작은 나라에서 이런 엄청난 규모의 경제 활동이 이루어지고 있다는 점은, '한강의 기적'이라고 놀라워하지만 사실 그것은 비정상적인 현상이다. 한 나라의 산업은 그 나라

5── 미구엘 A. 알띠에리, "지구 생태자산인 소규모 농장이 중요한 다섯 가지 이유", 『농촌과 목회』 2008년 가을호, 통권 39호. pp. 171-180.

의 규모, 부존자원, 자연 조건, 역사, 국민성, 전통 등 여러 조건에 의해
규정되고, 그 범위 안에서 가장 적합한 '규모에 맞는' 자립과 자치의 경제
구조로 구축되어야 안정된 지속성을 가질 수 있다. 그러나 우리나라의
경제는 1960년대 박정희 군사독재 체제 하에서 수출 중심의 고도성장 정
책을 기조로 잡았다. 내생적인 역량과 조건은 무시한 채 외자 및 원자재
의 수입과 그를 통한 수출로 방향을 잡았고 그 기조는 지금도 계속되고
있다. 경제의 해외 의존도가 지나치게 높은 것은 우리 경제의 불안정성의
요인으로 계속 작용하고 있다.

특별히, 우리 생활에 가장 필수적인 식량과 에너지의 해외 의존도는
심각하다. 식량 자급률은 현재 약 26퍼센트이며 석유에너지는 100퍼센
트 수입에 의존하고 있다. 만일 기상 이변이나 기후 대재앙이 발생하여
국제 농업 생산에 심대한 타격이 발생하거나, 국제 분쟁이 일어나 석유
수입에 차질이 생길 경우 또는 유가油價가 급등할 경우 우리 경제는 어떻
게 될 것이며, 그에 기초한 공업 중심의 도시적인 삶은 어떻게 될 것인
가? 석유 자원은 분쟁이 아니더라도 한정된 자원으로써 그 수명이 수십
년에 불과하며 현재도 이미 정점을 지나 감산減産에 들어가 있다고 하는
데 말이다. 과연 우리의 현재의 삶은 얼마나 '지속가능성sustainability'이 있
는 것인가? 묻지 않을 수 없다.

식량은 생존의 절대적인 요소다. 없으면 죽는 것이다. 그 식량은 땅의
소산물이며 농업 생산물이다. 식량 생산은 농민의 노동력으로 이루어진
다. '편리'한 것들은 없으면 불편하지만 생존에는 별 지장이 없다. '풍요'
는 넉넉하지는 못해도 줄여서 살 수 있다. 그러나 양식이 없으면 죽는다.
농업의 절대 영역이다. 이 절대의 영역이 오늘날처럼 무시되고 본래의

 • 신자유주의 시대, 평화와 생명 선교 •

위치에서 축출된 경우가 있었던가? 인간의 오만과 왜곡된 인식의 소치다. 자기 존재의 토대인 땅을 무시하고, 생존의 바탕인 농사를 천시하고 있는 인간의 야누스적 이중성二重星이야말로 오늘의 도시 문명의 모순이며 불안정성의 뿌리다. 특히, 최근 제기되고 있는 식량 파탄에 대한 위기 의식은 장래에 대한 불안을 증폭하고 있다. 식량 문제에 대한 전문가인 레스터 브라운은 이미 조만간에 닥쳐 올 식량 위기에 대하여 경고하고 있으며 이에 대비할 것을 권면하고 있다.[6]

식량 생산의 불안정성은 우리의 미래를 어둡게 하고 있다. 노동력을 가진 농민들은 점차 줄어들고 농촌에는 노동력을 상실한 노인들이 태반이다. 그 자리를 기계화로 메워 보지만 그것도 기계를 움직일 수 있는 석유 에너지의 공급이 있어야 가능한 일이다. 소수 정예 농민으로 한국 농업을 끌어가게 하겠다는 정부 정책의 불안정성과 위험성이 여기 도사리고 있는 것이다. 지속 불가능한 농업 구조, 지속 불가능한 경제 및 삶의 구조야말로 매우 심각한 문제가 아닐 수 없다.

공업 중심의 도시 문명적 삶의 지속가능성에 대한 의구심은 이미 제기된 바 있다.[7] 이제 우리는 지속가능성에 대하여 깊은 관심을 기울이지 않으면 안 된다. 이미 이 개념은 1992년 브라질의 리우에서 열린 세계정상

6—— 레스터 브라운은 중국과 인도의 공업화와 인구 증가가 식량 위기의 주요 변수임을 말하면서 대비책을 세우지 않으면 2030년을 전후하여 일본의 경우 대도시 인구 약 3,000만 명이 아사餓死할 것이라고 말하고 있다. 시마자끼 데루히사, "식량 파탄이 닥쳐오고 있다", 『어둠을 꿰뚫는 이 진실』(그물코, 2008).

7—— 일본의 쓰찌다 다까시 교수는 이미 1980년대에 『공업사회의 붕괴』를 통해 앞날에 대한 비관적인 전망을 내놓은 바 있다. 그는 지금도 주장하기를 앞으로 일본에 기아의 시대가 도래할 것이라며 미래를 대비하기 위해 자신의 삶을 훈련할뿐더러 '쓰고 버리는 시대를 생각하는 모임'을 만들어서 시민 운동적인 노력도 함께 기울이고 있다.

회의에서 주요한 개념으로 채택되어 지금은 여러 분야에서 두루 사용되고 있거니와 지속가능한 삶과 농사와의 관련성에 대해서도 깊은 고려를 하지 않으면 안 될 것이다. 자연 생태계를 파괴하면서 성취되는 문명은 필연코 몰락할 수밖에 없다. 자연 속에 도시가 있고, 농업의 토대 위에 도시 생활이 가능하다는 평범한 진리와, 자본과 권력의 힘이 제아무리 크다 해도 자연 생태계의 힘 앞에서는 무력한 것이라는 너무도 자명한 사실을 빨리, 깊이 깨닫지 않으면 안 되는 것이다. 특히, 가장 짧은 기간에 가장 높은 경제 성장을 이룩한 우리나라는 그만큼 이 상식을 무시해 왔다는 점에서 깊은 반성과 성찰이 요구된다고 하겠다. '한강의 기적'은 빈곤으로부터 탈출하기 위한 인간 중심의 일시적 사건이다. 생태적, 장기적인 관점에서 보면 부적합한, 불균형의, 지속 불가능한 삶의 구조의 탄생이다. 이 상태를 계속해 나가게 될 경우 갑작스러운 붕괴에 직면할 가능성이 있음을 깨달아야 할 것이다.[8]

성서적 입장에서 본 땅, 농사와 도시 문명

농사의 시작은 아담과 하와가 에덴동산에서 추방되면서 시작되었다. "여호와 하나님이 에덴동산에서 그 사람을 내어 보내어 그의 근본된 토지를 갈게 하시니라"(창 3:23). 이 말의 히브리 원문은 '흙을 섬기게 했다' 혹은 '흙을 위해서 일하게 했다'(아바드 아다마)이다.[9] 하나님을 배반한 인

8—— 최근에는 농민들에게 앞으로 닥칠 도시인들의 약탈 행위를 대비하여 비밀 창고를 만들 것을 권면하는 말까지 나오는 형편이다.

9—— 밭을 가는 경작 행위는 동사 '하다쉬'로 표현된다(왕상 19:19). 이영재, "성경의 눈으

 • 신자유주의 시대, 평화와 생명 선교 •

간으로 하여금 하나님은 흙을 섬기며, 자신의 근본인 질료를 섬기며 살도록 하신 것이다. 이는 하나님을 배반한 인간에게 주어진 형벌적 사건이다. 하나님을 떠난 인간이 계속하여 흙(자신)을 섬기면서 하나님과는 멀어진 생활을 하게 된 것이다. 이는 물론 농사 자체에 대한 설명은 아니다. 인간이 피조물인 땅에 복속되어 자기 욕망을 충족시키고 하나님과의 관계 회복에서 멀어졌다는 신학적인 이해인 것이다.

이후 농사꾼인 가인이 목동인 아벨을 죽이는 사건이 발생했다. 하나님은 아벨의 제물은 받으시고 가인이 생산한 땅의 소산물은 받지 않으셨다. 이에 격분한 가인이 동생을 죽이고 하나님께 대들면서 그는 땅으로부터도 버림받아 유리 방랑하는 삶을 살았다. 그는 결국 '휴식이 없는' 에덴 동편의 '놋nod' 땅에 에녹 성을 쌓고 도시 문명을 건설했다. 하나님이 아니라 자기 자신(땅)을 섬긴 가인[10]은 하나님에게도 버림받고, 아벨의 피를 삼킨 땅에게도 저주를 받았다. 가인이 취한 생존의 방식은 자연과 차단된 성을 쌓고 인간 중심의 사회를 건설하는 일이었다.[11] 농사를 짓고 살았던 농민 가인이 살인죄를 짓고 땅을 떠나 인위적으로 건설한 에녹 성이 도시생활의 출발이었다는 점은 시사하는 바가 크다. 따라서 인간의 구원은 현실적 삶에서는 도시 문명에서 탈출하는 데 있다고 할 수 있다.

로 보는 자유무역협정", 계간 『농촌과 목회』 2007년 가을호(통권 35호), p. 38.
10—— 이곳의 원문도 '흙을 섬기다', '흙을 위해 일하다'(아바드 아다마)이다. 아담에게 하신 말씀과 똑같다. 이는 아담에게 주신 형벌적 사건이 가인에게로 이어지는 것을 보여준다.
11—— 도성을 가리키는 히브리어 단어는 '이르'다. 성경에 자주 나오는데, 이 단어는 고대 노예제 사회의 지배 계급이 구가한 도성 문명을 가리키는 용어다. 성경에서 이 용어는 하나님을 거역하는 집단으로 표시한다. 이영재, "토라에 나타난 도시",『생명 선교 농촌목회자 교육 자료집』, p. 35.

소돔과 고모라 성에서 탈출해야 구원을 받았던 것이다. 도시(성읍) 생활의 향락을 그리워하여 뒤를 돌아다보면 구원을 받지 못하였다. 도시인 예루살렘은 생명을 죽이는 곳이었고(예수의 십자가형) 농어촌인 갈릴리는 생명을 살리는 곳이었다.

가인의 에녹 성 이후 인간의 삶은 죄악으로 가득 찼고 세상은 썩었다(창 6:11-12, 공동번역). 하나님의 아들들과 사람의 딸들이 결혼하여 거인을 낳았다. 죄악은 이제 구조화되었다. 하나님의 영이 인간을 떠나셨다(창 6:3). 땅도 부패해졌다(창 6:11-12, 개역개정판). 인간의 죄악과 강포가 세상에 가득했고 그로 말미암아 땅도 패괴해졌다. 홍수 심판이 일어났다.[12] 심판 후 노아를 통하여 세상을 향한 구원 섭리를 이어가셨으며 노아뿐 아니라 방주에 있었던 모든 생물들과 언약을 맺으셨다.[13]

"오직 온유한 자는 땅을 차지하며 풍부한 화평으로 즐기리로다"(시 37:11).
"주의 복을 받은 자는 땅을 차지하고 주의 저주를 받은 자는 끊어지리로다"(시 37:22).
"의인이 땅을 차지함이여 거기 영영히 거하리로다"(시 37:29).
"온유한 자는 복이 있나니 저희가 땅을 기업基業으로 받을 것임이요"(마 5:5).

12── 하나님-인간(아담과 하와), 인간-인간(가인과 아벨), 인간-땅(홍수 심판 이전)과의 관계 모두가 파괴된 결과 홍수 심판이 단행되었다. 인간 사회의 총체적인 부패에 대한 하나님의 심판이었던 것이다. 오늘의 인간 사회는 어떠한가? 하나님과 인간과의 관계는 정상인가? 돈과 시장이 그 자리를 빼앗은 것은 아닌가. 인간과 인간 간의 관계 또한 비인간적이며 인간과 자연과의 관계 또한 악화되어 있다. 기후 대재앙은 현대판 홍수 심판이 아닐는지….
13── "내가 내 언약을 너희와 너희 후손과 너희와 함께한 모든 생물 곧 너희와 함께한 새와 육축과 땅의 모든 생물에게 세우리니 방주에서 나온 모든 것 곧 땅의 모든 짐승에게니라"(창 9:9-10).

 • 신자유주의 시대, 평화와 생명 선교 •

땅에 대한 관점을 보여주는 성서의 구절들이다. 땅은 인간 삶의 토대였다. 경종 농업이든, 목축업이든 땅은 생활의 바탕이었다. 농사는 생존의 기본이었다. 창세기의 원 역사는, 땅과 흙은 하나님의 피조물이라는 점과 하나님을 떠난 인간이 창조주보다 피조물인 흙(자신)을 더 섬기며 살아가게 되는 타락한 존재로서의 인간을 그리고 있지만, 이후 인간이 땅을 토대로 하여 살아오면서, 농업이 삶의 중심이 되면서, 땅의 또 다른 성격 즉, 땅은 하나님께서 부여해 주신 생명력을 본질적으로 갖고 있다는 점과 땅과 인간 및 사회와의 관계에 대한 이해를 그려 주고 있다.

위의 말씀들은 땅의 이러한 성격들을 말해 주고 있다. 땅을 차지하는 사람은 '온유한자', '의인', '주의 복을 받은 자'다. 땅은 그런 사람들이 살아가는 삶의 토대가 되며 그 삶은 의롭고 평화로운 삶이다. 온유溫柔는 땅의 품성이다. 그것은 또한 어머니의 품성이기도 하다. 따뜻함과 부드러움은 생명을 기르는 힘이요 평화로운 삶의 동력이다. 온유는 농사짓는 사람에게서 자라나는 품성이요 그것은 생명과 평화의 삶을 가능하게 해 주는 바탕이다. 생명과 평화의 세계는 참된 농민을 통하여 이루어져 갈 세상이다.

새 세상 – 생명과 평화의 세계 그리고 생명 농업

생명과 평화! 요즘 한국 사회뿐만 아니라 지구촌 곳곳에서 이 말이 유행처럼 퍼져 나가고 있다. '생명평화결사', '생명평화연대', '생명과 평화를 사랑하는 모임' 등 시간이 지날수록 이 말을 표방하는 기구들이 늘어가고 있으며, 이들의 활동이 대중의 마음속으로 파고들어 가고 있다. 생명과 평화는 이제 이 시대를 지배하는 시대정신이 된 듯하다.

　이유는 여러 가지 있을 터이다. 지구 자원에 대한 무한한 착취를 통해 끊임없이 자본의 축적을 도모해 나가는 신자유주의 경제 세계화와 그에서 비롯된 전 세계적인 양극화 현상 그리고 질병과 빈곤, 전쟁으로 인한 대규모의 희생, 생태계 파괴로 인한 위기의식 등은 인간뿐 아니라 모든 생명늘을 불안하게 만들고 있다. 인간의 끝없는 탐욕과 사회경제적 모순 그리고 과학기술 문명의 발달은 지구 전체를 파멸로 이끌지 모른다는 위기의식을 심화시키고 있는 것이다.

　하나님께서 창조하신 본래의 세계는 모든 생명들이 평화롭게 사는 세계였다. "보시기에 좋았더라"는 말씀대로 하나님이 세상을 창조하신 목적에 부합하는 아름다운 세상이었다. 그러나 그것은 아담과 하와가 에덴동산 안에서 살 때까지였다. 그들이 추방당한 후부터 세상의 평화는 서서히 파괴되어 왔다. 부부간의 불신에서 시작하여 형제간의 미움과 살해, 거만한 도시 문명(에녹 성, 바벨탑)의 건설, 폭력과 전쟁의 발생, 땅과 자연에 대한 가학 행위 등은 인간 사회를 파멸로 이끌어 마침내 노아시대에 와서 대홍수의 심판을 받고서야 종지부를 찍고 새 시대를 열었다.

　오늘 생명과 평화를 시대의 화두로 삼게 된 것은 과거 어느 시대와 비교할 수 없을 정도로 생명과 평화의 세계가 유린당하고 있기 때문일 것이다. 특히, 온실가스 배출로 인한 기상 이변과 앞으로 닥쳐 올 전 지구적인 기후 대재앙의 가능성은 생명계 전체의 삶과 관련된 무서운 경고다. 또한, 21세기에 들어서자마자 아프가니스탄과 이라크에서 일어난 전쟁은 평화에 대한 인류의 염원을 무참히 짓밟은 사건이다. 공교롭게도 온실가스 배출과 전쟁은 모두 미국과 밀접한 관련이 있다. 전 세계 온실가스의

25퍼센트를 배출하고 있는 미국, 그러면서도 국제기후협약인 교토의정서를 탈퇴한 미국, 석유 에너지의 확보로 세계 지배의 패권을 유지하기 위해 아프간과 이라크에서 전쟁을 일으킨 미국, 지금도 탈레반 및 이라크 저항군과 전쟁을 수행하고 있는 미국. 국가이기주의와 세계패권주의에 사로잡혀 세상의 생명과 평화를 가장 크게 파괴하고 있는 나라가 바로 미국인 것이다. 팍스 아메리카나Pax Americana는 그들만의 평화다.

생명과 평화의 세계를 건설하는 데 있어서 기독교와 교회의 역할은 매우 중요하다. 기독교는 '생명의 종교'요, 교회는 생명을 살리는 '살림의 방주'이기 때문이다. 기독교는 평화의 종교요 교회는 평화를 일구어 나가는 기지基地이기 때문이다.

그러나 생명과 평화의 세계는 거저 주어지는 것은 아니다. 예수님은 산상수훈에서 화평케 하는 자는 복이 있다고 하시면서 바로 다음 구절에 "의를 위하여 핍박을 받은 자는 복이 있나니 천국이 저희 것임이라"고 하셨다. 평화는 정의로운 삶을 통해 이루어진다는 말씀이다. 이 말씀은 정의로운 삶을 살면서 생명과 평화의 세상을 일구는 사람은 이미 천국의 삶을 살고 있다는 뜻이다. 오늘의 현실에서 그것은 거대한 로마 제국 체제의 대척점에 서서 팍스 로마나Pax Romana의 불의와 폭력성에 맞섰던 예수처럼, 나아가 수많은 순교자를 배출하면서 무기 하나 없이 마침내 거대한 제국을 그리스도의 복음 앞에 무릎 꿇게 했던 초대교회 교인들처럼, 거대한 미 제국 체제의 반대편에 서서 팍스 아메리카나의 반생명적·반평화적인 자본과 폭력에 맞서야 함을 가리키며, 동시에 그로인한 핍박과 고난을 순교자적 정신으로 감내함으로써 마침내 십자가 앞에 그 제국을 굴복시키는 일임을 의미하는 것이다.

그러면 생명과 평화의 세상을 만드는 일에서 농업은 어떤 위치에 있는 것인가? 생명과 평화의 세상은 두말할 것 없이 인간에게 달려 있다. 인간이 생명을 살리면서 평화롭게 살면 되는 것이다. 농업은 바로 인간의 평화로운 삶의 기본이요 바탕이다. 평화로운 마음으로 노동을 영위하고 밥을 먹을 수 있어야 사회가 평화로워진다. 농사를 통하여 주어지는 생명살림의 영성은 창조세계 보전의 중요한 토대다. 나아가 생명 농업을 통해 생명 밥상을 차리고 그것을 이웃과 더불어 나누어 먹는 사회를 만들 수 있다면 그야말로 생명과 평화의 세상이라 할 수 있을 것이다. 생명 농사는 생명과 평화의 세상을 일구는 데 필수적인 정의로운 행위다. 생명 농사를 짓는 농민의 마음속에 이미 천국이 임하고 있다. "생명 농사 때문에 핍박을 받고 손해를 보는 자는 복이 있나니 천국(생명과 평화의 세계)이 저희 것임이요"라고 말할 수 있다.

기독교와 생명 농사(업) 운동

1. 기독교농민회의 대응 — 정의 운동

1960년대 이후 시작된 고도 경제성장 정책의 추진 과정 속에서 제일 희생당한 사람은 농민들이다. 농민 운동은 1966년 가톨릭에서 먼저 시작했다. 처음에는 가톨릭농촌청년회로 출범하였으며, 1972년 가톨릭농민회(이하 가농)로 명칭을 바꾸면서 본격적인 활동에 들어갔다. 이때는 고도 경제성장이 초래하는 사회적 모순이 사회 전반에 걸쳐서 표면화된 시기였다. 농민의 입장을 대변하는 조직이 가톨릭농민회밖에 없던 시기여서 기독교 농민들도 이 조직에 가입하여 활동했다.

1974년부터 크리스챤아카데미 농민 교육 과정이 시작되었다. 그곳에서 지도적인 기독교 농민 운동가들이 배출되었다. '가농' 활동과 아카데미 교육 과정을 거치면서 성장한 기독교 농민들이 주축이 되어 기독교농민회를 결성하였다. 1978년 전남 지역에서 제일 먼저 조직되었고, 1980년에는 전북기독교농민회가, 1982년에는 충북, 경북기독교농민회가 조직되었으며, 이 힘을 바탕으로 1982년 한국기독교농민회총연합회가 창립되었다. 기독교농민회는 1990년 농민 운동을 아우르는 전국농민회총연맹(이하 전농)이 결성될 때까지 10여 년간 농민들의 권익 실현과 하나님의 정의를 구현하기 위하여 온갖 탄압에도 굴하지 않고 열심히 불의한 권력에 저항하고 투쟁했다.

'전농'이 출범하면서 기독교 본연의 자리로 돌아와 농촌 교회와 함께 생명공동체 운동에 주력하기로 위상을 세운 기독교농민회는[14] 이후 2~3년간 활동했지만 자체 내 역량부족으로 활동이 중단되고 말았다. 이후 그 운동은 예장(통합), 기장, 기감의 농촌 목회자 조직에 의해 계승되었다.

2. 정농회의 대응 — 생명 농업 운동

가톨릭과 기독교의 울타리 안에서 정의 운동이 활발하게 전개되고 있었던 1970년대 중반 하나님께서는 또 다른 일단의 기독교 농민들을 통하

---

14 —— 1990년 전농의 출범과 함께 기독교농민회는 자신이 해온 운동과 앞으로 해야 할 새로운 운동 방향을 '정의, 생명, 공동체운동'으로 좌표를 설정했었다.

여 미래를 준비시키셨다. 1976년 초, 무교회 신앙을 가진 기독교인들과 기독동신회 교인들이 중심이 되어 정농회正農會를 결성한 것이다. 일본 애농회愛農會의 고다니 준이치 선생의 강의를 듣고 감명을 받은 한국의 농민들이 "오직 성령에 이끌려 신앙고백 하나로" 하나님의 창조질서에 합당한 생명 농업을 짓기로 결의한 것이었다. 당시 한국의 농업은 화학 농약과 비료 중심의 관행 농법이 보편화되어 있었고 정부의 강력한 증산 정책이 추진되던 때였다. 생명 농업을 선택하는 일은 매우 어려운 일이었다. 정부의 시책에 역행하기에 탄압을 받게 되고 주위 사람들은 미친 짓으로 매도하고 소득은 오히려 더 감소하니 순교자적 자세가 아니고서는 선택할 수 없는 일이었다.

그들은 오직 신앙 하나만으로 어려움을 극복해 나갔다. 생명 농업 기술도 점차 발전시켜 지금은 슈타이너의 '생명역동농법'을 실험하고 있다. 또한, 정농생협을 만들어서 유통에도 노력을 기울이고 있다. 정농회의 이러한 활동은 무교회 신앙인들이 설립한 충남 홍성의 풀무학교를 통하여 후진들에게 계승되고 '새로운' 농민을 양성하여 지역의 농업 수준을 변화시키고 있다. 정농회의 생명 농업 운동은 이후 기독교 농민 및 농촌 목회자들의 활동에 훌륭한 길잡이 역할을 하고 있다.

기독교농민회의 정의 운동, 정농회의 생명 농업 운동은 평신도들이 주체가 되어 전개한 중요한 운동이며 역사적 자산이다. 이제 시대는 이 정의 운동과 생명 농업 운동이 하나로 합류할 것을 요청하고 있다.[15] 정의

15—— 현실 속에서 기독교농민회와 정농회는 만나지 못하고 상호 비판적 입장을 취했다. 1980년대 기독교농민회는 정농회 운동을 개량주의적 운동으로 비판하였고 정농회는 기독교농민회의 운동을 자기 유익을 추구하는 비도덕적인 운동으로 폄하했다. 그러나 기독교농민회

     • 신자유주의 시대, 평화와 생명 선교 •

를 짓밟는 세력이 바로 생명을 죽이고 있기 때문이다.

3. 농촌 목회자들의 대응 ─ 생명 농업 운동 및 공동체 운동

농촌의 마을에는 교회가 거의 다 들어서 있다. 한국 농촌 교회는 새로운 미래를 열어 가는데 있어서 막중한 책임을 부여받고 있다. 이 책임을 감당하기 위한 노력이 1980년대 중후반 농촌 목회자들의 모임인 '농목'을 중심으로 전개되기 시작하였다. 농목이 조직되기 이전에도 이미 생명 농업 운동을 선교 과제로 실천하는 선구적인 농촌 목회자와 교회들이 있었다. 제천의 송학교회(당시 엄태성 목사)는 이미 오래 전부터 전문적인 농촌 선교를 해왔고, 1984년부터는 자연란 양계 생산을 시도하여 유통했으며, 충남 아산의 음봉교회(당시 허원배 목사)는 벼를 생명 농법으로 전환시켜 유통하기 시작했으며, 임실의 임실제일교회(당시 심상봉 목사)도 지역의 생명 농업 운동을 선도하였다. 의정부 독바위교회(당시 민정웅 목사), 경기도 화성 활빈교회(당시 김진홍 목사)의 두레공동체 운동 등도 이런 흐름에 놓여 있었다.

그러나 생명 시대의 역사적 흐름을 타고 조직적이고 체계적으로 이 운동을 본격적으로 전개한 것은 농목 운동에 참여한 목회자들에 의해서였다. 1980년대 중반에 이르러 기장, 기감, 예장통합 등 3개 교단 농촌 목회자들은 1980년대의 시대 상황에 응답하고자 농촌 목회자 조직을 결성하

회장을 지낸 고故 김영원 장로는 정농회 초기부터 회원으로 가입하여 활동했다. 그는 정의 운동과 생명 운동을 갈등 없이 한 몸에서 구현했다.

여 활동하기 시작했다.

제일 먼저 공식적인 출범을 한 것은 감리교였다. 1984년 9월 발기인 모임을 갖고 1985년 3월 '농촌선교목회자협의회'라는 이름으로 창립하였다. 다음은 예장(통합)으로 1985년 장신대 신대원생들이 주축이 되어 결성한 '농어촌선교연구회'가 모태가 되어 1987년 8월 '농민선교목회자협의회'의 이름으로 창립하였고, 기장은 광주항쟁 이후 이미 의식적으로 농촌 현장에 들어가 활동하고 있던 목회자들과 기존의 뜻을 같이하는 목회자들이 연합하여 1989년 10월 '농민선교목회자연합회'라는 이름으로 출범하였다. 전국적인 출범은 늦었지만 이미 지역단위의 조직이 결성되어 활동하고 있었다.

3개 교단 농목은 처음에는 농민들의 고난에 동참하면서 정의 운동에 동참하였으나, 1980년대 후반부터는 생명 농업 운동에 주력하기 시작하였다. 1990년대에 들어와 민주화 세력들이 정권을 잡으면서 민주 대 반민주의 대결 구도가 완화되고, '생명' 문제가 사회적 의제로 크게 등장하게 되자 농목 조직들의 생명 농업 운동은 더욱 확산되었다. 정의 운동은 일반교인들이 함께하기 어려웠던 반면, 생명 농업 운동은 많은 교인들의 동참을 이끌어 낼 수 있었다. 신앙적 명분도 뚜렷했고 정의 운동처럼 정권이나 교권주의자들의 공격을 받지 않고도 전개할 수 있는 장점이 있었다.

생명 농업 운동은 자신이 시무하고 있는 교회의 교인이나 지역의 농민들을 변화시켜 관행 농법을 생명 농법으로 바꾸도록 하고, 생산한 농산물을 도시 교회 및 소비자와 직거래하여 유통시키는 경제 협동 사업을 중심으로 하면서 '생명'의 가치를 생활화해 나가는 운동이다. 현재 이 운동에 직접 참여하고 있는 농촌 교회는 약 50여 곳이며 간접적·간헐적으

   •신자유주의 시대, 평화와 생명 선교•

로 참여하는 교회들도 많이 있다. 1980년대 기독교농민회의 정의 운동
은 1990년대에 들어와 농촌 목회자들에 의해 이렇듯 생명 농업 운동으로
전환·계승되었다.[16]

　1989년 4월 원주 호저교회(당시 한경호 목사)에서 호저소비자협동조합
(당시 명칭)을 결성함으로써 본격적으로 시작된 이 운동은 1990년도 3월
장성 백운교회(당시 남상도 목사)의 한마음공동체, 1991년 1월 충주 은혜
교회(당시 한청재 목사)의 한울공동체, 1991년 3월 봉화 옥방교회(천정명
목사)의 새누리공동체(1994년도에 새누리생협으로 재출범), 청원 덕촌교회
(당시 이도형 목사)의 덕촌생협, 완주 율곡교회의 완주한우영농조합(여태
권 목사), 1992년 2월 춘천 금산교회(한철인 목사)의 새땅공동체, 중신교
회(당시 강진국 목사)의 오창한울생협, 거창의 두레누리살림터(유성일 목
사), 1992년 12월 거제 다대교회(김수영 목사)의 한울타리공동체, 1993
년 5월 고령 산당교회(당시 한종현 목사)의 땅지기생산자공동체(1994년에
땅지기생협으로 개칭), 1994년 해남 마산서부교회(당시 박석종 목사)의 한울
작목반(3년 후에 한울타리영농조합법인으로 발전), 2001년 2월 아산 송악교
회(이종명 목사)의 '송악동네친환경농사연구회', 2004년 예산 평강교회
(김용필 목사)의 영농조합법인 등 여러 교단을 망라하여 전국적으로 전개
되었다.

<hr>

16── 생명 농업 운동에 대한 접근에는 각 교단 농목에 따라 편차가 있다. 감리 농목은
1994년 총회를 계기로 명칭을 농촌선교목회자회로 바꾸고 활동도 "생명, 영성, 공동체"의 주
제를 목회적으로 안고 갈 소수 정예 회원만이 농목 회원이 되는 것으로 결정하고 조직을 완전
히 생명공동체 운동 조직으로 전환했다. 예장 농목은 생명공동체 운동 이념과 과제를 중심에
세우지 못한 채, 다양한 농촌 목회 활동의 영역을 포괄하고 있으며, 기장 농목은 정의 운동에
주력하면서 생명공동체 운동을 추구해 오고 있다.

개별 교회들의 생명 농업 운동이 활성화되자 노회와 연회 및 교단 차원의 상위 조직에서 이를 도시 교회와 연결하여 도·농공동체 운동으로 보다 확대하려는 운동이 일어나게 되었다. 1993년 5월에는 감리교에서 농도공동체선교회가 출범하였고(이후 이 단체는 1999년 6월에 차흥도 목사가 중심이 되어 감리교농도생협으로 재출범하였다) 1995년 2월에는 예장(통합)교단 차원의 예장생협(김재일 목사)이 출범하였으며 노회 단위에서는 영등포노회가 노회생협을 창립하였다. 연합기구인 한국농선회도 2004년도에 농선회생협을 창립하였다.

교회 밖에서도 기독교인이 중심이 되어 생협을 결성하여 생명 농업 운동에 참여하고 있다. 정농회가 설립한 정농생협, 한누리생협(강상빈 권사), 아름다운생협 등이 대표적이다.

4. 세계 에큐메니칼 진영의 대응

신자유주의 경제 세계화가 초래하고 있는 인류의 위기를 막기 위한 지구적 차원의 대안은 무엇인가? 생명 농업은 그 대안 모색에서 어떠한 위치에 놓여 있는 것인가? '생명'의 위기의 현실을 통하여 깨달은 것은 석유에너지에 바탕한 공업 중심 도시 문명의 불안정성과 농업에 대한 새로운 인식이다. 공업 사회의 붕괴에 대한 우려가 확산되고 있으며[17] 그 대

17—— 일본의 쓰찌다 다까시 교수가 그 대표적인 분으로서 이미 한국에 번역 소개된 『공업사회의 붕괴』와 『공생공빈』을 통하여 이러한 견해를 계속 피력해 오고 있다. 그는 2006년 3월에 '한국기독교생명농업포럼'(대표 한경호 목사) 초청으로 내한하여 여러 차례의 공개강연을 했으며 2007년 3월에도 내한하여 전국 순회강연을 했다.

 • 신자유주의 시대, 평화와 생명 선교 •

안으로 농업 특히 생명 농업과 공동체 운동이 점차 대두되고 있다. 그동안 공업 중심·도시 중심의 시각에서 농촌을 바라보고, 주로 경제 중심적 관점으로 농업을 생각하면서, 농업을 해결해야 할 하나의 경제적 종속변수 정도로 여겼다면, 이제는 인간 존재의 근원적인 자리에서, 인간과 땅과의 관계 속에서, 그리고 지구 생명공동체의 관점에서 농업과 세계를 바라보고 생각하기 시작한 것이다.

신자유주의 경제 세계화 속에서 세계의 식량 생산 및 유통을 장악하고 막대한 이익을 챙기고 있는 거대 곡물 기업 및 농약 회사 등의 농기업들은 지역의 농산물 생산 체계를 파괴하고 수많은 소농민들의 삶을 빈곤으로 내몰며 전통 농업과 농촌 공동체를 붕괴시키고 있다. 그들은 유전자 조작 농산물GMO의 생산과 유통, 단작monoculture 등을 통해 식량 주권을 침탈하고 지역의 생명 체계를 인위적으로 변형시키고 있다. 이는 기독교 진리에 대한 중대하고 심각한 도전이다.

세계 교회는 이미 신자유주의 경제 세계화에 대한 문제를 인식하고 대안을 모색해 왔으며 이 과제를 실천에 옮기고 있다. 지난 2005년 4월 8~14일, 강원도 원주에서 처음으로 세계 기독교권 내의 생명 농업 운동 포럼이 개최되었다. 이 행사는 ECAGEcumenical Coalition for Alternatives to Globalisation(대안적 세계화를 위한 에큐메니칼 연대)가 개최하고 한국 준비위원회가 주관했다.[18]

18—— ECAG는 제네바에 본부를 두고 있는 8개의 기독교 기구들(WCC, WARC, YMCA, YWCA, WSCF, Pax Romana, Luteran world Federation, Frontier Internship)이 연대하여 결성한 조직이다. 이 협의기구의 조직과 세계포럼 행사 개최에는 당시 WARC에서 근무한 박성원 목사가 커다란 역할을 하였다. 한국 준비위원회는 제네바에서의 워크숍에 참여했던 한경호 목사가 한국이 포럼 장소로 결정되면서 귀국 후 결성했다.

2005년 11월 3일에는 '한국기독교생명농업포럼'이 창립되었다. 이 조직은 세계포럼을 준비하기 위해 결성됐던 한국 준비위원회가 행사 후 상시常時 활동 조직으로 전환한 것이다. 이 기구를 통하여 그동안 분산적으로 전개되어 온 생명 농업 운동이 공통의 지평과 비전을 확보하고 네트워크를 강화함으로써 국내 생명 농업 운동의 흐름과 역량을 한 단계 끌어올리고, 동시에 국제적인 연대의 채널 역할을 담당함으로써 국내외적인 생명 농업 운동의 역량을 향상시킬 수 있는 토대가 마련되었다고 할 수 있다.

이 운동은 아시아 차원에서도 출발되었다. 2006년 8월 25~30일, 충남 홍성에서 아시아기독교교회협의회CCA와 한국기독교생명농업포럼이 공동으로 주최한 '아시아기독교생명농업포럼'이 처음으로 개최된 것이다.[19] 또한 2008년 3월 10~15일에는 한국기독교생명농업포럼과 강원노회 농촌부(예장통합)가 공동으로 필리핀의 민다나오를 방문하여 그곳의 생명 농사 농민들 및 관련 단체, 남부기독교대학 등의 관계자들이 참석한 가운데 세미나 및 현장 견학의 시간을 갖기도 하였다.

위의 행사들을 통하여 국가별, 대륙별, 세계적 차원에서 기독교권 내의 생명 농업 운동이 조직화되고 연대의 틀을 형성해 나가기 시작했다.

19—— 이 행사는 2005년도의 세계포럼에 참석했던 아시아기독교교회협의회의 이홍정 국장이 제안함으로써 추진되었다. 이 포럼은 3년에 한 번씩 하기로 하였으며 이를 위해 6개국에서 1명씩 대표를 뽑아 실행위원회working group를 구성하였다. 2009년 11월 중에 필리핀 민다나오의 남부기독교대학에서 2차 아시아포럼을 개최할 예정으로 있다.

• 신자유주의 시대, 평화와 생명 선교 •

생명 농업 운동의 농업적 토대와 지향

생명 농업 운동의 지형적·농업적 토대는 중산간 지대이며[20] 생산 규모에 있어서는 소농이 중심이다. 그리고 지향하는 삶의 양식은 지역 생명공동체이다. 우리나라 경지 면적의 절반 이상이 중산간 지대에 있으며 농가의 다수가 가족 노작 중심의 소농 구조다. 교회는 마을마다 거의 다 설립되어 있다. 이러한 객관적 조건은 한국의 생명 농업 운동을 위해 하나님께서 주신 역사적인 기회다.

물론, 현 한국 농업이 처한 상황이 매우 어렵고 앞으로도 나아질 전망이 밝지 않지만 역설적으로 그렇기 때문에 더 운동의 당위성이 절실하다. 문제는 농업에 대한 신앙고백을 어떻게 새로이 세울 것이며 바른 생명정신에 기초한 가치관의 확립을 어떻게 하느냐에 달려 있다. 모든 문제의 중심을 '경제'로 보고, 결국은 '경제'로 환원시키는 사고방식에서 벗어나지 않으면 안 된다.[21] 경제 중심으로만 보면 일부 자본주의화된, 소득 수

20—— 한국 생명 농업 운동에 있어서 중요한 지역은 충남 홍성과 강원도 원주인데 두 지역 모두 중산간 지대에 있다. 홍성은 정농회 운동을 교육적으로 계승·발전시키고 있는 풀무농업고등기술학교가 있으며, 그 교육적 역량에 의해 지역을 생명 농업 운동의 현장으로 변화시켜 오고 있다. 원주는 한살림 운동의 시발지이다. 장일순 선생의 생명 사상에 영향을 받은 사람들이 1984년도에 한살림 운동을 시작했으며 그 정신은 '한살림 선언'에 요약되어 있다. 장 선생은 해월 최시형 선생의 사상을 생명 운동의 관점에서 새로이 해석하면서 한국 현대 생명 운동을 선두에서 이끌었다. 해월 선생은 동학혁명 후 피신하면서 포교 활동을 하다가 원주 호저면에서 피체 압송되었다. 그리고 호저면의 호저교회는 호저생협(현 원주생협의 전신)을 결성하면서 농민이 주체가 된 생명 농업 운동의 시발 교회가 되었다.

21—— 그동안 농촌 교회 선교의 목적은 전도에 있었다. 자립·자치·자전의 선교 방침으로 농촌 교회의 선교 전략의 핵심은 자립이었다. 이 기조는 초기부터 지금까지 이어져 오고 있다. 자립 문제가 현실적으로 제일 급한 과제이기 때문이다. 이제 이 정책적 기조는 바뀌어야 한다. 오늘의 농촌과 농업의 현실, 그리고 앞으로의 과제는 이의 수정을 요구하고 있다. 목회자에게

준이 높은 소수의 농업 영역을 제외한 대부분의 농업 영역은 희망이 없기 때문이다. 생명 농업 운동이 이런 상황을 극복하기 위해서는 그 지향이 다를 수밖에 없다.

첫째, 생명 농업 운동은 지역의 오랜 전통 농업을 되살리는 것이 중요하다고 생각한다. 전통 농업이야말로 각 지역에 맞는 오랜 역사성을 띠고 있는, 지역의 기후와 토양에 맞는 다양한, 그리고 자연 생태적인 농법이다. 현대의 과학적 농업 지식을 어떻게 생명의 원리에 맞게 이에 적용시키느냐하는 과제가 있을 뿐이다. 이를 토대로 지역의 자급자족을 이룩하는 것이 중요하다.

둘째, 생명 농업 운동은 소농小農을 그 중심적 주체로 삼는다. 대부분의 세계 농민 특히 제3세계의 농민은 소농이다. 생명 농업은 대규모의 농업 체계와 양립하기 어렵다. 대규모의 농업은 인위적이며 반反생태적이며 소수에게 부富가 집중되는 정의롭지 못한 체계이다. 생명 농업은 창조세계를 위한 연대와 정의의 경제를 지향한다.

셋째, 생명 농업 운동은 소농 중심이기 때문에 공동체성을 지향한다. 대규모 단작 중심의 농업은 소수의 욕구를 충족시키는 반反공동체적인 농업이다. 소농 중심의 공동체 지향적 생명 농업 운동은 정의롭지 못한, 반생태적이고, 반공동체적인 오늘의 경제 세계화가 초래할 파국적인 미래에 대한 중요한 대안이다. 소국과민小國寡民의 사상[22]이 실현되는 운동

는 보다 높은 수준의 영성과 청빈이 요구되고 있으며, 농촌 선교의 목적 또한 단순히 전도가 아닌 새로운 지역 생명공동체의 건설에 있기 때문이다. 경제문제에서의 자발적 해방이 필요하다.

22—— 노자老子의 『도덕경』 80장에 나오는 말. 작은 나라 적은 백성들이 현실에 만족하면

이다.

넷째, 생명 농업 운동은 그동안 기독교 농민 운동이 추구해 온 정의 운동을 역사적으로 계승하며 포괄해야 한다.[23] 농민들의 삶을 짓밟으며 죽음으로 내모는 불의한 세력들에 맞서 연대하여 투쟁해야 하면서 생명을 살리는 운동을 해야 한다. 불의와 반(反)생명 세력은 한통속이다. 동시에 정의와 생명 살림도 한 몸이다.

앞으로의 과제

1. 농업 및 농촌에 대한 인식의 전환

첫째, "농촌은 도시 없이 살 수 있어도 도시는 농촌 없이는 살 수 없다." 인간 삶에 가장 필요한 두 요소는 식량과 에너지이다. 식량 자급률이 25퍼센트이고 석유 에너지는 100퍼센트 수입에 의존하는 상황에서 앞으로의 우리 경제 생활구조가 건강하게 유지될 수 있다고 장담할 수 없다. 농업 기반이 튼튼하지 않으면 앞날에 닥칠 식량난과 에너지난을 극복하기 어려울 것이다. 특히 식량은 삶의 절대적이고 필수적인 요소이다.

둘째, 농업이 무시당하고 있는 것은 그 본질과 상관없이 경제적인 관점에서만 바라보기 때문이다. 농업은 생존과 직결되어 있고, 식량 주권과 밀접한 관계에 있으며, 농촌은 자연 생태적 삶의 환경을 가지고 있다.

서 평화롭게 살아가는 것을 이상으로 삼았던 노자의 이야기.
23——— 과거의 정의 운동이 주로 사회 정의, 경제 정의에 초점이 있었다면 이제는 하나님 앞에서의 정의와 자연 앞에서의 정의(생태 정의)를 함께 포괄해야 한다.

도시 생활이 과연 우리 삶에 얼마나 만족을 주며 행복할 수 있는지 생각해 볼 필요가 있다. 인간은 자연 생태적 삶 속에서 영육간의 건강한 삶을 누릴 수 있기 때문이다.

셋째, 농업은 환경적으로 커다란 유익을 주고 있다. 넓은 논 면적은 담수로 인해 홍수를 방지하고, 토양 침식을 막아 주며, 공기를 정화하는 역할을 하고 있다. 이를 경제적 가치로 환산하면 약 10조 원이 된다고 한다.

넷째, 농업은 문화의 토대다. 인류 역사가 시작된 이래 농업은 육신적 삶의 토대였을 뿐만 아니라 정신적·문화적인 삶의 기반이었다. 특히, 공동체적 문화의 원형이 농촌 문화에 담겨 있다. 농촌 문화는 농사노동 중심의 공동체적이고 자연 생태적이라는 점이 특징이다. 농촌 교회의 경우 이 농촌 문화를 앞으로 잘 이해하고 되살리는 노력을 기울여야 한다.

다섯째, 위에서 잠시 언급했듯이 농업은 하나님께서 인간에게 주신 최초의 유일한 직업이다. 이 신앙고백은 매우 중요하다.

2. 농촌 선교의 방향과 목적의 전환

그동안 한국 농촌 선교의 목적은 농민들의 영혼 구원과 전도에 있었다. 아직도 다수의 교회는 그 방향으로 노력하고 있다. 그것을 지속하기 위한 수단으로써 교회 자립이 최우선이다. 농촌 선교의 여러 정책들 중 미자립 교회의 자립화는 그 중심에 놓여 있다.

그리고 농촌 목회자들의 대부분은 보수적이다. 교회(성)와 지역사회(속), 인간과 자연을 분리해서 생각하는 이원론적 의식이 강하다. "예수 믿고 구원받고 천국 간다"는 구원 신앙고백이 그 중심에 있다. 창조 신앙

　　　　　　　　　　　• 신자유주의 시대, 평화와 생명 선교 •

고백이 약한 것이다. 농촌 목회는 도시 일반목회 구조와 대동소이하다. 대부분 교회 성장 중심이며 농촌의 특수한 상황을 반영하는 목회 구조가 약한 형편이다.

목회자의 의식부터 변화되어야 한다. 첫째, 농촌 교회론이다. 전통적으로 교회는 '구원의 방주'다. 그것은 인간만의 구원이 전제되어 있다. 그러나 그 원형인 노아의 방주는 인간만의 구원이 아닌 생명 전체의 구원선救援船이었다. 교회는 특히, 농촌 교회는 교회와 그 지역사회 안에 살고 있는 모든 생명체를 구원하고 살리는 살림의 방주다. 교회와 지역사회가 나뉘지 않고 인간과 여타의 생명체가 분리되지 않는다. 구원 신앙고백에 창조 신앙고백이 자연스레 하나가 된다. 인간 중심의 교회 성장 의식에서 탈피할 수 있다. 교회는 이제 지역사회 생명문화 선교공동체로 변화된다. 교회가 중심이 되어 그 지역을 생명과 평화의, 샬롬Shalom의 세상으로 변화시켜 나가는 것이 농촌 교회의 궁극적인 목적이 되어야 한다.

둘째, 경제 중심의 사고방식에서 벗어나야 한다. 현재 농촌 생활의 어려움을 이기고 견디기 위해 청빈한 삶, 예언적인 삶을 살아야 한다. '경제'에 사로잡혀 있는 한 자본의 힘에 늘 패할 수밖에 없고 노예가 된다. 자본에 예속된 생각의 고리를 영적인 차원에서 끊어야 한다. 농촌은 점점 더 어려워질 것이다. 이제 문제는 경제에 있지 않다. 문명의 전환 시기에 자본과 무력을 지닌 사탄의 세력이 신자유주의 경제 세계화를 통해 세상을 자본의 제국으로 만들려고 하고 있다. 이에 맞서 싸우면서 미래를 준비하려면 지금까지의 방법으로는 힘들다. 골리앗을 물리친 다윗의 믿음과 용기가 필요한 것이다.

3. 지역 생명문화 공동체의 형성

앞서 농촌 교회를 지역사회 생명문화 공동체로 말하였다. 농촌 사회는 지금 엄청난 변화를 겪고 있다. 농촌 경제의 몰락으로 노동 인구의 대폭 감소와 고령화가 이루어져 있고, 인력 부족을 메우기 위한 기계화로 가족 중심의 노동 활동이 가능해짐으로써 지역공동체의 정체성이 허물어져 가고 있다. 이에 따라 전통적으로 내려오던 농촌 문화는 전반적으로 붕괴되었다. 또한 화학 농약과 화학 비료 중심의 관행 농법이 중심으로 자리 잡고 있으며 농민들의 의식구조도 완전히 자본주의적 가치관으로 변해 있다. 결혼 상대가 없는 총각들은 해외에서 신부를 맞이하여 현재 그 2세들이 다수 태어나서 자라고 있다.[24] 10명 중 4명이 해외 여성과 결혼하고 있다. 또한, 도시에서 농촌으로 돌아오는 바람이 불어서 기존의 마을 주민과 도시에서 유입된 새로운 주민들이 함께 어우러져 살아가고 있다.[25] 주민 구성의 변화, 의식과 생활 문화의 변화는 농촌 사회를 뿌리부터 흔들고 있다.

이런 형편을 소화하고 추스르며, 비전을 제시하면서 여러 이질적인 요

---

[24] ─── 현재 농촌으로 돌아오는 사람들은 대개 두 부류로 나뉜다. 첫째 부류는 농촌을 주거 공간으로 생각하여 인생의 말기를 전원적인 분위기에서 살고 싶어 하여 귀농촌歸農村하는 사람들이다. 은퇴한 사람들이 대부분이면 경제적으로는 문제가 없다. 이들은 농촌의 지역에 동화되지 않고 도시 생활의 습성을 그대로 간직하고 살아간다. 이들은 기존의 주민들과 갈등을 빚는 경우가 종종 있다. 둘째 부류는 뚜렷한 가치관을 갖고 귀농歸農하는 사람들이다. 대개 40세 전후의 사람들이 많고 도시 문명에 대한 회의를 품고 자연 생태적 삶을 의미 있게 살아 보려는 사람들이다. 경제적으로 준비가 덜 되어 있어서 정착하는 데 어려움을 겪고 있으나 주민의 일원으로 동화하여 살아가려고 노력한다.

[25] ─── 현재 마을마다(리단위 기준) 평균 15명 내외가 시집와 살고 있다. 국적도 다양하다. 처음에는 조선족이 많았고 최근에는 베트남 여성들이 다수를 차지하고 있다.

소들을 한데 묶어세우는 사회적 통합력을 발휘할 수 있는 사람과 기관이 어디에 있는가? 목회자와 교회밖에 없다. 문제는 그럴 준비가 되어 있는가 하는 점이다. 마을마다 서 있는 농촌 교회에 우리는 기대를 걸어볼 수밖에 없다. 이를 위한 의도적인 교육 활동과 지속적인 뒷받침이 매우 절실하다. 새로운 목회자가 양성되어야 한다.

4. 에큐메니칼 지도력의 양성과 국제 연대활동의 강화

위에서도 잠시 언급했듯이 이제 한국 기독교권의 생명 농업 운동과 선교는 국내에만 갇혀 있으면 안 되는 때가 되었다. 우리의 역사적 축적 과정들은 국제적인 연대활동을 통해 그 범위를 넓혀 가야 한다. 돌아보건대 한국만큼 치열한 현대사를 살아온 민족은 거의 없다. 일제 강점기 시대와 독립운동, 8·15 해방과 남북 분단, 6·25 동족상잔 전쟁과 상처, 장기간의 개발 군사독재 체제와 민주화 투쟁, 농민·노동자 등 민중 운동의 성장 등 남북 간의 이념적인 모순과 대립, 독재로 인한 정치적인 모순과 저항, 그리고 빈부격차로 인한 경제적인 모순과 투쟁 등의 과정을 치열하게 겪어 왔다. 이 와중에 이루어진 교회의 급속한 성장은 기독교 세력을 크게 강화시켰다. 이 모든 요인들 속에는 '세계성'이 담겨 있다. 이제 한국 교회는 앞으로 세계를 향하여 어떤 자세로 무슨 일을 해야 할 것인지 깊이 생각해야 한다.

생명 농업 운동의 경우, 한국은 상당한 조건을 갖추고 있다. 다른 제3세계 나라들이 다수 겪었던 개발독재를 경험했고 그 과정에서 농민 운동의 전통을 갖고 되었으며,[26] 지난 30여 년간 생명 농업에 대한 기독 농민과 농촌 목회자들의 실천 경험이 쌓여 있고, 기독교 강국으로서의 한국 교회는 해외 선교에 대한 의지가 강하다.

앞서 언급했듯이 세계포럼과 아시아포럼을 한국에서 출범시켰고, 상시 활동 조직인 '한국기독교생명농업포럼'을 발족함으로서 생명 농업 선교에 대한 한국의 위치와 역할은 확인되었다고 생각한다. 문제는 이 활동이 이어지고 확대 강화되어 세계 특히, 아시아를 비롯한 제3세계 농촌 선교의 중요한 토대가 되도록 어떻게 노력하는가 하는 것이다.[27] 후진의 양성과 더불어 도시 교회의 인식의 전환과 뒷받침이 필요하다 하겠다.

나가며

지금까지 우리는 '생명과 평화'의 관점에서 농촌 선교를 생각해 보았다. 바야흐로 패러다임 전환의 시대다. 기존의 고정관념들에서 벗어나면 새 시대가 보인다. 생명과 평화의 시대가 열리고 있다. 이 시대를 열어가는데 있어서 하나님은 누구를 부르고 계시는가? 고난받는 민중의 현

---

26 —— 이 부분은 일본이 갖고 있지 못한 우리의 장점이다. 일본은 과거의 죄상에 대한 공식적인 사과도 안하고 있어서 아시아권에서의 정신적, 도덕적인 지도력을 갖는 데는 한계가 있다. 특히 기독교 농민 운동의 경험은 '생명과 평화'의 전제가 되는 정의 운동의 역사적 축적이기 때문에 매우 중요하다.

27 —— 한국의 생명 농업 운동은 일본의 영향을 많이 받고 있다. 우리보다 앞선 점이 있기 때문이다. 애농회, ARI, NCCJ를 통한 교류는 기독교적인 연대가 이루어지지만 그 밖의 기구들 특히 일본생협이나 일반 농가들은 기독교 신앙과 거의 관계가 없다. 앞선 농업 기술이나 사례를 통해 배우고 친교를 나누는 것이 주요 목적이다. 자칫 농법(기술) 중심, 사례 중심에 매몰될 수 있다. 이제 기독교 생명 농업 운동은 일본 이외의 제3세계 특히, 우리와 가까운 아시아 지역의 (농촌)교회들과 연대하여 기독교 신앙고백을 나누면서 에큐메니칼 생명 농업 운동의 토대를 마련해 가야 한다.

  • 신자유주의 시대, 평화와 생명 선교 •

장에서, 가장 낮은 곳에서 그 부름에 대한 응답이 나올 것이다. 하나님은 이집트에서 400년간 종살이한 하비루를 세계를 구원할 민족으로 선택하셔서 광야 40년의 고난의 훈련을 시키시고, 그 정신으로 하나님의 나라의 본을 보이며 살도록 하셨다. 한국 사회의 하비루인 농민, 세계 역사의 모순과 그 피해를 가장 밑바닥에서 겪고 있는 고난의 현장이다. 가장 고난이 심한 곳이다.

하나님의 선택을 받을 준비가 되어 있는가? '생명'과 더불어 삶을 배우고 깨우치며, '평화'의 세상을 일구기 위해 하나님의 섭리를 읽으며 살아가는 농촌은 새로운 미래의 일꾼을 기르는 곳이다. 불의에 의한 모순과 피해를 가장 크게 입은 곳, 그래서 '정의'와 '민중'이 살아 있는 곳, 농사 본연의 '생명'이 아직도 살아 있는 곳, 서로를 아끼고 보듬으면서 살아온 '평화'로운 공동체적 삶의 경험과 정신이 남아 있는 곳, 마을마다 서 있는 교회를 통해 농촌의 생명들을 구원하고 살리시기 위해 '말할 수 없는 탄식'으로 오늘도 안타까워하시며 우리에게 용기와 희망을 주시는 현장, 이곳으로부터 미래의 새싹이 움트지 않으면 어디에서 그것을 발견할 수 있을 것인가!

※ 이 글은 강성열 편, 『농어촌 선교현장과 생명목회』(서울: 한들출판사, 2008)에 실린 글을 수정 보완한 글이다.

한경호

1999년부터 생명농업선교를 위해서 사역을 하면서 농촌교회 목회자를 위한 전문계간지 「농촌과 목회」를 발행하고 있다. 현재는 한국기독교생명농업포럼 대표와 강원도 횡성영락교회 담임목사로 재직 중이다. 2007년 4월부터는 생명의 쌀 나눔 기독교운동본부도 운영하고 있다.

생명·평화 선교를 위한 신학

　오늘 우리는 생명이 우습게 여겨지는 위험스런 상황에 직면해서 살고
있다. 자신의 생명을 진지하게 관리하기보다는 되는 대로 굴리고, 커다
란 고통이 들이닥치면 회피하기 위한 해결책으로 쉽게 자살을 선택하는
분위기도 없지 않다. 사실 자신의 생명에 진지하지 않은 사람들은 타인의
생명 역시 진지하게 다루지 않는다. 자신의 생명을 대변할 수 없는 수많
은 태아들이 태어나는 아이들보다 더 많이 죽는 것도, 자신의 살고자 하
는 의지를 표명할 수 없는 수많은 중환자들이 경제적인 이유만으로 수없
이 죽는 것도, 생명에 대한 진지성을 결여하고 있기 때문이다. 요즈음처
럼 예기치 못한 사고가 도처에서 일어나는 상황 가운데 아직 숨을 쉬고
있다는 것은 그 자체가 기적이 되고 있다.

　모든 인간의 생명은 하나님의 계획 하에 당신의 형상으로 창조된 것이
다. 존재해야 할 이유가 하나님으로부터 보증되고 있으며, 그 하나님께

서는 인간의 생명을 천하보다 귀중한 것으로 인정하고 계신다. 모든 인간의 생명은 하나님의 사랑의 대상이며, 하나님께서는 그 생명을 풍성한 삶으로 이끌기를 원하신다. 하나님께서 살라는 명령과 함께 한 사람 한 사람에게 부여하신 인간 생명의 주인은 오직 하나님 한 분뿐이시며, 생명에 대한 최종적인 판단의 권한 역시 오직 하나님께만 속한 것이다. 그러므로 우리 모두에게는 자신의 생명으로 진지하게 살아야 할 의무가 있고, 어떤 경우에도 타인의 생명을 살려야 하는 책임이 있는 것이다.

지금 우리 인간의 생명을 위협하는 것들이 몇 가지 있다. 첫째는 궁핍함이고, 둘째는 자유의 제한이며, 셋째는 전쟁의 폭력이고, 넷째는 생태 환경의 파괴다. 절대빈곤으로 인해 죽어가는 생명이 매년 수천만 명에 이르고 있고, 인신 구속과 억압을 받으며 고통스럽게 사는 사람이 수억 명이나 세계 도처에 살고 있다. 강대국 또는 강자들의 이해관계를 관철시키기 위해 발발한 전쟁이 남녀노소를 구분하지 않고 수없는 생명을 살상하고 있으며, 인간의 지나친 탐욕으로 파괴된 생태 환경이 깊은 탄식과 함께 이제는 인간의 생명을 오히려 위협하고 있다.

우리 인간이 살기 위해서 절실히 요청해야 하는 것이 있다면, 그것은 무

　　　　　　　　• 신자유주의 시대, 평화와 생명 선교 •

엇일까? 그것은 다름 아닌 생명 운동이고 평화 운동이다. 인간의 생명을 존귀하게 여기고 지키자는 운동, 신자유주의 세계 속에서 부익부 빈익빈을 가속화하는 천민자본주의를 저지하자는 운동, 하나님께서 보시기에 좋았다며 존재 의미를 보증하신 생태계의 모든 생명을 보전하자는 운동, 인간과 자연에 대한 총체적인 폭력으로서의 전쟁을 곧바로 종식시키고 어떤 전쟁의 발발도 거부하자는 운동, 모든 먹을거리를 자본 증식의 기회로 삼기보다 전인 건강의 기회로 만들자는 운동, 우리는 바로 이러한 노력들을 생명 운동, 평화 운동이라 말할 수 있을 것이다.

이번에 사단법인《참된평화를만드는사람들》산하 '한민족평화연구소'가 생명과 평화 운동의 대안적 차원에서『신자유주의 시대, 평화와 생명 선교』를 출판하게 된 것은 참으로 의미가 있다. 주옥같은 좋은 글을 투고해 주신 연구자들에게 진심으로 감사드린다. 여기에 담긴 글들이 많은 기독교인들에 읽혀 한국 교회와 한국 사회, 한반도와 세계공동체에서 생명 운동과 평화 운동의 신바람을 일으키는 데 크게 기여할 수 있기를 기대한다.

아울러 이 책을 기획하고 원고를 다듬는 작업에 수고한 본 회 박흥순

연구실장과 이 책의 출판을 맡아 수고를 아끼지 않은 동연출판사 김영호 대표와 편집 작업에 애쓴 조영균 차장을 비롯한 관계자에게 감사의 마음을 전하고 싶다.

2008년 12월

정 종 훈 | 한민족평화연구소 소장, 연세대 교수

(사)참된평화를만드는사람들

사단법인 《참된평화를만드는사람들》(이사장 이은태 목사)은 2008년 3월 18일 통일부 산하 법인으로 설립 허가를 받았습니다. 본 법인은 한반도의 평화와 통일 그리고 나눔, 한민족 디아스포라를 포함한 동북아 평화네트워크 구성, 디아코니아 사역과 생명목회를 주요 목표로 설정하고 다음과 같은 사역을 수행하고 있습니다.

첫째로 평화와 통일에 관한 연구를 수행합니다.

한반도, 동북아 그리고 세계를 위한 평화를 광범위하게 조사하고 연구함으로써 통일과 평화에 관한 전문적이고 학술적인 대안을 제시하고 있습니다. 중국 연변과 연해주를 비롯한 인도차이나 반도에 흩어진 한민족 디아스포라의 삶의 질을 높이기 위한 연구뿐만 아니라 다문화—다인종—다종교 사회에서 바람직한 평화공동체를 수립하기 위한 연구도 진행하고 있습니다. 평화와 통일에 관해서 연구하면서 대안적 교회운동과 건강한 신앙공동체 형성을 위한 연구를 모색하고 있습니다.

둘째로 평화와 통일에 대한 교육을 실시하고 있습니다.

한국 교회의 목회자, 평신도, 신학생을 위한 평화와 통일에 대한 교육을 하고 있습니다. 다문화-다인종-다종교 상황에서의 공존과 상생을 위한 평화교육, 갈등해결 및 협상과 조정교육을 실시하는 동시에 평화와 통일을 위한 포럼과 세미나 그리고 공개강좌를 개최하고 있습니다.

셋째로 한반도 평화 나눔과 동북아 평화네트워크 사업을 실천하고 있습니다.

한반도의 소외계층을 위한 연탄지원 사업, 식량지원 사업, 국수공장설립 사업, 나무심기 사업과 같은 대북 협력 사업에 적극적으로 동참하고 있으며, 중국 연변 지역의 조선족을 위한 자활사업 및 장학금 지원과 도서관 설립과 같은 협력 사업을 진행하고 있습니다. 한국 교회의 목회자와 기독교인이 중국 연변을 비롯한 연해주, 인도차이나 반도에서 지속적인 봉사 활동에 참여할 수 있는 사업을 실천하고 있습니다.

사단법인 《참된평화를만드는사람들》은 학문적 연구, 현실적 교육, 실천적 사업이 어우러지는 평화와 생명 네트워크를 지향합니다. 연구와 교육 그리고 사업이 균형을 이룰 때 한반도와 동북아의 생명 공동체를 형성하는 동시에 다문화-다인종 사회에서의 공존과 상생의 평화 공동체를 만들어 한국 사회와 한국 교회를 위한 참된 평화를 만드는 사람들로서의 사명을 지속적으로 수행할 것입니다.

사단법인 《참된평화를만드는사람들》에 대한 보다 많은 정보는 홈페이지(http://www.peacemission.or.kr)를 참조하시길 바라며, 지속적인 관심과 후원을 기대합니다.